AF344196

LE DRAME MUSICAL

RICHARD WAGNER

Son Œuvre et son Idée

PAR

ÉDOUARD SCHURÉ

LE DRAME MUSICAL

RICHARD WAGNER

SON ŒUVRE ET SON IDÉE

L'ŒUVRE D'ÉDOUARD SCHURÉ

Histoire, Esthétique, Philosophie.

Les Grands Initiés, Rama, Krishna, Hermès, Moïse, Orphée, Pythagore, Platon, Jésus (60ᵉ édition).
L'Évolution divine, du Sphinx au Christ (10ᵉ édition).
Sanctuaires d'Orient, Égypte, Grèce, Palestine (12ᵉ édition).
Histoire du drame musical (13ᵉ édition).
Richard Wagner, sa vie et son œuvre (14ᵉ édition).
Les Prophètes de la Renaissance. Dante, Léonard de Vinci, Raphaël, Michel-Ange, Le Corrège (8ᵉ édition).
Précurseurs et Révoltés (10ᵉ édition).
Femmes Inspiratrices (11ᵉ édition).
L'Alsace Française (6ᵉ édition).
L'Âme Celtique et le génie de la France à travers les Âges.

Poésies.

La Vie mystique (Nouvelle édition).
L'Âme des Temps Nouveaux (Nouvelle édition).
La Légende de l'Alsace (chez Fasquelle).

Romans.

L'Ange et la Sphinge (2ᵉ édition).
Le Double (2ᵉ édition).
La Prêtresse d'Isis (4ᵉ édition).

Théâtre.

Les Enfants de Lucifer (2ᵉ édition).
La Sœur gardienne (2ᵉ édition).
Léonard de Vinci (2ᵉ édition).
La Druidesse (2ᵉ édition).

Divers.

Le Corrège, sa vie et son œuvre, par MARGUERITE ALBANA, précédé d'un essai biographique sur M. A., par EDOUARD SCHURÉ.
Les Mystères antiques et le Mystère chrétien, par RUDOLF STEINER, traduction et préface d'EDOUARD SCHURÉ.
L'Œuvre d'Ed. Schuré, par ALPHONSE ROUX et ROBERT VEYSSIÉ.
Lettres à un Combattant d'ED. SCHURÉ, publiées avec une introduction et des notes par ALPHONSE ROUX.

INTÉRIEUR DU THÉATRE DE RICHARD WAGNER

LE DRAME MUSICAL

RICHARD WAGNER

SON ŒUVRE ET SON IDÉE

PAR

ÉDOUARD SCHURÉ

Danse, Musique et Poésie
forment la ronde de l'Art vivant.

PARIS

LIBRAIRIE ACADÉMIQUE

PERRIN ET Cⁱᵉ, LIBRAIRES-ÉDITEURS

35, QUAI DES GRANDS-AUGUSTINS, 35

1930

AVERTISSEMENT

Ce livre ayant été écrit d'un jet, à son heure, devait demeurer tel quel dans cette réimpression, sauf quelques rectifications de détail. Seule, l'étude sur *Parsifal*, parue pour la première fois dans la seconde édition, a été complètement remaniée pour être mise au point du reste. Je crois que, dans sa forme nouvelle et définitive, elle offre à la fois une meilleure appréciation psychologique et musicale du *mystère* qui couronne l'œuvre de Wagner et une conclusion philosophique plus pénétrante sur l'ensemble de son développement.

Quant à ceux qui recherchent l'abondance des détails biographiques ou l'étude technique de la partie musicale, ils trouveront d'amples moissons dans les excellents livres de MM. Adolphe Jullien, Kufferath, Alfred Ernst, Chamberlain et Noufflard. Dans cette immense littérature, devenue aujourd'hui une bibliothèque, je ne cite ici que les auteurs les plus en vue et les plus compétents. Ceux qui ne redoutent pas les ouvrages allemands feront bien de consulter aussi les deux volumes biographiques si complets et si consciencieux de M. Glasenapp ainsi que les nombreux et remarquables écrits de M. de Wolzogen.

PRÉFACE

DE LA TROISIÈME ÉDITION

—

A M. CHARLES LAMOUREUX

Il y a quelques années, vous me disiez : « Je vous dois d'avoir compris la pensée maîtresse et le côté poétique dans l'œuvre de Richard Wagner. » A cette époque. vous dirigiez de longs fragments des drames du maître devant un public encore peu initié, mais attentif et frémissant. Vous le faisiez avec toute l'ardeur d'un néophyte, avec l'intelligence d'un musicien consommé et le courage d'un bon lutteur. Votre parole d'alors me revient, au moment de publier la troisième édition du *Drame musical*, et j'éprouve, je l'avoue, quelque fierté à m'en souvenir. Car vous êtes un de ceux qui ont pris une part décisive dans le triomphe de l'œuvre wagnérienne en France. Veuillez donc accepter la dédicace de ce livre, en mémoire d'une lutte où j'eus l'honneur de vous avoir pour compagnon et en l'espérance des victoires futures de l'Art libérateur en notre pays.

Oui, je suis fier d'avoir défendu presque seul,
il y aura bientôt vingt ans, la cause de l'Art
pur et de l'Idéal, en un temps où nous vi-
vions écrasés sous le joug de fer de la science
positiviste, où sa fille légitime, la littérature naturaliste, nous étouffait de ses vulgaires épopées et
de ses miasmes malsains. La science avait
décrété la fin de tout mystère et la critique la
mort de la poésie. Quiconque voulait encore y
croire devait se réfugier au plus profond de lui-
même et se conforter aux concerts du diman-
che. Car là, les grands maîtres de la symphonie
parlaient en accents divins des merveilles de
l'âme, et la musique de Wagner nous secouait
de ses fanfares annonciatrices d'un monde nouveau.

Aujourd'hui tout a bien changé. La science
positive règne encore sur beaucoup d'esprits,
mais ne gouverne plus les cœurs. Le naturalisme
expire, et une nouvelle génération se lève qui
s'est révoltée contre ses maîtres au nom des
puissances éternelles de la jeunesse et de la vie.
Elle ne rêve que d'âme, de musique et de poésie.
Ses yeux ne sont plus tournés vers la science de
la matière, mais vers la source des idées et des
sentiments. Elle a délaissé l'antiquité classique
pour la Galilée ou l'Orient lointain ; et plus encore
la fascine, de ses froides aurores boréales, le
septentrion, patrie des Sagas et du Songe. Cette
génération sera plus radicalement idéaliste que

celle de 1830 parce qu'elle aura conquis sa foi dans la souffrance acceptée, dans la lutte réfléchie et voulue.

Quant au succès des drames de Wagner en France, il a de beaucoup surpassé notre attente.

Lorsque, le premier à Paris, vous eûtes l'audace de faire représenter *Lohengrin* contre vents et marées — une gloire qui vous restera à jamais — je vous disais : « Le jour où le fleuve rompra la digue, ce sera une cataracte. » C'est ce fleuve dont beaucoup de gens avaient peur, et c'est pour cela qu'on avait étayé la digue de tant de monceaux de terre et qu'on l'avait échafaudée si haut. Mais le courant était si fort qu'il devait briser tous les obstacles et les emporter dans son bouillonnement. Depuis que *la Walkyrie* a conquis le Grand Opéra, nous avons vu l'irruption de la cataracte wagnérienne. Au milieu de ce torrent d'enthousiasme, de ce flot de livres, d'articles, de traductions, de commentaires, qui ose encore contester le génie du maître? Aujourd'hui, la réforme qui part de Wagner s'étend sur presque tous les domaines de l'art et de la pensée. Ce n'est plus un phénomène allemand, ou un phénomène parisien; c'est un phénomène universel.

Quelques-uns s'en effrayent sérieusement. Ils craignent pour notre génie national. Ils redoutent que l'originalité française ne périclite sous cette invasion d'idées exotiques et d'harmonies étrangères. Ils s'alarment de cette admiration de la nouvelle jeunesse pour les chefs-d'œuvre des races du Nord. Je ne partage pas ces craintes. Ceux qui s'y livrent oublient d'abord que depuis la formation de l'Europe, les nations modernes n'ont cessé de se développer par ces influences réciproques, chocs et fusions, actions et réactions. Ensuite, j'ai plus de foi que ces esprits timorés dans la vigueur du génie français, dans ses racines profondes. Pour ne parler que de musique, les Berlioz, les Bizet, les Chabrier, les Reyer, les César Franck et les Vincent d'Indy nous ont déjà donné en des œuvres variées, des exemples suggestifs de ce que pourra devenir le drame musical français. Enfin le trésor des traditions nationales attend encore les poètes et les compositeurs futurs.

La Légende au cœur du peuple et la divine Psyché au cœur de l'homme sont deux Immortelles toujours prêtes à rouvrir leurs grands yeux lucides, pourvu que de vrais voyants les évoquent et qu'on les écoute d'un patient, d'un long amour.

EDOUARD SCHURÉ.

Paris, novembre 1894.

SOUVENIRS SUR RICHARD WAGNER

LA PREMIÈRE DE TRISTAN ET ISEULT (1)

Peu d'artistes ont été aussi diversement jugés que Richard Wagner.

Il a eu le sort de tous les grands réformateurs.

Les adversaires et les ennemis, qui ont surtout connu l'indomptable lutteur par les coups qu'ils en ont reçus, l'ont représenté comme une personnalité excessive, d'un orgueil intraitable et d'un égoïsme sans limite, ne considérant les hommes et les choses que par rapport à lui-même, mais indifférent à tout le reste.

Par contre, les amis intimes, ceux qui ont vécu sous l'enchantement du puissant magicien, s'ap-

(1) Ces souvenirs ont paru, en 1900, dans le *Guide musical*, à la prière de M. Maurice Kufferath, l'éminent directeur du Théâtre de la Monnaie, à Bruxelles. Nombre d'amis personnels de Wagner et quelques-uns de ses intimes ont jugé que l'image du maître, telle qu'elle ressort de ces pages, est un des portraits les plus véridiques et les plus vivants qu'on ait tracés de lui. Cette raison nous détermine à les placer en tête du volume qui lui est consacré, outre qu'il en explique l'origine mieux qu'une longue dissertation. Car le livre est sorti tout entier de cette première et ineffaçable impression.

pliquent le plus sincèrement du monde à lui prêter toutes les vertus et toutes les perfections imaginables. Si les premiers cédaient à d'inavouables rancunes, les autres obéissent à ce besoin de tous les disciples d'idéaliser et de diviniser le maître.

Mais je ne sais si ces trop serviles adorateurs feraient le bonheur du héros qu'ils habillent en saint. Un de ses grands mérites fut le mépris de toute pose, la haine de l'hypocrisie et la sincérité jusqu'à l'audace. Qualités et défauts, il n'a rien caché de lui-même et s'est toujours montré tout entier. Je gage que si cet homme extraordinaire était encore en vie, il aimerait mieux être peint au naturel que placé dans une niche comme un Bouddha. Devant les timides servants de sa chapelle, il me semble que je le vois bondir et que je l'entends s'écrier, comme Wotan à propos de Siegmund : « Ne pétrirai-je que des esclaves ? »

Il y a sans doute, entre le génie prodigieux de cet homme et certains côtés de sa nature, des contrastes qu'il serait intéressant d'étudier. Je ne sais quel peintre a représenté un Lucifer dont les ailes sombres et la figure superbe sont plongées dans la nuit. A peine un rayon blafard éclaire-t-il son front triste et désabusé, penché sur l'abîme. Mais il élève dans sa main un flambeau qui resplendit comme une étoile et projette sa lueur en de lointains espaces. Cette image donne une idée approchante de Wagner et de son génie, dont les rayons portent plus loin que sa propre vue. Mais il fallait cet homme pour porter ce flambeau !

Ajoutons que son indifférence pour tout ce qui ne touchait pas à son idée se justifie jusqu'à un certain point par l'extrême et nécessaire concentration de sa volonté sur le travail d'Hercule qu'il dut accomplir

pour mener sa tâche à bonne fin. Quant aux violences
et aux injustices auxquelles il s'est parfois livré, elles
s'expliquent en partie par les inimitiés formidables
qu'il eut à combattre.

Quoi qu'il en soit, à mesure que le temps marche
et que le monde étonné voit grandir l'œuvre laissée
par l'organisateur du drame musical, les aspérités du
caractère et les petitesses de l'homme disparaissent
devant la grandeur de son génie. La plus haute vertu
de l'artiste est la fidélité à son idéal. Celle-là Richard
Wagner l'a possédée jusqu'à l'abnégation, jusqu'à
l'héroïsme, et cela dans une carrière semée d'obstacles
qui eussent paru insurmontables à tout autre. Il eût
poussé cette fidélité jusqu'au martyre, si son étonnante destinée ne lui eût réservé, pour finir, un
triomphe digne de sa persévérance et plus grand que
toutes ses épreuves. Embrassé dans son ensemble,
son œuvre produit un effet analogue à celui de ces
hautes cimes alpestres dont les formes et les proportions n'apparaissent qu'à distance. Se trouve-t-on à
leur pied, le sommet demeure caché. On ne voit que
la montagne éventrée, les roches bouleversées et les
glaciers charriant des moraines. Mais de loin, toute
la chaîne se développe ; les contreforts énormes, les
gouffres noirs ont disparu ; on ne voit plus que les
pics immaculés qui se dressent dans l'azur.

Aujourd'hui déjà, Richard Wagner apparaît comme
le plus extraordinaire réformateur du théâtre moderne. L'avenir ne fera que renforcer cette impression. Je connais des esprits à la fois pessimistes et
fanatiques qui, voyant en lui le dernier mot de l'art,
déclarent que non seulement on ne saurait le surpas-
ser, mais qu'on ne pourra même pas le développer ni
le continuer dans aucun sens. Wagner, disent-ils
superbement et dédaigneusement, est la conclusion

d'une grande période ; après lui, le déluge. D'autres, plus confiants dans les besoins supérieurs et dans les forces inconnues de la nature humaine, croient au contraire qu'il marque le commencement d'une période nouvelle et féconde dans l'histoire du théâtre, et que son exemple rayonnera au delà de la sphère du drame musical dans celle du drame parlé. J'avoue appartenir à ces derniers. Lui-même ne l'entendait pas autrement quand il parlait de l'œuvre d'art de l'avenir.

En quoi consiste donc la nouveauté de son œuvre et la grandeur de sa réforme ? Le caractère de ses créations est l'idéalisme transcendant de la pensée joint au plus haut degré de force et de vie dans l expression. Il y a des poètes qui ont plus de profondeur et de richesse dans les conceptions, des musiciens qui le surpassent par l'élévation et la pureté du sentiment. Ce qui distingue Wagner, c'est la plénitude des facultés plastiques, poétiques et musicales, concentrées sur un même but. Voilà ce qui fait de lui un dramaturge unique, quelque chose comme un génie omnipotent du théâtre. Tout ce qu'il a conçu, il l'a exécuté ; tout ce qu'il a rêvé, il l'a fait voir aux autres. C'est, jusqu'à présent, le plus puissant réalisateur d'idéal sur la scène, celui qui, dans les sujets les plus grands, les plus hardis, a su trouver le verbe vivant de l'action visible et de la voix persuasive. Profondément germanique par certains côtés, son œuvre est hautement humain et universel par son essence comme par sa portée.

Sa nouveauté ne réside pas seulement dans la nature spéciale des créations, mais encore dans le théâtre particulier qu'il a su fonder pour les interpréter. Lors du premier essai, l'institution du théâtre de Bayreuth a paru à beaucoup de personnes une folie et une inutilité, parce qu'elle sortait de toutes les coutumes et de toutes les traditions. Sa durée et son succès croissant après la mort du fondateur prouvent qu'elle répondait non seulement à un besoin de l'Allemagne, mais encore à un désir inconscient du public européen. L'esprit dans lequel ce théâtre a été conçu lui a donné deux propriétés particulières. La première est d'opérer une sélection parmi les artistes et le public, en attirant une élite d'interprètes et de spectateurs. La seconde est d'élever ses représentations au-dessus du niveau d'un simple divertissement, en leur donnant le caractère de fêtes périodiques. Dans ces conditions, le théâtre échappe au joug de l'industrie et cesse d'être l'esclave d'un public de hasard. Il devient l'initiation à un art supérieur, au nom d'un grand idéal humain, et tend à prendre dans la société le rôle d'une force éducatrice et consciente de sa mission. Cet exemple me semble d'une importance capitale. Les peuples, comme les individus, se développent par les échanges d'idées comme par l'émulation et les contrastes. En considérant l'influence que s'est acquise le théâtre de Richard Wagner, d'autres nations se sentiront peut-être appelées à développer leur propre théâtre dans un sens à la fois idéal et national, conforme à leur propre génie.

C'est dans cet ordre d'idées et dans cette pensée que je publiais, lors de la première représentation de la Tétralogie, mon livre sur *le Drame musical*, dont le second volume est consacré à *Richard Wagner, son œuvre et son idée* (1). A ce moment, le combat engagé par le compositeur contre l'ancien opéra n'était point terminé. La victoire paraissait incertaine. Pour moi, la cause en jeu n'était pas celle d'une personne ou

____

(1) Troisième édition, 1895. Perrin, librairie académique.

d'une nation, mais celle du grand art et de la vérité.
Ce point de vue a fini par prévaloir en France. Paris
a suivi l'exemple de nos premières villes en applau-
dissant *Lohengrin*, la *Walkyrie*, et les *Maîtres Chanteurs*, et l'esprit français est resté fidèle à ses traditions de générosité et d'universalité.

Enfin, *Tristan et Iseult*, ce dernier mot du génie de
Wagner, ce rêve de l'âme projeté dans la splendeur
de la vie et dans la tempête mélodieuse des sons, se
donne sur une scène parisienne. Ce moment me
semble opportun pour rassembler mes souvenirs personnels sur Richard Wagner. Ils ne sont pas nombreux, mais assez caractéristiques pour intéresser
ceux qui cherchent l'homme dans l'artiste.

Je fis sa connaissance en 1865, à Munich, après
avoir assisté à la première représentation de *Tristan
et Iseult*, représentation qu'il considérait lui-même
comme le plus extraordinaire accomplissement de sa
carrière. Je le revis en 1869, dans sa retraite de Lucerne, et en 1876, à l'inauguration du théâtre de Bayreuth, lors de la première représentation de la tétralogie des *Nibelungen*. Je le connus ainsi à trois moments décisifs de sa vie : d'abord, en pleine lutte avec
son temps et l'opinion publique de son propre pays ;
ensuite, dans le recueillement qui précéda la victoire ;
enfin, pendant le triomphe définitif. Je ne veux raconter aujourd'hui que ma première rencontre avec le
grand maître. Ce fut d'ailleurs la plus curieuse et la
plus frappante. On a décrit à foison le Wagner heureux et triomphant de Lucerne et de Bayreuth. On n'a
jamais montré de près le lutteur dans sa force
presque surhumaine et dans la beauté tragique de
son combat contre le siècle. C'est celui que j'ai vu
comme dans une éclaircie d'orage ; c'est celui que je
voudrais peindre en quelques traits. Saisie sur le vif,

cette image de l'homme à l'apogée de son effort jettera peut-être un trait de lumière sur l'œuvre elle-
même.

Je puis tenter cette esquisse avec une complète impartialité. J'ai connu dans toute sa force la fascination de ce génie à travers ses créations ; j'ai connu
aussi celle de l'homme, qui était à ses heures un
grand charmeur dans une volonté terrible. Mais jamais l'enthousiasme que m'inspire son œuvre n'a pu
faire taire mon besoin inné d'indépendance, et jamais
je n'aurais pu devenir pour Wagner un de ces disciples qui ne voient rien au delà ni en dehors de lui et
qui jurent *in verba magistri*. A cette opposition fondée
dans ma nature vint se joindre un antagonisme pro-
venant de ma nationalité. Ce n'est pas en vain que le
grand musicien saxon est sorti de la race des Witi-
kind, des Luther et des Lessing. Comme poète et
comme musicien, Wagner fut le plus universel des
artistes ; comme homme et comme penseur, ce fut un
Teuton obstiné. J'entends que son germanisme ex-
clusif le rendit parfois injuste pour d'autres nations
comme la France et l'Italie. Malgré la pénétration de
son esprit, Wagner n'a pas compris la France en ce
qu'elle a de sérieux et de profond ; il n'a pas compris
davantage sa mission historique. Il n'a vu du génie
français que la surface, c'est-à-dire sa gaîté spirituelle, sa finesse légère et amusante, qu'il appréciait
d'ailleurs beaucoup, et certains défauts de l'esprit
latin avec lesquels sa propre expérience l'avait mis
en contact. Chose étrange, quoiqu'il ait emprunté à la
légende celtique ses deux drames les plus pathé-
tiques, *Tristan* et *Parsifal*, il n'a jamais reconnu la
portée du génie de cette race. Quant à moi, Alsacien
de naissance et Français de cœur, j'eus, dès ma première jeunesse une vive admiration et une foi ardente

dans l'intuition profonde et dans la grande sympathie du génie celtique, qui, par delà toutes les bornes nationales, pressent, aime et embrasse l'humanité. En ce génie-là m'apparaissait l'arcane de la France. Et ce sentiment direct de ma jeunesse, mes études postérieures n'ont fait que le confirmer (1). Ce fut là en moi le point invulnérable où le teutonisme de Wagner ne pouvait pénétrer et contre lequel son esprit se heurtait inutilement. De là, entre lui et moi, un certain éloignement après l'année 1870, qui cependant ne mit pas fin à nos relations. De là aussi ses étonnements, dans certaines de nos discussions, avant et après cette date.

Je puis donc affirmer, sans crainte d'être contredit par personne, que mon admiration pour ce merveilleux artiste a été aussi entière que mon indépendance vis-à-vis de lui. Quoi qu'il en soit, c'est un privilège inappréciable que d'approcher un grand génie et de jouir de sa confiance. Le plus grand hommage à lui rendre, c'est, je crois, en lui conservant le respect et la reconnaissance, de le juger avec une pleine spontanéité de sentiment et une absolue liberté d'esprit.

(1) J'ai défini les arcanes du génie celtique dans mes *Légendes de la Bretagne*, par la reconstruction des légendes de Merlin et de Taliésin (*Revue des Deux-Mondes* du 15 juillet et du 15 août 1891). Ces travaux, joints à d'autres, ont paru dans le volume intitulé : *Les Grandes légendes de France*.

LE ROI LOUIS II ET R. WAGNER A MUNICH

Au printemps de l'année 1865, mes études me conduisirent à Munich. J'avais trouvé la capitale de la Bavière en grand émoi. Parmi les étudiants, dans les cercles littéraires, il n'était question que de l'amitié exaltée du jeune roi Louis II pour Richard Wagner. Amitié d'un roi de légende et d'un génie aventureux, qui apparaissait aux bourgeois de Munich comme un prodige inquiétant. Je m'enquis de l'histoire de ce roi et de ce musicien; voici à peu près ce qu'on me raconta. Je complète les faits par ce que j'ai su depuis.

Le jeune roi avait été élevé loin de la cour, aux confins des Alpes bavaroises. Il faut avoir vu ce château et son paysage féerique pour comprendre quelles pensées durent hanter une imagination ardente livrée à elle-même, au milieu de cette solitude enchantée. Le château de Hohenschwangau (ce nom signifie le *haut pays des cygnes*) s'élève sur une montagne boisée de sapins, entre deux petits lacs, cernés eux-mêmes d'épaisses forêts. Au delà du plus grand de ces lacs, le *Alpsee*, se dressent en un mur abrupt, presque ver

tical, les hautes Alpes avec leurs gorges, leurs dente-
lures et leurs précipices, qui enferment et isolent le
lac dormant dans leur forteresse inabordable. De
l'autre côté, au delà du *Schwansee*, les dernières vagues de la montagne vont mourir dans la plaine de
Bavière, qui étale à perte de vue son immense demi-
cercle jusqu'à la région d'Augsbourg. Les montagnes
boisées qui entourent les deux lacs ont des formes
onduleuses et mamelonnées d'un charme insinuant
qui contraste avec la majesté des Alpes voisines, gar-
diennes austères de ce paradis royal. La contrée
qu'on domine du château réunit donc les attraits de la
zone alpestre et de la zone forestière à l'horizon illimité des plaines. Mais toute la magie du paysage se
concentre dans le plus grand et le plus solitaire des
deux lacs, bordé de vieux hêtres, surplombé de rochers à pic et de sapinières touffues. Avec ses couleurs changeantes, azur, pourpre, émeraude, il semble
un œil vivant de la terre, tour à tour plein de feu, de
rêve et d'insondable tristesse. Le commerce et l'industrie, avec leur inévitable cortège de diligences, de
chemins de fer et de fabriques, n'ont point pénétré
ici. Ce domaine est depuis des siècles un séjour de
rois. Les cygnes y vivent en paix, les chevreuils y
bondissent en liberté. Les chemins unis, les vieux
arbres aux écorces lisses ont des airs graves et re-
cueillis et paraissent toujours attendre des hôtes sei-
gneuriaux.

C'est dans ce pays de songe que naquit le roi
Louis II. Ses premières années s'écoulèrent dans cette
retraite forestière, dans ce joli château de plaisance,
inoffensif joujou de moyen âge, avec ses tours
crénelées et sa terrasse ombreuse où des nymphes
de bronze sommeillent au babil des jets d'eau. Ses
premiers regards tombèrent sur cette vaste plaine,

séjour favori des vieux empereurs d'Allemagne et
théâtre de luttes séculaires, tandis que les montagnes
et les forêts évoquaient à ses yeux les contes merveilleux de la vieille poésie allemande. Son esprit se
développa ainsi au-dessus de la réalité, en dehors du
présent, entre l'histoire et la légende, bercé par des
songes de grandeur royale et de beauté infinie. Il
eut pour précepteur un père jésuite qui lui enseigna
l'histoire à sa façon, s'évertuant à élever autour du
jeune prince le mur chinois dont les membres de la
Congrégation entourent les intelligences pour les
séparer du monde et les tenir sous leur puissance.
Mais ce directeur de conscience ne prit aucun empire
sur son élève. Dès sa plus tendre enfance, Louis II
montra cet esprit rêveur et concentré, qui fouetté par
la passion des chimères, devait le conduire jusqu'au
suicide. Complètement renfermé en lui-même, il ne
laisse rien deviner de ses goûts ni de ses pensées à
son maître. Le prince avait quinze ans lorsqu'on lui
permit d'assister à une représentation de *Lohengrin*.
Ce chef-d'œuvre répondait aux rêves de l'adolescent
avec la lucidité rayonnante du génie. Il fit une impression si profonde sur l'âme poétique du futur monarque, qu'à partir de ce moment, il ne pensa plus qu'à
Wagner. Le prince Louis demeurait impassible
pendant que son mentor lui enseignait l'histoire
d'Allemagne et les préceptes de la religion catholique.
Mais, retiré dans sa chambre ou réfugié dans le parc,
il étudiait avec ardeur et un profond sérieux les
œuvres du réformateur de l'opéra qu'il avait trouvé
moyen de se procurer en cachette. En tête de la préface de son poème *L'Anneau du Nibelung*, R. Wagner
déclarait que, pour réaliser son rêve d'artiste et pour
exécuter sa tétralogie, il ne lui faudrait rien moins
qu'un souverain magnanime. Il finissait par ces

mots : *Ce prince se trouvera-t-il ?* — Le jeune homme
se jura à lui-même qu'il serait ce prince, et la destinée le servit à point. Il avait dix-huit ans à peine
quand la mort de son oncle Maximilien l'appela au
trône. D'un jour à l'autre, plus de précepteur, plus de
barrières, le trésor royal à discrétion et la liberté
absolue. Il y avait de quoi griser un cerveau moins
jeune que le sien. Si plus tard Louis II, emporté par
une imagination fantastique et par la folie des grandeurs, se livra à des dépenses insensées pour bâtir
des châteaux de contes de fées, il y eut dans son premier acte public une grandeur naïve et vraiment
royale, marquée au coin du plus noble idéalisme. Il
pria son secrétaire particulier d'aller à la recherche
de l'artiste et de le lui amener sur-le-champ. La
pensée principale de son règne devait être de fournir
à Richard Wagner les moyens de tenter sa réforme
théâtrale et d'exécuter *l'œuvre d'art de l'avenir*
dans toute la magnificence de son rêve de poète et de
musicien.

Depuis son exil de la Saxe, en 1849, Richard
Wagner menait une existence orageuse et vagabonde.
Pendant une série d'années passées à Zurich, il avait
composé l'*Or du Rhin*, la *Walkyrie, Siegfried, Tristan
et Iseult,* lancé ses écrits théoriques *L'Art et la Révolution, Opéra et Drame* comme un défi à la tête de ses
contemporains. Mal noté des gouvernements comme
insurgé de 1849, bête noire des musiciens comme
rival et comme révolutionnaire de la musique, terreur
des intendants de théâtre comme auteur intraitable
et subversif, l'Allemagne lui semblait à tout jamais
fermée. En 1861, il avait tenté la fortune à Paris, on
sait avec quel succès. Il était trop hautainement, trop
absolument fidèle à son idéal pour transiger, dans le
moindre détail, avec le goût du jour. Longtemps, il

avait tenu bon ; enfin, il perdait courage et s'aban-
donnait. « Au commencement de l'année 64, écrit-il à
une amie, je compris qu'il n'y avait plus moyen
d'échapper à la ruine. Toutes les choses abominables
et indignes qui m'arrivèrent, je les avais prévues, je
les regardais en face sans secours et désespéré. Vous
m'avez vu boire la coupe jusqu'à la lie. »

Le secrétaire du roi Louis II avait suivi Wagner de
ville en ville sans pouvoir l'atteindre. Il le trouva
enfin dans un hôtel de Stuttgard. En signe de sa
mission, il lui remit l'anneau royal. Puis il lui annonça
que le roi de Bavière payerait toutes ses dettes et
mettait le théâtre de Munich à sa disposition pour
représenter ses ouvrages. L'artiste était prié de
rejoindre au plus vite le souverain, qui brûlait d'impatience de voir le mystérieux enchanteur de sa jeunesse.
On imagine la stupeur du musicien. Un éclair de joie
traversa l'âme du « Hollandais maudit. » Son étoile,
prête à s'éteindre, remontait plus brillante à l'horizon.
A sa glorieuse scintillation, il voyait surgir du néant
son théâtre idéal, au sceptre d'un roi légendaire. Il
n'en croyait pas ses oreilles. Et pourtant tout cela
était bien vrai ; tout cela devait se réaliser. On a
publié en Allemagne (1) une série de lettres de
Wagner écrites à cette époque. Il y rend compte,
avec une vivacité et une sincérité singulières, de la
première impression que lui fit son nouveau protecteur, le jeune roi de Bavière.

(1) *Deutsche Rundschau,* février et mars 1887. Lettres de
Richard Wagner à madame Elisa Wille. — Des fragments de
cette correspondance ont été traduits la même année dans
plusieurs journaux français ; la plupart avec beaucoup de
contre-sens, les autres volontairement travestis et faussés. Une
traduction intégrale a paru sous ce titre : *Quinze Lettres de
R. Wagner accompagnées de souvenirs et d'éclaircissements
par Elisa Wille,* traduites de l'allemand par Augusta Staps,
Bruxelles. Imprimerie veuve Monnon.

En voici les passages les plus saillants :

« Munich, hôtel de Bavière, 4 mai 1864.

« Vous savez que le jeune roi de Bavière m'a fait chercher. Aujourd'hui, on m'a conduit auprès de lui. Il est malheureusement si beau, d'une intelligence si noble et d'une âme si splendide, que sa vie, j'en ai bien peur, passera comme un rêve des dieux dans ce monde vulgaire. Il m'aime avec l'ardeur et l'intensité d'un premier amour: Il connaît, il sait tout de moi et me comprend comme ma propre âme. Il veut que je reste toujours auprès de lui, que je travaille, que je me repose, que je fasse représenter mes œuvres ; il veut me donner tout ce dont j'ai besoin ; je dois achever les *Nibelungen*, et il les fera représenter comme je le veux. Je dois être mon maître sans restriction, non pas maître de chapelle, *rien que moi et son ami.* Tout cela, il le comprend sérieusement, pleinement, comme si nous en parlions vous et moi. Il me débarrassera de toutes mes misères, me donnera tout ce dont j'ai besoin, — pourvu que je reste auprès de lui. — Que dites-vous de cela ? N'est-ce pas inouï ? — Cela peut-il être autre chose qu'un rêve? Mon bonheur est si grand que j'en suis écrasé. Vous ne pouvez pas vous faire une idée de la magie de son regard. Pourvu qu'il reste en vie ! Le miracle est trop inouï ! »

« (26 mai)... N'en doutez pas, chère amie. Le bonheur que je goûte est le seul qui réponde entièrement et pleinement aux maux que j'ai soufferts, aux misères extrêmes que j'ai endurées. Je sens que, s'il ne m'était jamais arrivé, j'en aurais été digne tout de même ; et c'est ce qui me garantit sa durée.

« Voulez-vous de plus la confirmation de *l'origine divine* de ce bonheur, apprenez ceci. Dans l'année de la première représentation du *Tannhœuser* (œuvre par laquelle j'entrai dans ma nouvelle voie pleine d'épines), au mois d'août, où je me sentis disposé à une productivité si excessive que je fis en même temps l'esquisse de *Lohengrin* et des *Maîtres Chanteurs*, dans ce même mois, *une mère mit au monde mon ange gardien.* »

Ce curieux fragment jette un vif rayon sur la psychologie intime de l'homme. On sait que R. Wagner professa toute sa vie la philosophie de Schopenhauer, pour qui le monde est le produit d'une volonté aveugle.

Ce système n'admet pas la possibilité d'un monde spirituel au-dessus du monde matériel et nie par conséquent toute action providentielle dans la vie humaine. Richard Wagner fut un partisan décidé, je dirai même passionné de cette philosophie, jusqu'à s'emporter contre ceux qui osaient la combattre en sa présence. Ici, cependant, lui-même semble penser différemment. La connexion entre la naissance de son protecteur et sa propre destinée lui apparaît comme un fait providentiel et « d'origine divine ». Il en parle avec une émotion mystique et en des termes qui pourraient être ceux d'un théosophe d'Alexandrie. R. Wagner était-il de ces génies orgueilleux qui *consentent* à admettre une providence pour eux-mêmes, mais qui n'en veulent pas pour les autres ? Ou bien sa conscience profonde était-elle en contradiction avec sa conscience de surface ? Je me borne à constater ici la contradiction entre ce cri de l'âme, qui jaillit spontanément sous le coup d'une émotion personnelle, et les théories habituelles du penseur.

Wagner ajoute qu'il pourrait jouer un rôle à la cour, mais s'en soucie tout aussi peu que le mo-

narque. Ils poursuivront leurs desseins en silence. Il
ajoute ce mot naïf et grandiose : « Peu à peu, tout le
monde m'aimera! » Cela dura cinq mois, et la passion intellectuelle du roi fleurit de plus belle :

« (9 sept.)... Il me dit qu'il a toujours peine à croire
qu'il me possède véritablement. Personne ne pourrait lire sans étonnement et sans ravissement les
lettres qu'il m'écrit. Liszt y trouve une réceptivité
égale à ma productivité. C'est un miracle! — Croyez-
le! Et cela ne vous rendrait pas la joie de vivre? Il le
faut bien! Mais que cela est difficile! Il ne fallait
rien moins que ce roi merveilleux. — Sans quoi,
c'était fini, complètement fini!.»

« (8 oct.)... Hier, nous avons fixé l'achèvement et
l'exécution des *Nibelungen*. La noblesse et la bonté
de ce jeune homme vraiment royal m'ont tellement
saisi, que j'étais sur le point de tomber à ses pieds et
de l'adorer. »

On le voit, jamais artiste ne trouva pareil Mécène,
et Wagner n'a que rendu justice à son royal ami *en*
lui adressant ces paroles émues dans la dédicace de la
Walkyrie : « Tu as fait reverdir le tronc desséché de
ma vie. Nos deux espérances, en se joignant, se sont
épanouies en la fleur d'une foi unique ».

II

LA PREMIÈRE DE TRISTAN ET ISEULT

L'arrivée de Wagner à Munich, le débordement de la faveur royale qui tombait en cadeaux princiers sur le favori et en fêtes théâtrales sur la cité, avait produit un singulier effet sur la société munichoise. On avait perdu l'équilibre ; les têtes tournaient ; on se demandait si le monde était encore debout, si l'art, la royauté, la musique n'avaient pas été pris d'un même vertige. Les musiciens ne voulaient pas entendre parler de Richard Wagner ; les critiques n'y comprenaient rien. Les littérateurs, les pauvres poètes à une édition ne voyaient pas sans quelque jalousie l'enchanteur qui attirait à lui seul l'enthousiasme et le trésor royal. Des poétesses inédites se lamentaient. D'honnêtes bourgeois se demandaient s'il fallait admirer ou rire. Des bruits absurdes, de ridicules exagérations couraient dans le public. On parlait des bizarreries de l'artiste, de son dédain pour la foule, de ses folles dépenses et d'une grêle de comptes fantastiques qui tombaient chez le secrétaire du Roi. J'entendis des philistins se raconter avec terreur que Wagner avait soixante robes de chambre. J'écoutais ces conversations avec une grande surprise et je me demandais quelquefois si je n'étais pas tombé par hasard dans le royaume d'un prince des Mille et une Nuits, ensorcelé par un magicien dangereux. A peine sorti des bancs de l'école, je ne connaissais de Wagner que le chœur des pèlerins de *Tannhœuser*, pour l'avoir joué au piano. Du reste, je ne savais rien de ses œuvres et j'ignorais toutes ses théories. Mais je ne pouvais me défendre d'une secrète sympathie pour un homme qui avait le don de secouer tous les esprits et de bouleverser le monde. J'attendais donc avec impatience la première représentation de *Tristan et Iseult*, depuis longtemps annoncée. Comment le maître allemand allait-il traduire sur la scène la plus poétique, la plus passionnée des légendes celtiques ?

Le jour tant désiré arriva. La salle était bondée. Le Roi, âgé de vingt ans, parut seul, en costume civil, dans la grande loge royale surchargée de dorures, qui fait face à la scène. A ce moment, il rayonnait d'une beauté merveilleuse. Ses traits fins d'adolescent, son front bombé, encadré de cheveux bruns et bouclés, ses grands yeux bleu foncé dont le regard était toujours dirigé vers le haut, brillaient d'un doux éclat. Toute sa personne respirait une exaltation calme et le plus pur enthousiasme. Des fanfares bruyantes, des vivats répétés le saluèrent ; mais, les yeux perdus dans son rêve, il semblait ne point voir la foule qui l'acclamait. M. de Bulow leva son bâton de chef d'orchestre, et le prélude commença.

Il se développe tout entier sur le motif insinuant du philtre d'amour auquel répond la plainte d'un désir timide et languissant. La progression par laquelle ces deux phrases enlacées se répètent avec insistance et s'enhardissent en se développant jusqu'aux sonorités les plus aiguës, donne l'idée d'une tendresse partagée et grandissante. A mesure que se dressent les obstacles, elle monte aux dernières fureurs d'une passion exaspérée — et retombe tout à coup dans un accablement mortel pour expirer dans un soupir.

Mais la toile se lève sur le pont d'un navire transformé en tente par de riches étoffes. Une femme en robe blanche, les bras nus, les cheveux épars, un diadème d'or au front, sommeille sur un divan. C'est Iseult, fiancée au roi de Cornouailles. Le navire vogue à pleines voiles, et Brangaine, la suivante, soulevant la tenture, regarde la mer radieuse pendant qu'un matelot chante, dans les cordages, une sauvage chanson d'amour.

Tous les musiciens connaissent aujourd'hui cet étonnant 1er acte de *Tristan et Iseult*, et bien des poètes l'admireront sans espérer l'égaler. L'amour, d'abord refoulé dans les couches profondes et pour ainsi dire inconscientes de l'âme des deux amants, y grandit de scène en scène, jusqu'à ce qu'il éclate fatalement et triomphalement à travers la haine et l'orgueil qui lui servaient de masque. C'est une merveille de psychologie musicale dans un chef-d'œuvre de passion. Je me souviens encore, comme si c'était d'hier, du saisissement et du trouble que j'éprouvai au premier cri d'Iseult qui se réveille en sursaut d'un sombre rêve. Elle invoque la tempête pour briser ce navire insolent qui la mène comme épouse au roi Marke, sous la conduite de Tristan, traître à l'amour. Situation, état d'âme, destin tragique, tout apparaît dans un éclair à ce premier cri de la fiancée en révolte. Une déclamation haletante, des bordées de sons désordonnés et frémissants, marquent les paroles entrecoupées d'Iseult.

Ce plongeon inattendu dans l'orchestre de Wagner me suffoqua. Je tombai là sans préparation dans sa

dernière manière, dans sa plus audacieuse tentative.
Il me semblait qu'on m'avait jeté en pleine bourrasque sur un navire en détresse dont j'entendais
craquer toutes les jointures. J'étais secoué en tous
sens, haché par les vagues et les coups de vent, aveuglé d'écume, assourdi de bruit. Livré à cet orchestre
nerveux et bondissant, il me fut impossible au premier moment de me retrouver dans l'effervescence
des motifs. Peu à peu cependant, je m'habituai à la
manœuvre, je me familiarisai avec les ressauts de cet
océan d'harmonie, et la lumière se fit dans son chaos
apparent. Bientôt j'éprouvai quelque chose de nouveau et de surprenant. Mon regard, devenu visionnaire par le commentaire vivant de la musique, pénétrait dans le dedans des personnages. Ils deve-
naient *transparents* pour moi. Le tumulte qui agite
l'âme passionnée d'Iseult : l'indignation, l'ironie, le
désespoir, l'amour changé en haine clamant le suicide et la mort, tous les courants et sous-courants de
la pensée, s'insinuaient en moi d'une si enlaçante
persuasion, d'une si irrésistible violence — *que tout
ce qui se passait en Iseult se passait en moi.*

J'étais entré dans cette illusion parfaite de l'art qui
procure un complet oubli de soi. On ne critique plus,
on subit la vie qui se communique. Le charme dura
jusqu'à la fin de la représentation. Je suivis avec une
émotion croissante la grande scène du 1er acte, où
Iseult force Tristan à boire avec elle le philtre d'a-
mour. Le saisissement des deux amants, après la
coupe vidée, leur silence mortel où montent de longs
frissons de tendresse, ce grand amour enfin déchaîné
qui les amène aux bras l'un de l'autre et qui éclate
dans un hymne d'une exultation sans pareille — cet
ensemble constitue l'un des effets les plus prodigieux
du théâtre. — Des clameurs éclatent derrière la

scène ; des fanfares retentissent ; le vacarme des matelots envahit le pont du navire ; ils annoncent l'arrivée du roi Marke, qui vient chercher son épouse — et
le rideau tombe sur les amants à peine secoués de
leur extase. La tragique réalité de la vie les a ressai-
sis. Mais on reste sous le sentiment d'un bonheur
ineffable plus grand que cette fatalité. Quelque chose
d'inexplicable et d'inouï est arrivé ; on l'a traversé,
on l'a vécu : la fusion de deux âmes en une seule s'est
accomplie sous vos yeux.

Je n'entrerai pas dans le détail de mes impressions.
Elles allèrent s'élargissant et s'approfondissant avec
le drame, comme les nappes d'un lac féerique sur lequel on glisse en barque et dont le miroir insondable
reflète des golfes mystérieux et des pans du ciel étoilé.
Je traversai comme en songe la merveilleuse nuit d'a-
mour du second acte, d'une si mélodieuse et si vaste
expansion, où les amants pénètrent graduellement
dans l'au-delà de leur rêve, dans leur monde à eux,
loin de la lumière du jour et des apparences trom-
peuses, jusqu'au moment où l'arrivée du Roi et de sa
suite les ramène de nouveau à leur inéluctable destinée et les arrache l'un à l'autre. — Après ces trans-
ports surhumains, le troisième acte vous replonge
dans l'abîme de la souffrance humaine. Nous assistons au martyre de Tristan exilé, blessé, malade dans
son château de Bretagne, attendant Iseult pour mourir et l'attirant à lui de l'autre côté de la mer par la
force magnétique de sa douleur et de son désir. Si,
dans l'acte précédent, il y a l'ivresse et le mystère de
l'amour heureux, il y a dans celui-ci la tristesse noire,
la désolation navrante de la solitude et de la séparation. Aucun drame n'a donné une si puissante expression à la maladie de l'amour avec ses fièvres, ses
abattements, ses hallucinations et ses frénésies. Dans

cette formidable progression, on reste suspendu avec
le héros entre la vie et la mort. Mais l'arrivée d'Iseult,
son dernier baiser à Tristan qui expire, la transfiguration et l'évanouissement suprême de l'amante vous
laissent dans une atmosphère d'apothéose, dans une
sorte d'extase et de divin apaisement. Le rêve de
l'âme s'est réalisé dans la tragédie de l'amour.

Cette représentation demeure dans mon souvenir la
plus grande impression dramatique et artistique de
ma vie. Je n'avais pas l'idée d'une telle intensité,
d'une telle vérité d'expression dans l'idéal le plus
exalté. Il faut dire que l'interprétation n'était pas
moins extraordinaire que l'œuvre elle-même. Les
rôles de Tristan et d'Iseult étaient joués par M. et
Mᵐᵉ Schnorr de Carolsfeld. Celle-ci rachetait un so-
prano un peu faible par un jeu remarquable et un
tempérament suffisamment passionné pour son rôle.
Quant à lui, il n'avait rien de l'acteur; c'était un
homme agissant dans toute la liberté de sa nature,
c'était le héros lui-même des pieds à la tête, Tristan
incarné. Sa haute stature, sa belle tête aux cheveux
bruns bouclés faisaient oublier sa taille un peu forte.
Ses yeux d'un bleu sombre s'allumaient souvent d'un
doux éclat, comme si deux étoiles brillaient au fond.
Quant à sa voix suave et riche, elle épanchait ses flots
d'argent comme une fontaine inépuisable de mélodie.
Geste, attitude, visage, tout en lui exprimait un profond enthousiasme contenu par un tempérament viril.
Il unissait dans son jeu la noblesse et l'extrême énergie dans la passion à la plus grande douceur dans la
tendresse. Fils d'un peintre illustre, Schnorr avait
reçu une éducation supérieure. Au dire de Wagner,
c'était un artiste complet, également doué pour la
poésie et la musique, que la beauté de sa voix avait
entraîné dans la carrière théâtrale. Avant de connaître

personnellement le maître et à la simple lecture de la partition, Schnorr s'était épris du rôle de Tristan, qui passait non seulement pour incompréhensible aux yeux de tous les musiciens, mais encore comme hérissé d'insurmontables difficultés. « Avant de me connaître, dit Wagner, dans le bel article qu'il a consacré à la mémoire de Schnorr (1), mon ami avait eu de lui-même la compréhension idéale de mon œuvre et se l'était assimilée. Toutes les fibres de ce tissu d'âme, il les avait comprises, les moindres allusions à un mystère psychique, il les avait saisies et ressenties avec la plus grande délicatesse... Quand je le vis pour la première fois, me rendant compte des dons illimités de cet être, je ressentis une appréhension tragique pour sa destinée. » R. Wagner avait donc trouvé dans ce superbe jeune homme un interprète qui surpassait toutes ses espérances. Aussi l'appelle-t-il « un héros du chant parvenu à la suprême maîtrise ». Et il ajoute : « Il devint pour moi le type du style que j'avais rêvé, dans le chant comme dans le jeu... Par mes rapports avec Schnorr, je compris l'action réciproque et féconde que peut créer une intimité cordiale entre deux artistes également doués, lorsque leurs dons se répondent et se complètent parfaitement. Cette merveilleuse représentation de *Tristan* m'ouvrit des perspectives nouvelles sur mes œuvres, et, rarement, jamais peut-être un artiste n'a-t-il pu jeter un si profond regard dans ses propres créations. Il s'ensuit un saisissement sacré, devant lequel le silence seul est possible. » — Wagner raconte ensuite qu'à la répétition de la grande scène du troisième acte, après la malédiction du philtre d'amour, qui en est le point

(1) *Meine Erinnerungen an Ludwig Schnorr von Carolsfeld*, Gesammelte Schriften und Dichtungen, VIII.

culminant et qui exige un effort inouï de voix et de passion, il fut submergé d'émotion, il s'élança vers son interprète et l'embrassa avec ces mots : « Je ne puis rien te dire ; tu as réalisé mon idéal ! » Et ce fut tout. Jamais plus le maître et son interprète ne reparlèrent de cette scène. De temps à autre seulement, Wagner plaisantait Schnorr et lui disait : « Écrire le troisième acte de *Tristan* n'est rien, mais l'entendre chanter par Schnorr, voilà le difficile ! » Pour donner une idée de la puissance du chant et du jeu de l'acteur, Wagner résume ses impressions en disant que l'orchestre de *Tristan*, avec ses complications prodigieuses de motifs et son fleuve d'harmonies torrentueuses, « disparaissait devant le chanteur — ou plutôt semblait contenu dans sa parole vivante ».

La pièce finie, le public appela l'auteur. Quand la toile se leva, un homme de petite taille apparut entre les hautes figures de Tristan et d Iseult, auxquels il donnait la main. Son visage était fiévreux et pâle. Il s'inclina d'un air sévère devant le public, puis, se tournant vers ses interprètes, il leur secoua la main à plusieurs reprises, comme pour reporter sur eux la meilleure part du succès. Je ne savais rien alors des rapports de Wagner avec son chanteur, ni du merveilleux concours de circonstances qui avait rendu possible cette représentation. Mais j'eus le sentiment d'avoir assisté à un grand événement, à une sorte de miracle d'art.

UNE VISITE CHEZ WAGNER

SON PORTRAIT PHYSIQUE ET MORAL

SA CONCEPTION DU THÉATRE

Le lendemain et le surlendemain, je ne pus penser à autre chose. Les scènes enchanteresses du drame passaient nuit et jour devant mes yeux. La musique m'enveloppait toujours de sa magie. A travers le dédale de ces harmonies étranges, de ces mélodies incisives et charmeuses, je pénétrais toujours davantage dans les dessous des caractères et dans le secret de leur destinée. C'était une obsession, et loin de la fuir, je m'y abandonnais tout entier. Du matin au soir, j'errais dans le vaste parc qui s'étend derrière Munich, en relisant ce livret d'opéra qui était devenu pour moi le plus captivant des poèmes, attendant avec impatience le moment où le théâtre allait se rouvrir et me permettre de revoir *Tristan et Iseult*. Mais après la quatrième représentation, la série fut close. Le rêve était fini.

C'est alors que l'idée me vint d'écrire à Richard Wagner. Je le fis d'autant plus volontiers que la cri-

tique allemande l'avait abreuvé de sottises et de quo-
libets. Les caricatures du maître et de ses héros dé-
frayaient les journaux de Munich. Dans le monde
littéraire allemand, j'avais remarqué une totale inin-
telligence des œuvres de Wagner, une hostilité visible
contre sa personne. Ses admirateurs ne formaient
encore qu'un petit noyau. L'enthousiasme spontané
d'un étranger pouvait-il compenser les flots d'encre
et de bile que l'Allemagne déversait en ce moment
sur le grand artiste dont elle devait être si fière plus
tard ? C'était au moins un hommage dû à celui qui
m'avait révélé un monde nouveau. Je ne sais plus au
juste le contenu de cette lettre, je me rappelle seulement que j'y mis ces mots : « Votre œuvre m'a rap-
pelé ce mot de Gœthe que la musique exprime l'inexprimable. Vous avez réussi à faire ce qu'aucun poète
ni aucun musicien n'a fait avant vous : vous avez
montré *la genèse de l'amour.* »

Grande fut ma surprise et ma joie lorsque, peu de
jours après, je reçus une lettre de Wagner, qui me
priait de venir le voir. Me trouver en présence du
grand compositeur me paraissait chose redoutable,
et mon cœur battait quand je franchis les Pro-
pylées pour entrer dans la Briennerstrasse. Wagner
habitait là une élégante villa à demi-cachée dans un
bouquet d'arbres et entourée d'un jardin. J'ouvris la
grille, je sonnai à la porte, et un domestique mulâtre
m'introduisit dans un petit salon aux tentures sombres, aux tapis luxueux, décoré de tableaux et de
statuettes à peine visibles dans un demi-jour mystérieux. Au même instant, un rideau se souleva, et le
maëstro parut. Sa main nerveuse serra la mienne, et
je me vis en face de l'auteur de *Tristan et Iseult.* Il
paraissait fatigué et ne souriait que par une légère
contracture des lèvres. Sa parole était précipitée, il

s'exprimait par petites saccades. Après les compliments d'usage échangés, son premier mot fut celui-ci :

— Votre lettre m'a fait un plaisir extraordinaire. Je l'ai montrée au Roi, et je lui ai dit : Vous voyez que tout n'est pas perdu !

— Comment, m'écriai-je, tout serait-il perdu après la merveille de ces représentations ? Vous avez la presse contre vous, mais le public vous suit...

Il m'interrompit vivement :

— Ne croyez pas cela, il n'y comprend rien. Quand un Français s'enthousiasme, à la bonne heure, le voilà parti. Mais les Allemands, ce n'est pas la même chose. Quand par hasard ils sont émus, ils commencent par se demander si leur émotion est d'accord avec leur philosophie, et ils vont consulter la *Logique* de Hegel ou la *Critique de la raison pure* de Kant, à moins qu'ils n'écrivent dix volumes pour prouver qu'ils n'ont pas été émus et qu'ils ne pouvaient pas l'être. Ah ! ce public, cette presse, cette critique, voyez-vous, tout cela est du dernier misérable ; cela n'existe pas.

— Alors, vous n'êtes pas satisfait ?

— Satisfait ? (il se dressa comme un ressort, les yeux étincelants), satisfait ! oui, quand j'aurai mon théâtre, alors peut-être me comprendra-t-on. Pour le moment, je suis excédé, et vous me trouvez dans un formidable énervement.

Il se jeta sur le divan, la tête en arrière. Il paraissait vraiment souffrant ; une teinte jaunâtre, une expression de fatigue étaient répandues sur ses traits. Mais les lèvres frémissantes et la volubilité fiévreuse de la parole indiquaient cette énergie que rien ne lasse, cette volonté toujours prête à rebondir. La lumière de la fenêtre tombait en plein sur sa tête. Je pus enfin l'examiner en détail.

Wagner avait alors cinquante-deux ans. Impossible de voir une seule fois cette tête de magicien, évocateur et dompteur d'âmes, sans en garder une impression ineffaçable. Quelle vie d'âpres luttes et de sensations tumultueuses se lisait sur cette face tourmentée et creusée de traits énergiques, dans cette bouche rentrante aux fines lèvres à la fois sensuelles et sardoniques, dans ce menton pointu, signe d'une volonté indomptable ! Et sur ce masque d'une force démoniaque, ce front surplombant colossal de puissance et d'audace. Oui, ce visage ravagé portait la trace de passions et de souffrances capables d'user bien des vies d'homme. Mais on sentait aussi que l'immense cerveau qui travaillait sous ce front avait dominé cette vile matière de la vie pour la réduire en substance intellectuelle. Dans cet œil bleu, voilé de langueur ou fulgurant de désir, dans cet œil qu' semblait toujours voir un but immuable, une vision constante dominait toutes les autres et lui prêtait comme une éternelle virginité ; — c'était la vision idéale, l'orgueil et le rêve divin du génie !

Observer la tête de Wagner, c'était voir tour à tour et dans un seul visage le front de Faust et le profil de Méphisto. Quelquefois aussi il ressemblait à un Lucifer tombé, méditant sur le ciel et disant : « Il n'existe pas, mais je saurai le créer. »

En somme, cet homme imposait moins encore par ses facultés prodigieuses et ses contrastes étonnants que par leur formidable concentration et cette merveilleuse unité de pensée et de volonté toujours dirigées sur un seul point.

Sa manière d'être ne surprenait pas moins que sa physionomie. Elle variait entre une réserve, une froideur absolue et une familiarité, un sans-gêne complet. Pas l'ombre de pose ou de mise en scène solennelle, jamais d'attitude voulue et calculée. Dès qu'il se montrait, il éclatait tout entier, comme un torrent qui rompt sa digue. Alors on restait ébloui devant cette nature exubérante et protéiforme, ardente, personnelle, excessive en tout et cependant merveilleusement équilibrée par la prédominance d'un intellect dévorant. La franchise et l'extrême hardiesse dans la manifestation de son être, dont les qualités et les défauts se montraient au grand jour, agissaient sur les uns comme un charme, sur les autres comme un repoussoir. Sa conversation était un spectacle continu, car, chez lui toute pensée devenait action. Sur ce vaste front, les idées et les sentiments se succédaient comme des éclairs et ne se ressemblaient pas. Il portait en lui ses grands héros. En quelques minutes, on pouvait retrouver dans l'expression de son visage la noire tristesse du Hollandais, le désir effrené du Tannhæuser, la fierté inabordable de Lohengrin, l'ironie glaciale de Hagen et la fureur d'Albéric. Oh ! l'étrange tourbillon que de regarder dans ce cerveau ! C'était, comme dit le poète, *la buffera infernal che mai non resta*. Et, dominant tous ces personnages qui se succédaient en lui, il y en avait deux qui se montraient presque toujours simultanément, comme les deux pôles de sa nature : Wotan et Siegfried ! Oui, par le fond de sa pensée, Wagner ressemblait à Wotan, à ce Jupiter germanique, à cet Odin scandinave qu'il a recréé à sa propre image, dieu bizarre, dieu philosophe et pessimiste, toujours inquiet de la fin du monde, toujours errant et méditant sur l'énigme des choses. Mais par sa nature primesautière, il ressemblait tout autant à Siegfried, le héros naïf et fort, sans peur et sans scrupule, qui se forge lui-même son épée et marche à la conquête de l'univers. Le miracle est qu'il réalisait ces deux types fondus en

un seul par la constante union d'une réflexion profonde et d'une spontanéité jaillissante. Chez lui, l'excès de la pensée n'avait pas émoussé le ressort de la
vie, et quels que fussent les soubresauts de celle-ci, il
ne cessait jamais de philosopher. Il joignait un intellect calculateur et métaphysique à la joie et à l'éternelle jeunesse du tempérament créateur.

Sa gaieté débordait dans une écume joyeuse de
fantaisies bouffonnes, de plaisanteries extravagantes,
mais la moindre contradiction provoquait chez lui des
colères inouïes. Alors, c'étaient des bonds de tigre,
des rugissements de fauve. Il arpentait la chambre
comme un lion en cage, sa voix devenait rauque et
jetait les mots comme des cris, sa parole mordait au
hasard. Il semblait alors un élément déchaîné de la
nature, quelque chose comme un volcan en éruption.
Avec cela des élans de sympathie fougueuse, des
mouvements de pitié touchante, des tendresses exces-
sives pour les hommes qu'il voyait souffrir, pour les
bêtes et même pour les plantes. Ce violent ne pouvait voir un oiseau en cage; une fleur coupée le faisait pâlir et, lorsqu'il trouvait dans la rue un chien
malade, il le faisait porter chez lui. Tout en lui était
gigantesque et démesuré. Son infatigable volonté fut
d'autant plus forte qu'elle agissait instantanément par
l'intermédiaire de sa puissante imagination. Ces deux
pouvoirs réunis donnaient à Wagner un magnétisme
presque irrésistible. Ce qu'il pensait, ce qu'il voulait se
présentait à lui comme une vision intense. Cette vision,
vraie ou fausse, bonne ou mauvaise, qui se créait dans
son esprit, il la projetait dans les autres d'un mot, d'un
geste ou d'un regard, avec une force égale à sa conviction. De là ce pouvoir de suggestion que subirent tant
de personnes, cet empire presque illimité exercé sur
tant de cœurs d'avance ensorcelés par sa musique.

Dans les conversations que j'eus avec lui pendant mon séjour à Munich, je fus vivement frappé de cette foi absolue et communicative de l'artiste en lui-même et en son idée. Cette idée n'était pas sortie en un jour et tout armée de son cerveau. Elle avait grandi avec sa conscience d'artiste à travers les luttes, les expériences et les déceptions de sa carrière théâtrale. Enfin, elle avait mûri dans le silence et la méditation de ses dix années passées en Suisse. Le drame musical, tel qu'il le concevait, devait être la plus haute manifestation de l'homme, le révélateur d'une humanité supérieure. Peu à peu, il était arrivé à comprendre qu'il ne suffisait pas de créer des œuvres dans ce sens, mais qu'il fallait changer l'esprit de l'institution théâtrale dans sa racine et son organisme. « La littérature est l'expression de la société », disait au commencement du siècle M. de Bonald. L'idée a fait fortune ; toute la critique littéraire de notre temps en procède. Sainte-Beuve l'a adoptée plus ou moins, et M. Taine l'a mise en œuvre avec toute sa puissance d'analyse et de synthèse. L'art rêvé par Wagner est l'opposé de celui-là. C'est un art qui, loin de se conformer aux idées et aux mœurs régnantes de la société, prend vis-à-vis d'elle une attitude de maître. C'est un art conscient et voyant, qui, pénétré des profondes vérités psychiques en même temps que d'un grand idéal humain, s'en fait l'apôtre, armé des deux plus forts moyens d'expression : le drame et la musique. En un mot, au principe de la mode et de l'amusement qui a prédominé jusqu'à présent au théâtre, le réformateur prétend substituer celui de l'initiation et de l'édification, en s'appuyant sur les plus hautes intentions des dramaturges du passé. D'après ces principes, le théâtre initiateur devait commencer par être le temple d'une élite attentive et recueillie, puis étendre graduellement son influence. De là le projet — depuis réalisé à Bayreuth — d'une salle de spectacle construite et orientée uniquement pour favoriser l'oubli du monde réel et la vision idéale. Orchestre invisible, gradins, colonnes, tout devait y projeter et y concentrer le regard sur le cadre scénique.

Ce projet devait naturellement passer pour le plus chimérique des rêves jusqu'au jour où le jeune roi de Bavière s'enflamma pour l'idée de l'artiste, l'appela auprès de lui, et mit à sa disposition son théâtre, sa cassette privée et sa bonne volonté royale. Ce jour-là, Richard Wagner entra de fait et de plain-pied dans son rôle de réformateur. Une série de projets furent esquissés sous son inspiration, et quelques-uns mis à exécution sur-le-champ. Le Conservatoire de Munich devait être transformé en une école de chant destinée à créer un style nouveau pour les opéras de Wagner. M. de Bulow, apôtre fervent du maître, fut appelé, comme chef d'orchestre, au théâtre du Roi. On donna une série de représentations modèles avec l'acteur Schnorr, en dehors de l'abonnement. On commença par le *Vaisseau-Fantôme;* on continua par le *Tannhœuser* et par *Tristan*. Ces fêtes exceptionnelles devaient préparer le public à celles plus grandes du nouveau théâtre. L'architecte Semper fut invité par le Roi à conférer avec lui et avec le maître, pour tracer le plan du nouvel édifice qui devait être inauguré par la représentation de la Tétralogie des *Nibelungen*. Le théâtre modèle devait s'élever dans toute sa splendeur sur une colline, en dehors de Munick, de l'autre côté de l'Isar, au milieu des jardins publics de la ville. Flanqué de deux tours et de deux vastes promenoirs en portiques, il serait revêtu tout entier de deux colonnades superposées,

Pour y conduire dignement les spectateurs, on percerait une rue dans la cité et on jetterait un pont sur le fleuve. Ce plan magnifique, qui s'ébruitait alors, souriait au Roi et remplissait d'épouvante l'âme du ministre des finances. Le conseil municipal n'en dormait plus. Des jalousies envenimées, des haines furieuses s'élevaient de toutes parts contre l'audacieux réformateur. Mais il se sentait maître de l'âme du Roi, et il tenait son interprète.

Avec ces deux forces, il se croyait sûr du triomphe. C'était chose extraordinaire et superbe de voir cet homme en lutte avec l'opinion publique de toute l'Allemagne, de toute l'Europe, et qui disait : « Vous aurez beau rire, pester et crier, avec mon Roi et mon interprète j'aurai raison de vous tous ! »

Wagner était alors au moment le plus intéressant de sa vie, au point tournant de sa carrière. Puissances ennemies et chances favorables se réunissaient en un foyer brûlant comme pour une lutte suprême. Du dehors, un orage formidable s'amassait sur sa tête ; mais les événements profonds et mystérieux de sa vie intime, qui sont pour l'homme comme les signes certains et les voix de la destinée, l'avertissaient de la victoire finale. C'est à cette époque et même à ces représentations de *Tristan et Iseult* que remonte, dit-on, l'origine d'un lien qui devait prendre une importance capitale dans sa vie. Il avait trouvé dans une femme supérieure l'intelligence complète de son être et le dévouement le plus absolu. Cette passion, alors tenue secrète, avait commencé dans la femme et s'était peu à peu emparée de lui. Malgré l'étrangeté des circonstances et les obstacles qui devaient s'opposer à leur union, cette femme, loin d'entraver sa marche, devint par la suite, en s'associant à lui, l'aide le plus puissant de sa réussite. Tous les

bonheurs lui venaient donc à la fois. Un jeune roi,
un artiste génial et une femme d'un esprit éminent
venaient à lui et lui disaient : « Nous croyons en toi,
et nous t'appartenons, car tu es *Le Maître !* » Faut-il
s'étonner qu'un homme capable de créer une foi pareille en trois êtres hors ligne, ait puisé en quelque
sorte dans leur enthousiasme la force de lutter avec
le monde entier? Aussi Wagner avait-il alors la fièvre
des longs désirs et des vastes pensées. Il ne doutait
plus de rien.

IV

LE CONCERT DU ROI ET LA MORT DE SCHNORR

Le point culminant de cette période d'audace et d'espérance sans limite fut le concert donné au Roi. Car une catastrophe le suivit de près, puis une sorte de révolution du palais, qui devait entraîner l'exil du compositeur et l'échec momentané de son audacieuse entreprise.

Ainsi que je l'ai dit, l'acteur Louis Schnorr de Carolsfeld voulait se vouer complètement au réformateur de l'opéra. Par nécessité, il avait accepté un engagement au théâtre de Dresde, dont il comptait se libérer promptement pour se consacrer sans réserve au maître de son choix. Mais il était forcé de partir après les quatre représentations de *Tristan*. Le Roi ordonna alors un concert privé, composé de fragments des œuvres connues et inédites de Wagner, sous la direction du maître lui-même et avec le concours de son chanteur préféré. Une des originalités de Louis il était son goût prononcé pour la solitude. L'éclat et le bruit d'une salle comble gênaient ses illusions. Il aimait les représentations où, seul spectateur, il pouvait se livrer en toute sécurité à ses rêveries. Le concert eut lieu au petit théâtre de la résidence, dans une salle obscure et presque vide. Outre le Roi invisible dans sa loge sombre, dix personnes seulement y assistaient, toutes invitées par Wagner. J'eus le bonheur de me trouver parmi ces privilégiés. On distinguait à peine quelques dames blotties au fond des baignoires. Chuchotant à mi-voix, un groupe de messieurs se dissimulait sous le balcon. De rares lumières éclairaient l'orchestre étagé sur la scène. Debout sur une haute estrade comme sur un rocher, Wagner dirigeait par cœur. Des profondeurs douteuses, son geste altier évoqua d'abord les titillations lubriques de Vénusberg, puis les souffles éthérés de Montsalvat et la claire fanfare de Lohengrin. Il déchaîna l'orage sur les dieux du Walhalla et l'apaisa par le chant suave des filles du Rhin. La salle, en boiseries sculptées de style rococo, entièrement déserte et plongée dans sa pénombre verdâtre, prenait, sous ces harmonies étranges, des aspects fantastiques et semblait tantôt une grotte sous-marine, tantôt une forêt enchantée d'où sortaient les mille voix de la nature et de la légende. Les honneurs de cette fête intime furent pour le merveilleux ténor, pour l'acteur élu du théâtre de l'avenir, pour Schnorr. Il chanta tour à tour la rêveuse cantilène de Walter, le chant d'amour de Siegmund et le chant héroïque de Siegfried forgeant son épée. Sa voix au timbre argentin, moelleuse et sonore comme une cloche, communiquait les puissantes vibrations de la jeunesse et toutes les fougues de la vie. Un simple chanteur n'a pas de tels accents ; il y avait en lui du héros et de l'inspiré. Il vivait dans son rêve, il rayonnait d'espérance. — Hélas, il ne savait pas et personne de nous ne se doudait qu'il chantait son chant de cygne !

Étrange impression dans mon souvenir que ce con-

cert ! Ils étaient là réunis tous les trois pour la dernière fois, le grand magicien, l'acteur enthousiaste et
le Roi fasciné. Le magicien devait continuer et achever triomphalement sa carrière. Le chanteur n'avait
plus que huit jours à vivre. Quant au Roi, il ne devait survivre à son protégé que pour tomber dans une
folie étrange et finir tristement par un suicide mystérieux, dans ce même château, au bord de ce même
lac où avait commencé son idéale amitié avec le poète
musicien, le prédestiné de son règne (1).

Le lendemain de ce mémorable concert, Schnorr
quitta Munich. Je me remis à suivre les cours de
l'Université et j'essayai de reprendre un travail commencé. Car j'avais tout oublié pour me plonger dans
l'œuvre de Wagner. Les cours me parurent fades, les
livres morts. Après ces grandes Dionysiaques de l'Art,
le difficile est de rentrer dans la réalité. Il vous en
reste, pour toute la vie, l'âpre aiguillon, le désir inassouvi. Huit jours après, les journaux m'apprenaient
que l'illustre acteur était mort subitement à Dresde.
Richard Wagner, appelé par télégramme, n'avait
même pas pu assister à ses obsèques. Quand il arriva
à Dresde, la tombe s'était déjà refermée sur le merveilleux chanteur, sur le porte-bannière de son idéal,
— sur celui dont la florissante jeunesse incarnait,
huit jours auparavant, Walter, Siegfried et Tristan !
Cette mort était invraisemblable, tant cet homme paraissait vivant. Je ne le connaissais pas personnellement et ne l'avais vu qu'en scène, mais sa brusque
disparition me causa une invincible tristesse ; car il
était impossible de voir une seule fois sans l'aimer
cette admirable nature qui brûlait si généreusement
de toutes les flammes de l'art et de la vie. On sentait,

(1) Le château de Berg, au bord du lac de Starenberg.

dans ce coup, la main cruelle de la destinée qui frappe de préférence les nobles âmes et les cœurs magnifiques. Ils avaient été trop prompts, trop beaux et trop hardis les rêves suscités par ces jours uniques. Selon le cours ordinaire des choses humaines, ils devaient finir par un désastre.

Je ne pensais plus revoir Wagner. Peu de jours après, je reçus de lui une invitation à dîner. Dans le petit salon de la Briennerstrasse, je trouvai M. de Bulow et M. Porgès, musicien distingué et l'un des rares critiques allemands de ce temps-là qui s'étaient hautement prononcés en faveur de Wagner. Le maître était debout près du piano, en face de la fenêtre, les traits tirés, l'air préoccupé, la mine sombre du marin battu des flots, son expression dominante d'alors. Cependant il causait d'une voix assourdie, avec sa lucidité et sa vivacité habituelles. A chaque mot, son esprit toujours en travail lançait les idées en fusées légères. Sa pensée voyageait sans cesse, dévorait l'espace, volant de la musique à la poésie, de Shakespeare à Calderon, d'un souvenir de jeunesse à l'esquisse mimée d'un personnage historique. Tout cela en paroles rapides et vives, dardées à l'improviste comme des flèches et qui dessinaient devant vous la chose évoquée. Il parlait à ce moment de la naïveté allemande, qui, selon lui, était chose absolument perdue dans la génération présente. Pour commenter sa pensée, il souleva à demi le couvercle du piano, ébaucha de la main droite une cadence de Haydn et dit : « Voilà la vraie simplicité allemande. Ah ! ce bon Haydn, c'était un gaillard aussi ! Il était... comment dirai-je ?... il était des nôtres ! »

Ni avant, ni pendant le repas, personne n'osa parler de la mort de Schnorr. Lui-même ne prononça pas son nom. Malgré son entrain de surface, on le sentait affecté. Cependant le diner fut gai, assaisonné de son humour particulier. Je le mis sur la France. Il parla avec admiration de Berlioz qu'il a traité un peu trop cavalièrement dans son livre : *Opéra et Drame*, mais pour lequel il avait la plus haute estime, et qu'il connaissait à fond, ayant profité de ses découvertes en matière d'instrumentation. « Il y a, disait-il, plus de génie dans une mesure de Berlioz que dans tous les opéras de Meyerbeer. » Puis, il fit quelques plaisanteries sur le docteur Lapommeraie, récemment guillotiné à Paris pour avoir empoisonné sa maitresse, et qui avait été grand admirateur de sa musique... « Décidément, je n'ai pas de chance avec mes amis, dit-il ; tous finissent mal. Baudelaire est déjà mort. Il a fait un singulier volume de vers et un bel article sur moi. En voilà un autre de parti ; je le regrette. C'était un homme bien intelligent, et je l'appellerai toujours mon ami Lapommeraie. » Au dessert, un courrier apporta une lettre du roi de Bavière. Wagner nous quitta aussitôt pour la lire. Quelques minutes après, nous le retrouvâmes debout dans le clair-obscur de sa chambre de travail, l'œil allumé, tenant la lettre royale à la main et la brandissant avec enthousiasme. Le Roi lui parlait confidentiellement de ses ministres comme un écolier qui se plaint à un camarade de ses maitres tracassiers. « Voilà un roi ! s'écria Wagner ; avec cet homme-là, on pourrait retourner le monde ! » (1) Et il frappait du pied le sol comme pour en faire jaillir son théâtre.

On alla faire un tour dans le jardin, et, me trouvant tout seul avec lui, je me hasardai à lui exprimer ma sympathie au sujet de la mort de Schnorr. « — Ne m'en parlez pas, dit-il, c'est une histoire terrible et

(1) *Mit diesem Menschen kœnnte man die Welt umdrehen.*

fatidique. » (1) Il n'en put dire davantage. Sa figure reprit son expression tragique ; il refoula les sentiments qui l'agitaient sous un silence de glace. Un mystère plane encore sur la mort de Schnorr. Les ennemis de Wagner prétendirent alors qu'il était mort de fatigue pour avoir chanté le rôle de Tristan. L'assertion est fausse ; Schnorr lui-même a protesté contre elle. Il doit avoir dit sur son lit de mort : « Ils vont dire que je meurs de Tristan, mais ce n'est pas vrai. » Il paraît cependant, au dire de Wagner lui-même, que la cause de sa maladie fut un refroidissement pris à l'occasion de ces représentations. Au troisième acte, où Tristan, retombé sur son lit, doit rester immobile pendant une demi-heure, l'administration du théâtre laissa une fenêtre ouverte par négligence. Un courant d'air glacé passa ainsi sur le malheureux acteur tout ruisselant de sueur et condamné à ne pas bouger. Il ne sentit rien d'abord ; mais à Dresde, une douleur insupportable lui vint au genou, puis une fièvre qui l'emporta en trois jours. Quant aux sentiments que le compositeur dut éprouver à la suite de cette mort tragique, chacun peut les imaginer à sa manière d'après le passage suivant des *Souvenirs sur Schnorr* : « Pendant les représentations de *Tristan*, mon étonnement respectueux devant l'action prodigieuse de mon ami grandit jusqu'à devenir une véritable épouvante. Il me semblait sacrilège de répéter indéfiniment cette action et de la faire entrer dans le répertoire ordinaire de l'Opéra. Après la quatrième représentation, je déclarai qu'il n'y en aurait plus d'autre... Par cette représentation comme par l'œuvre elle-même, nous avions fait un saut prodigieux dans un monde nouveau à conquérir. Entre ce monde et

(1) *Es war eine furchtbar daemonische Geschichte.*

l'ancien, il y avait des gouffres et des abîmes béants.
Il fallait d'abord les combler soigneusement, pour
permettre aux compagnons indispensables de nous
rejoindre sur la cime solitaire où nous étions parvenus. »

L'après-midi se termina par une promenade au
parc anglais, où notre hôte nous emmena en voiture.
Il était redevenu sérieux et pensif. Il se mit à parler
des prochaines répétitions de l'*Or du Rhin*; mais on
voyait à l'expression de sa physionomie qu'il se re-
mettait à l'ouvrage avec une sorte de dégoût. Les allusions lointaines qu'il faisait au funèbre événement
prouvaient combien il lui semblait fatal pour son entreprise. La voiture s'arrêta à un délicieux endroit du
parc. Nous descendîmes et fîmes quelques pas au
bord d'un cours d'eau glacé qui coule là presque au
ras du sol à travers les prés et se perd dans un fouillis
de hêtres avec des lueurs argentines et verdâtres. La
rivière étirait son dos luisant sous le clair feuillage
avec un murmure et des ondoiements de sirène. Visiblement charmé, il s'assit sur un banc. « Le joli
paysage ! dit-il, et la nymphe exquise que cette eau !
C'est traître et fuyant comme la vie. »

Puis, donnant cours enfin à sa pensée intime :
« Chaque homme a son démon, dit-il, et le mien est
un monstre effroyable. Quand il rôde autour de moi,
une catastrophe est dans l'air. La seule fois que j'ai
été en mer, j'ai failli faire naufrage ; et si j'allais en
Amérique, je suis sûr que l'Atlantique me recevrait
avec un cyclone. Le monde m'a traité de même, et,
chose bizarre, j'en reviens toujours. Mais on dirait
que la Fatalité qui ne peut pas me supprimer s'en
prend à mes fidèles. Lorsqu'un homme véritable, un
homme qui est à lui seul une force incalculable, se
donne à moi sans réserve, je suis sûr que le Destin

s'acharnera sur lui. Aujourd'hui, ce n'est pas *un* chanteur, c'est *le* Chanteur que nous avons perdu, et il va falloir que nous bâtissions avec des briques la maison que nous voulions tailler dans l' granit ! »

Il regardait toujours l'eau miroitante sous les trembles frissonnants. Passait-elle devant lui, dans la forêt ensoleillée, l'image du fier jeune homme qui lui avait donné la fleur de son âme et le sang de son cœur, dont la dernière et mélancolique parole avait été : « Je ne chanterai pas Siegfried ! » Quel message, quel adieu envoyait-il à cette ombre, déjà lointaine, qui fuyait pour toujours à son horizon troublé ?

Brusquement il se leva et se mit à marcher d'un pas impétueux. « Allons ! dit-il, quand on est en guerre avec le Destin, il ne faut pas regarder en arrière, mais en avant ! »

Nous remontâmes en voiture. En revenant à Munich, je pris congé du maître.

Depuis, j'ai revu Richard Wagner dans sa villa du lac de Lucerne, heureux et souriant, entre sa femme et ses enfants, composant le dernier acte de *Siegfried*, évoquant sur le piano, d'une voix sourde et d'une main turbulente, Erda et le petit oiseau de la forêt, et le jeune héros sans crainte, qui réveille la Walkyrie. — Plus tard, je me suis assis avec lui sur les marches du théâtre de Bayreuth en construction, et je l'ai vu mesurer d'un œil plein de souci le travail des maçons dans les fondations de l'orchestre et sur les échafaudages aventureux. — Enfin, je l'ai revu pour la dernière fois aux répétitions du *Ring*, dans ce même théâtre achevé et semblable à un temple discret et grave, édifié pour une fête de l'Ame et de la Beauté ; je l'ai vu là dans sa verdeur étonnante, dans son activité infatigable, enveloppé comme un demi-dieu d'un tourbillon d'admirateurs et de grandes

dames, d'acteurs et d'actrices, qu'il pétrissait à son
gré et animait de son souffle. — Pourtant, jamais il
ne me parut plus grand qu'en ces jours de Munich, à
la première de *Tristan et Iseult*, où, seul avec son
interprète génial et son roi fidèle, il semblait défier le
monde au nom de son idéal. Il ressemblait alors au
Hollandais debout à la poupe de son navire, glissant
sur l'Océan noir et blanc d'écume, au milieu du sifflement de la tempête, fouetté par l'onde et l'ouragan,
— mais la main sur la barre et l'œil fixé sur son
étoile.

RICHARD WAGNER

I

LA JEUNESSE, LES DÉBUTS, RIENZI

> Je n'ai eu d'autres éducateurs que l'art
> et la vie.
>
> R. WAGNER.

Le front bombé de Beethoven a la force de Prométhée et la candeur de l'enfant. Celui de Richard Wagner, moins harmonieux et plus colossal, produit un effet très différent. Il monte abrupt, inabordable et audacieux comme le front du Wetterhorn chargé d'orages. Ce front étrange et superbe inspire au premier abord une admiration mêlée d'une sorte d'effroi. On se trouve en présence d'un esprit supérieur créé pour défier les obstacles et pour remuer les hommes. On sent aussi qu'il ne saurait vous accepter comme son semblable et ne vous laissera pas monter aux âpres et derniers sommets de sa pensée. La force, la révolte et la magie siègent sur ce front. On y lit en caractères indélébiles : Guerre à mon siècle ! — Sous sa masse énorme luisent des yeux d'un bleu clair, profonds et petits. D'habitude le regard est humide, lent, fixe, magnétique. Mais souvent il vous arrive à l'improviste, droit comme un éclair, et vous transperce de part en part. Il est très difficile de le soutenir alors, tant il surprend et déconcerte. Tantôt il nage dans une exaltation mystique et verse un fluide tendre, tantôt il lance tous les feux de la passion, de la volonté et du génie. Le visage buriné en lignes marquantes, est maigre, d'une pâleur changeante qui, sous le jet de l'indignation ou de l'enthousiasme, se colore en un clin d'œil. Le nez est recourbé, dominateur ; la bouche rentrante ; les lèvres, minces et fines, respirent tour à tour ou à la fois le désir inassouvi et l'ironie pénétrante. Le menton, saillant et pointu, est empreint d'une formidable énergie. Tout le bas du visage, creusé de traits anguleux, est travaillé et tourmenté par les passions. Mais quelles que soient les émotions subtiles ou redoutables qui l'agitent, toujours il est comme surplombé et royalement dominé par ce front où réside un vaste et splendide génie. Ce contraste donne à cette tête son caractère unique et grandiose. Quiconque l'a entrevue ne saurait l'oublier. Son expression habituelle est le défi, son caractère dominant, la puissance et la témérité. Placez-la devant le mur des Alpes, elle aura l'air de dire en le mesurant du regard : J'y monterai ! La tête de Gœthe semble penser, dans son calme olympien : Je voudrais m'asseoir au sommet du monde et le contempler en paix. Celle-ci semble dire : Je voudrais le bouleverser et le rebâtir de fond en comble.

Richard Wagner est né dans la Saxe, à Leipzig, en 1813 [1]. Sa mère paraît avoir été une femme hors ligne, pleine de vie, de verve et d'imagination. Richard n'avait que six mois quand elle perdit son mari. Peu de temps après, elle épousa en secondes noces Louis Geyer, peintre, acteur et auteur de quelques comédies. La famille s'établit à Dresde avec lui. Ce Louis Geyer avait une tendresse toute particulière pour Richard ; il voulait en faire un peintre, mais l'enfant montra peu de talent pour le dessin. Il n'avait que sept ans quand son père mourut subitement. La veille encore l'enfant avait joué sur le piano, dans la chambre à côté, un air du *Freischütz*, et il entendit son père dire d'une voix faible : « Aurait-il du talent pour la musique ? » Le lendemain, la mère entra dans la chambre des enfants et, après avoir dit un mot à chacun, elle dit à Richard : « De toi il voulait faire quelque chose. » Ce mot lui resta dans la mémoire et le fit rêver longtemps.

Sa mère le laissant libre, il ne subit aucun joug. « J'ai grandi, dit-il, en dehors de toute autorité, sans autres éducateurs que la vie, l'art et moi-même. » Il était de ceux qui supportent

---

On ne s'est pas proposé ici de faire une biographie proprement dite, mais avant tout d'étudier les œuvres de l'artiste et de suivre le développement de son idée dans sa vie. Les détails qu'on va lire sont empruntés à une *Esquisse autobiographique* et à la *Communication à mes amis*, qui se trouve en tête de ses trois poèmes d'opéra (*Drei Operndichtungen*, Leipzig, 1852).

une telle liberté et au besoin la conquièrent. Lui-
même attribue la partie vivace, la force initiale
de son génie à l'esprit chercheur et remuant qui
lui était inné. Selon une vieille tradition, trois
Nornes passèrent au berceau d'un fils de roi.
L'une lui donna la force, l'autre la sagesse, et
la troisième lui offrit « l'esprit mécontent qui
médite toujours du nouveau ». Le père, effrayé
d'un don si dangereux, refusa de l'accepter. Ce
fut le malheur du fils. Il eut beau être fort et
sage ; privé d'aiguillon, il resta sa vie durant un
parfait lourdaud, et fut tué par un rocher que les
nains firent tomber sur sa tête pendant son sommeil. « Dans notre monde, dit Richard Wagner,
où la manie d'éducation a été poussée à l'excès,
ce présent ne nous arrive plus que par hasard.
Je perdis mon père dans ma plus tendre enfance.
Sûre de n'être point chassée, la Norne se glissa à
mon berceau et me fit grâce de ce don qui ne
me quitta plus. »

C'était un enfant volontaire, indisciplinable,
fantasque, à la fois impétueux et tenace. A l'école
il ne travaillait que lorsqu'une chose l'enthou-
siasmait ; alors avec quel entrain ! Il apprit ainsi
d'élan le grec, le latin, la mythologie et l'histoire ancienne. Quant à son maître de piano, il
lui déclara qu'il voulait apprendre la musique à
sa manière et l'envoya promener. L'atmosphère
intellectuelle et morale qui l'enveloppait favorisait un développement précoce et multiple. On
approchait de la période orageuse de 1830. A
cette époque toutes les jeunes têtes fermentaient

sous l'influence de mille idées qui flottaient dans l'air. Grande agitation dans la littérature, grande effervescence dans les arts ; peintres, poètes, musiciens tous veulent innover, revenir aux sources, créer à nouveau. En France, il y avait deux camps, les classiques et les romantiques ; en Allemagne, on en comptait dix, vingt, cent, autant d'écoles que de talents, mais plus un seul de ces esprits qui impriment leur cachet à une époque en la dominant ; car Gœthe avait quatre-vingts ans, et, comme dit madame de Staël, le temps l'avait rendu spectateur. Sur le théâtre la décadence est visible, et le public a plus de goût pour les drames de l'école de Kotzebue et d'Iffland que pour les chefs-d'œuvre de Schiller et de Gœthe. En musique, les goûts sont très divers, mais, avant tout, on a soif de nouveautés. Les symphonies classiques, le grand opéra italien, l'opéra comique français, obtiennent un égal succès. Beethoven fait fureur à côté de Spontini, Weber à côté d'Auber. On devine quelles sensations durent envahir l'âme d'un enfant impressionnable né au beau milieu de ce tourbillon. Il respira cette atmosphère brûlante par tous ses pores, et la fièvre du siècle entra dans ses veines.

Tous les courants d'idées agirent sur lui ; mais chose remarquable, aucun ne l'entraîna. Les représentations théâtrales de Dresde le laissèrent assez froid ; il n'y trouva, dit-il, que des comédiens fardés, non des hommes. Par contre, les tragédies d'Eschyle et de Sophocle, qu'il traduisait en classe, l'émurent profondément. L'image du théâtre antique avec sa majesté religieuse se grava pour toujours dans sa mémoire. A onze ans, il commença à lire Shakespeare ; dès lors sa vocation pour le drame s'affirma énergiquement, et il composa en cachette une tragédie qui était une sorte d'amalgame d'*Hamlet* et du *Roi Lear*. Quarante-deux personnages mouraient dans la pièce, et l'extermination allait si bon train, qu'au cinquième acte, il se vit forcé de faire reparaître la plupart de ses héros à l'état de spectres, autrement la scène serait restée vide.

Telle fut chez lui la première saillie de l'instinct dramatique. Il lui venait, non de l'observation du monde réel, mais d'une profonde émotion du dedans, d'un élan passionné vers un idéal entrevu, et du besoin de le manifester dans tout son éclat, en un mot, de le mettre en action. Chez lui, pas trace de langueur sentimentale, de lyrisme maladif. Dans ses rêves d'adolescent, il voit flotter devant lui des êtres étranges, fées radieuses, héros sublimes, âmes débordantes d'amour. Le contraste de ces visions éblouissantes avec la réalité ne provoque pas chez lui cet abattement qui chez la jeunesse succède, le plus souvent, aux rêveries solitaires, mais un fier sentiment de révolte et de défi. Ces visions sont sa réalité à lui ; il y croit, il en parle à ses amis, et déjà les voit marcher sur la scène. Aspiration profonde vers un monde idéal et besoin irrésistible de l'imposer aux autres, intensité nerveuse, ardeur de l'âme dans la conception et sauvage

énergie dans l'enfantement, voilà les deux forces
qui frappent le plus dans cette organisation d'artiste. A quinze ans, il écrivait drame sur drame,
et ses compagnons ne voyaient en lui qu'un
poëte en herbe.

Un jour, il entend une symphonie de Beethoven, il écoute et reste fasciné. Cette musique
l'étonne, le trouble, le remue de fond en comble,
le transporte ; pour un tempérament musical, en
effet, les symphonies de ce géant de la musique
sont la plus étourdissante des révélations. Un
élève sculpteur, qui n'aurait jamais vu que les
timides créations de la statuaire moderne, et
qu'on placerait subitement devant les marbres
tragiques de Michel-Ange, n'éprouverait pas un
tel saisissement. Quelle langue, fût-ce la langue
d'Homère, a fait parler les voix de la nature
avec une magie plus insinuante que la *symphonie pastorale*, depuis le murmure du ruisseau
jusqu'au fracas de l'orage ? Quel poëte a chanté
la liberté avec une éloquence plus entraînante
que l'auteur de la *symphonie en ut mineur*, où
l'âme d'un Prométhée semble tour à tour pleurer
et rugir, consoler ses frères ou rompre leurs
chaînes ? Le poëte de quinze ans ne fut pas seulement subjugué par ces accents prophétiques ; il
vit s'ouvrir un monde nouveau, le monde illimité
de la musique, où l'homme, délivré des entraves
d'une langue particulière, s'exprime avec toutes
ses énergies dans un idiome universel. Il crut
entendre des voix humaines dans ces instruments
dont les plaintes désespérées et les cris de joie

s'appellent, se répondent, se combattent ou s'é-
lancent d'un même essor ; il crut voir se dérouler
toute une épopée dans chaque symphonie. Désormais, il le sent tout de suite, la poésie ne lui
suffira plus. A côté de ces vibrations éclatantes
et victorieuses de l'âme qui font la puissance de
la musique, le langage poétique lui paraît pauvre,
froid, incomplet. Pour donner issue aux sensations vastes qui le débordent, il lui faut doréna-
vant la langue de Beethoven. Cette conversion
fut comme un coup de foudre, une terrible et
bienfaisante apparition de la Muse nouvelle qui
s'emparaît du jeune homme. « Un soir, dit-il
lui-même, j'entendis exécuter une symphonie de
Beethoven, j'eus dans la nuit un accès de fièvre,
je tombai malade, et, après mon rétablissement,
je devins musicien. »

Ce fut une révolution décisive dans la vie de
Richard Wagner. Shakespeare avait réveillé son
tempérament dramatique, Beethoven réveilla son
âme, toucha le fin fond de sa nature et donna des
ailes à ces aspirations gigantesques qui vont par
delà le réel. L'art du fort magicien s'allume à
l'art du puissant prophète. Comme une onde
magnétique, il sent monter de son cœur à son
cerveau l'envie de dompter les grands Démons
de la nature. A son tour il saisit d'une main ferme
le sceptre évocateur. Merveille et joie ! ils obéissent ; un à un ils sortent de l'abîme. Que s'était-
il donc passé ? Derrière le monde visible et la
société, Beethoven lui avait découvert d'un seul
coup le monde des énergies primordiales. Il lui

ouvrait soudainement le fond éternel de l'homme, le mystérieux *intérieur* de la nature, dont jusque-là il n'avait vu que l'*extérieur* [1]. Cet effet n'était possible que sur un tempérament essentiellement musical, sur un initié prédestiné de l'harmonie ; mais sur celui-là il devait être magique. Ce fut une surprise comme celle qu'on éprouverait, par exemple, en se trouvant dans un radieux paysage montagneux, aux sommets boisés et aux prairies inondées de sources, et si quelque baguette magique vous transportait subitement dans les entrailles de la terre, où s'ouvre un labyrinthe de cavernes et où l'eau se précipite par cataractes dans ses antres profonds, vaste réservoir de toute la vie du dehors. — A partir de ce moment, Beethoven devint la grande étude de Richard Wagner. A toutes les époques de crise et de renouvellement, il y revint pour s'y retremper; si bien que l'essence de la mélodie et de l'harmonie beethovienne passèrent dans le suc et le sang de sa musique [2]. Beethoven fut en toute chose son grand initiateur. Sans lui il serait resté un simple dramatiste. Par lui il s'habitua à voir les phénomènes esthétiques les plus divers à travers l'élément musical et à considérer la musique comme l'âme de l'art vivant. On peut même dire que Beethoven suscita en lui le

---

[1] Sur l'essence transcendantale de la musique, voir dans le tome Ier le commencement de l'*Histoire de la musique* et le chapitre sur *Beethoven et la symphonie*.

[2] On sait que R. Wagner dirige par cœur les neuf symphonies de Beethoven. Les entendre exécuter sous sa direction, c'est les comprendre à nouveau.

sentiment religieux. Devant le maître des maîtres, cette impérieuse personnalité abdiqua pour la première fois et se courba dans une fervente adoration. Alors il s'oublia pour s'absorber dans le grand Tout et se donner à l'art sublime. Beethoven fut sa révélation religieuse et métaphysique. Avant de lire les philosophes et de connaître la vie, il surprit dans son orchestre le jeu des forces éternelles. Penché sur ce gouffre aux murmures sans nombre, il écoutait en frémissant les voix qui sortent de l'abîme des êtres. Les luttes intimes que nous autres nous traversons dans la solitude et le silence de l'étude, les problèmes sur l'âme, la mort, la nature, le divin, la destinée, que nous agitons dans les longues veillées avec les livres et la logique ardue de l'intelligence, il les *vécut* avant de les *penser* dans les tempêtes de l'harmonie.

Une fois initié à Beethoven, R. Wagner tiendra la clef de deux mondes distincts : de la poésie, qui se concentrera pour lui dans le drame, et de la musique, dont il aura pénétré les arcanes par la symphonie beethovienne. Sa vie se passera à chercher l'union de ces deux mondes.

D'abord il ne songea qu'à la musique. Il s'y jeta comme il s'était jeté sur le drame. « Quand je me crus assez avancé dans mes études, dit-il, je déclarai ma résolution de devenir musicien. J'eus de grands combats à soutenir, car les miens ne croyaient voir dans mon penchant pour la musique qu'une passion fugitive. J'avais alors seize ans, et la lecture d'Hoffmann me poussait au mysticisme le plus fou. Le jour, dans le demi-sommeil, j'avais des hallucinations où la tonique, la tierce et la dominante m'apparaissaient en personne et me révélaient leur importante signification. Heureusement, je trouvai pour m'instruire un musicien capable. Je donnai beaucoup de mal au pauvre homme. Il dut m'expliquer que là où je voyais des formes et des puissances magiques, il n'y avait que des intervalles et des accords. » Un second maître lui enseigna la musique à fond, lui fit aimer Mozart et lui apprit à résoudre les problèmes les plus compliqués de la fugue et du contre-point. Au bout de six mois l'élève possédait son harmonie, et le maître lui dit en guise d'adieu : « Ce que vous avez acquis par cette étude aride, c'est l'indépendance. » Peu de temps après, il écrivait une ouverture et une symphonie. Le poète semblait métamorphosé pour toujours en musicien.

Il n'en était rien cependant. Le dramatiste poussait en dessous et devait faire irruption un beau jour. Plusieurs impressions y aidèrent, tout d'abord le *Freischütz*. — Le chef-d'œuvre de Weber, où une saisissante légende du peuple s'illumine de toutes les splendeurs de la mélodie, devait frapper un esprit à la fois avide de merveilleux et de vérité. Weber est un génie entièrement original, de libre et fière croissance, indépendant de Beethoven, qui a transporté dans l'opéra la fleur flagrante de la chanson populaire. Le *Freischütz*, c'est toute la poésie primitive de la forêt, d'un côté l'élément sombre et démoniaque qui se déchaîne dans *Samiel*, *Caspar* et la *Gorge aux loups*, de l'autre un côté virginal frais et enchanteur, qui s'épanouit en pur amour dans l'âme naïve d'Agathe. Ce qui frappa surtout Richard Wagner dans le chef-d'œuvre de Weber, ce fut le concours admirable de l'effet musical et de l'effet poétique dans certains passages. Rien de plus dramatique à coup sûr que le retour du motif de *Samiel* chaque fois que le séducteur apparaît. Quand le spectre rouge du démon des bois passe derrière Max sur la lisière sombre de la forêt, et que les violoncelles reprennent leur phrase tentatrice comme le désir, rampante et orgueilleuse comme Satan, il semble que l'enfer tout entier assiège l'âme troublée du chasseur. Cet effet et bien d'autres découvrirent au musicien la puissance dramatique de son art. A vingt ans, il s'essaye à son tour dans une opérette, il conçoit, écrit et compose les *Fées*. Vers et musique avaient coulé d'un seul jet de sa plume et comme d'une même source.

A partir de ce moment, le poète et le musicien, éclos successivement dans le même individu et développés isolément, se joignent pour ne plus se quitter. Un instinct irrésistible, un charme magnétique les attire l'un vers l'autre. Marchant de front, ils tendent à ne plus former qu'un seul et même artiste et à s'unir indissolublement dans un même idéal. Telle sera la grande originalité de Richard Wagner, qui lui réserve une place hors des cadres modernes dans l'histoire de l'art. Nous ne sommes pas ici en présence d'un musicien pur et simple ; ceux qui le regardent comme tel ne le voient que par un côté et le jugent à faux. Pour apprécier sa valeur et la hardiesse de ses conceptions, il ne faut pas oublier que c'est à la fois un grand poète et un grand musicien. Mais en lui le musicien et le poète rêvent, conçoivent, travaillent, créent ensemble. On ne peut dire où l'un finit, où l'autre commence. Écrit-il un vers dans le feu de l'inspiration, la mélodie chante déjà à son oreille, et lorsqu'il ébauche un fragment symphonique, il voit se dérouler d'avance le tableau scénique qui l'accompagnera, ou la vision idéale qui lui correspond. Organisation exceptionnelle, unique dans son genre, où deux courants impétueux, l'invention poétique et le besoin d'expression musicale, loin d'aller en sens opposé, convergent au même but et se joignent en un seul torrent.

Une impression plus énergique encore vint s'ajouter à celle de Weber et lui montrer la puissance du drame musical. A cette époque il vit pour la première fois la célèbre actrice Mme Schrœder-Devrient. Cette femme de génie était l'opposé de ce qu'on nomme ordinairement une cantatrice. Douée d'une voix admirable, elle n'en était pas moins actrice avant tout, non virtuose. Elle vivait dans le drame, non dans le public. Richard Wagner, qui plus tard la connut intimement et lui confia plusieurs rôles, trouvait en elle la perfection du talent mimique. Elle était le naturel, la grâce, l'expansion même dans la vie de tous les jours. Versée dans toutes les langues de l'Europe, entourée par de grands personnages de tous pays, elle savait prendre avec chacun le ton qu'il fallait, riant de bon cœur avec ses compagnons de théâtre, qu'elle dominait de si haut, discutant avec les gens du monde et confondant les sots d'un trait d'esprit ou d'un éclat de rire. Du reste, nature généreuse, prodigue, d'une vraie noblesse, sa vie réelle ne fut guère qu'un tissu de déceptions. D'autant plus intensément vivait-elle de sa seconde vie sur la scène. Sitôt qu'elle y mettait le pied, cette femme se transformait, elle *devenait* le personnage qu'elle représentait. Alors elle oubliait tout, passé, présent, avenir, pour épuiser une destinée en quelques heures. C'était une absorption, une métamorphose, le sacrifice complet d'une grande individualité pour la vérité de l'art. Elle dramatisait les rôles les plus ingrats, et par une sorte d'irradiation magnétique elle communiquait l'illusion à la salle entière. Dans ces douloureux ravissements de la transfiguration scénique, son âme passionnée consumait sa vie à belle flamme. — Imaginez si cette femme extraordinaire dut agir sur le jeune homme exalté et sur le dramaturge naissant. Si Beethoven avait découvert à Wagner la puissance incommensurable de la musique instrumentale, l'apparition émouvante et presque tragique de cette femme, lui montra la puissance non moins infinie de l'acteur et du chanteur réunis dans une même personne, et l'aida dans la conception de ses types passionnés et grandioses. Cette nature débordante lui avait fait comprendre tout ce dont la musique était capable dans l'expression dramatique. Pendant de longues années, lorsqu'il composait, c'est l'image de cette grande actrice qui flottait devant ses yeux, c'est son geste qu'il voyait, sa voix qu'il entendait. Elle fut pour lui le génie vivant du drame et comme sa muse.

A vingt-trois ans, Richard Wagner devint chef d'orchestre au théâtre de Riga. Il s'agissait de gagner sa vie et de faire son chemin. D'un centre littéraire et musical fort animé, le jeune compositeur se voyait relégué subitement au bord de la mer Baltique, dans une ville étrangère, triste, monotone. D'abord il s'abandonna au plaisir de diriger les œuvres les plus diverses, car dès lors il se sentait chef d'orchestre, un de ceux qui électrisent les artistes. Le besoin dramatique, qui avait repris le dessus sans se fondre encore avec la partie rêveuse et philosophique de son esprit, l'avait éloigné momentanément de Beethoven et lui fit subir largement l'influence de la musique italienne et française, par leurs mélodies vives, colorées et entraînantes [1]. *La Vestale* de Spontini, *la Muette* d'Auber, le *Joseph* de Méhul l'enthousiasmèrent.

---

[1] R. Wagner avait déjà composé sous cette influence un opéra, *la Novice de Palerme*. Si R. Wagner est très germain par la manière de penser et de sentir, il se rapproche des nations dites romanes par l'extrême mobilité et vivacité du tempérament. Dans l'irruption successive de ses instincts, celui-ci eut son heure de prédominance. Un impétueux instinct de vie l'entraînait à cette époque vers ce qu'il y a de plus passionné dans la musique italienne, de plus actif et de plus ardent dans la musique fran-

C'est alors qu'au milieu des labeurs de sa profession et des tracas d'un petit théâtre, il commença, d'après le roman de Bulwer, son premier grand opéra, *Rienzi*. Un tribun exalté rêvant le rétablissement de l'austère république des anciens temps au milieu de la Rome corrompue de la papauté, un caractère énergique rempli d'une grande pensée, un grand cœur pénétré de son amour de la patrie aux prises avec un entourage brutal et vulgaire, n'ayant pour partager sa foi qu'une sœur enthousiaste aussi patriote que lui, porté un instant au faîte du pouvoir par le flot populaire, puis frappé à l'apogée de son triomphe par les foudres pontificales, trahi par une noblesse égoïste, banni par cette même populace qui l'avait acclamé, et tombant sur le seuil de sa maison incendiée comme le dernier tribun de Rome; ce sujet était fait pour tenter une imagination junévile, enflammée par la révolution de juillet et l'insurrection de la Pologne.

Rienzi est une œuvre de jeunesse, inégale, mais pleine déjà de fougue et de force, d'un tour brillant et fier. La pensée réformatrice de l'auteur n'y perce pas. Le livret est coupé selon les règles de la tradition. Chœurs d'ensemble, marches retentissantes, grands airs, trios, septuor, ballet, rien n'y manque. En écrivant ce texte, il ne songeait qu'à faire un bon *libretto* de grand opéra. La langue est négligée, mais il y a des vers énergiques, des dialogues rapides des

çaise. Il doit beaucoup à cette influence, et plus qu'il ne l'avoue, car ce courant s'est fondu avec l'autre.

réponses qui tombent comme des coups de poi-
gnard. L'ordonnance de l'ensemble et les scènes
capitales annoncent le dramaturge. Telle est la
scène de la conjuration, la prière de Rienzi, et
ce moment saisissant où le tribun, frappé de l'ex-
communication aux portes du Latéran, abandonné
de tous, tombe dans un accablement sombre sous
le chant de damnation des prêtres, qui sort des
profondeurs de l'église. Mais sa sœur, qui seule
lui est restée fidèle, s'approche de lui et lui prend
la main. Alors Rienzi se redresse et se jette dans
ses bras avec ce cri : Rome n'est pas morte
encore ! — La musique, sans trahir une imitation
particulière, a une forte couleur italienne; mais
l'individualité du compositeur éclate aussi bien
dans la fierté héroïque de ses larges mélodies
que dans la chaleur et la richesse du coloris instrumental. En somme, *Rienzi* est déjà l'œuvre
d'un maître indépendant, sans être celle d'un
novateur. Quoiqu'elle puisse se mesurer avanta-
geusement avec tous les opéras contemporains,
Richard Wagner n'y est pas encore lui-même. Il
ne voyait encore le drame qu'à travers les lunet-
tes de l'opéra. Les émotions de la vie allaient
bientôt le mettre en possession de sa vraie nature
et lui découvrir un autre monde et une autre
musique.

II

LE VAISSEAU-FANTOME

Iohohé ! —
Vîtes-vous en mer un vaisseau courir ?
Les mâts sont tout noirs, les voiles sont rouges :
Un pâle marin est debout à bord,
Le pâle marin ne parle et ne bouge.
Houi ! dans les cordages,
Houi ! quel sifflement !
Comme flèche vole le navire...
Sans but, sans repos et sans trève...

BALLADE DE SENTA.

En composant les deux premiers actes de *Rienzi*, Richard Wagner avait fait un grand effort pour s'élever au-dessus d'un entourage mesquin, pour s'affirmer et conquérir la gloire dont il se sentait digne. Mais cet entourage était toujours là, il l'enserrait. Et d'ailleurs était-ce dans la petite ville de Riga qu'on pouvait se faire connaître et monter un opéra à grand spectacle ? Il songea à rompre ses chaînes. Ses regards se tournèrent vers Paris. N'était-ce pas le brillant foyer de gloire qui de ses feux miroitants éblouit l'Europe ? N'était-ce pas le centre le plus actif et le plus brûlant de la civilisation moderne, le plus fort tourbillon des passions et des idées d'alors ? Tout cela attirait le jeune artiste avide de connaître le vaste monde et plus avide encore de se connaître lui-même en se mesurant avec lui. Le voyage de Paris fut donc résolu. On taxa ce projet de folie, tous ses amis essayèrent de l'en détourner. Peine perdue ; Richard Wagner n'a jamais été l'homme des demi-résolutions et des longs détours. La même puissance de désir qui le domine dans la création poétique le pousse dans sa vie à l'action, et l'arme d'une volonté de fer. Qu'en dira-t-on ? que deviendrai-je? Ces questions, qui retiennent la plupart des hommes au seuil des tentatives risquées, n'ont jamais étouffé chez lui la voix intérieure, plus forte que tout le reste, qui dit à un moment donné : il le faut! Donc sitôt dit, sitôt fait. Il donna sa démission de chef d'orchestre à Riga et s'embarqua sur un voilier pour Londres, sachant à peine le français, sans recommandation, presque sans ressources.

La traversée fut orageuse et dura trois semaines. Elle offrit comme une image fantastique de la destinée qui menaçait l'artiste audacieux dans la grande capitale. La tempête jeta le navire sur les côtes de Norwège ; il fallut entrer dans l'un de ces fiords qui s'enfoncent en étroits couloirs entre des montagnes à pic. Ce fut aux lueurs sinistres de cet orage, aux cris des matelots dans la bourrasque, au rugissement des vagues contre les promontoires escarpés de la Scandinavie, que l'idée du *Vaisseau-Fantôme* surgit pour la première fois dans son esprit. Les matelots lui avaient raconté cette légende dans leur langage primitif. Mais le lugubre vaisseau, avec son triste capitaine, ne fit que passer devant lui, rapide comme une flèche, sous l'embrasement d'un éclair. Il ne revint le hanter que deux ans plus tard, le jour où l'artiste, amèrement déçu, abandonné du monde, se sentit, lui aussi, comme perdu sur une mer sans rivages, sans autre horizon que la misère et le désespoir.

En 1839, Richard Wagner, âgé de vingt-six ans, arrivait à Paris avec la ferme résolution de se plier aux nécessités de sa position précaire et aux exigences multiples de la société parisienne. Il trouva en maint endroit un accueil bienveillant et de chaudes amitiés. Mais de là à l'acceptation de *Rienzi* au grand Opéra, il y avait loin. Son sort fut celui de mille autres débutants. Les directeurs l'engagèrent à trouver un librettiste pour traduire son œuvre ; les librettistes l'engagèrent de leur côté à chercher un directeur favorable. De guerre lasse, il se mit à traduire lui-même, avec l'aide d'un ami, sa *Novice de Palerme* pour le théâtre de la Renaissance. Quand tout fut fini, revu et corrigé, le théâtre suspendit ses représentations. Sans se décourager, il se mit à composer des romances pour des chanteurs de concert, espérant se faire connaître par là ; mais sa mélodie expansive et large ne s'accordait pas toujours avec les paroles ; il fallut y renoncer. Poussé par le besoin, il alla jusqu'à s'offrir à composer la musique d'un vaudeville de boulevard ; un homme du métier, plus habile en ces matières, lui fut préféré. Il s'estima donc fort heureux de trouver un éditeur qui lui donna à arranger des airs d'opéra pour le cornet à piston! On eût dit que ce redoutable et opulent grand seigneur qui se nomme *l'opéra*, se vengeait d'avance de celui qui devait plus tard lui porter des coups si sensibles, et qui songeait encore à gagner sa faveur. En même temps, Richard Wagner insérait dans la *Gazette musicale* des articles de critique de plusieurs nouvelles, notamment un *Pèlerinage chez Beethoven* et la *Fin d'un musicien à Paris*, où il peignait ses propres infortunes, non sans verve humoristique. Son héros finissait par mourir en disant : « Je crois à Mozart, à Beethoven et à l'Art indivisible. » Lui-même n'échappa qu'à grand'peine à cette extrémité.

Ces expériences amères furent adoucies cependant par une grande et réjouissante impression. Il allait souvent aux concerts du Conservatoire, dirigés alors par Habeneck. Cette exécution admirable, qu'on ne retrouve nulle part ailleurs, lui causa un véritable ravissement et acheva de lui révéler Beethoven. « Celui qui veut comprendre la neuvième symphonie, dit-il, doit l'entendre au Conservatoire de Paris. » Du reste, c'était une vie assez étrange que menait alors le jeune compositeur obscur et rivé à sa besogne. Occupé le jour à des arrangements de musique, excédé par ce travail machinal si humiliant pour l'artiste, il allait errer le soir sur les boulevards, où parfois il rencontrait Auber, pour lequel il conserva toujours une sympathie réelle et une vive admiration, malgré l'absolue divergence des esprits et peut-être à cause de cette divergence même, qui écartait de prime abord toute discussion. Quelquefois il se glissait dans la salle du grand Opéra, et se disait, devant ces décors brillants et cette pompe scénique, que sa dernière œuvre pourrait y figurer avec éclat. Rentré chez lui, il écoutait de sa mansarde les bruits sourds de la grande ville et regardait le reflet de ses mille lumières dans la brume hivernale. Ce bruit était le grondement d'une activité infatigable où l'individu est emporté malgré lui par le courant; cette vague lueur lui semblait le flamboiement des désirs fiévreux, des ambitions innombrables qui se dégagent du tourbillon humain et viennent encore flotter dans son atmosphère quand il s'assoupit à moitié dans la nuit. Allait-il s'y noyer comme tant d'autres ? Et pourtant ce tourbillon le fascinait. Ce qui l'attirait n'était pas le vain bruit de la gloire vulgaire, mais le désir de communiquer à cette foule les extases de ses nuits solitaires, car déjà il sentait qu'une baguette de chef d'orchestre à la main, il serait capable de faire passer sur elle de divins frissons. Sa situation ne l'accablait pas; il éprouvait un mélange d'amertume, de révolte, de défi et d'enthousiasme renaissant. Parfois lui revenaient dans sa solitude les simples mélodies qui avaient bercé sa jeunesse; il croyait entendre les sons familiers d'un quatuor s'échapper d'une maison patriarcale nichée au fond d'un bois, ou les magiques accords du *Freichütz* errer sur un coin de la forêt de Bohème ; d'autres harmonies plus lointaines encore l'attiraient vers une patrie délicieuse, vers celle qu'on cherche toujours et qu'on ne trouve jamais. Mais que le présent contrastait avec ces rêves ! La partition de *Rienzi* gisait sur la table, achevée et inutile, lui rappelant sa décevante campagne pour arriver au grand Opéra. A côté, il y avait une *Ouverture de Faust*, qu'il avait composée après le labeur de la journée, pour rester fidèle à la grande musique. Enfin il voyait étalés pêle-mêle dans sa chambre les feuillets mystérieux de la neuvième symphonie, qu'il étudiait parfois jusqu'aux approches de l'aube blafarde. C'était pour lui le livre mystique par excellence, la prophétie de l'avenir, l'appel au dieu inconnu. Et ce dieu était en lui; il n'attendait qu'une secousse pour parler. Ce qu'il avait produit jusqu'à ce moment, il l'avait fait sous l'influence de l'opéra et dans les formes reçues. Il comprit qu'il allait enfin être lui-même, et qu'il ne pourrait se développer qu'à l'encontre de l'art contemporain et des institutions existantes. Mais où trouver ce courage dans une situation sans issue? Depuis six mois il n'avait plus rien composé, il n'avait même plus de piano, et autour de lui il voyait le désert des hommes, qui a des mélancolies plus amères que les déserts de la nature.

En pareil cas, plus d'un artiste a eu recours au suicide en maudissant le monde ; d'autres moins nobles, et ce sont les plus nombreux, se font les humbles servants de la mode. Mais dans la détresse où succombe le talent, le génie se retrouve, et celui-ci était de ceux qui pourraient plutôt se détruire qu'abdiquer. Au lieu de se plaindre à ses rares amis, plus abattus que lui-même, il s'enferme tranquillement dans la solitude que lui fait l'adversité, et là, dans cet isolement moral, dans cette nuit profonde où tant d'étoiles naguère si brillantes s'étaient éteintes l'une après l'autre, il jure à l'idéal qu'il sent en lui une foi plus ardente encore, un dévouement plus absolu. La légende du *Vaisseau-Fantôme* repasse devant ses yeux, le fascine comme le spectre de sa propre destinée, et s'empare de son imagination avec un charme tyrannique. Ayant rompu violemment ses attaches avec son pays dans l'ivresse de l'espérance, égaré dans le vaste monde, ne sachant où le besoin le poussera et dans quel sombre avenir va l'emporter le hasard, comment n'eût-il pas éprouvé une secrète sympathie pour le sombre marin errant et maudit de Dieu? A ce moment la vision éblouissante de la gloire disparaît devant le génie impérieux de l'inspiration. Il faut qu'il mette au monde l'idée qui le remplit, qu'il fasse vivre et parler ce triste héros, malheureux mais invaincu, qu'il aime déjà comme un frère. Qu'importe le reste? Seul, obscur, sans arrière-pensée, sans espoir de succès, il se met à l'œuvre. La musique, qu'il appelle son bon ange, vient à son aide, avec elle il se sent poète et libre pour la première fois : poète parce qu'il donne enfin un corps à son rêve, libre parce qu'il rompt toutes les entraves dans l'essor d'un sentiment souverain.

« Après avoir loué un piano, dit-il, je m'aperçus avec ravissement que j'étais encore musicien. » Au bout de six semaines la composition fut achevée. Par ce travail plus spontané, plus fougueux, l'artiste entrait dans une phase nouvelle; il avait touché terre et prenait possession de son domaine. Longtemps il avait cherché un terrain favorable pour son drame, il le trouvait enfin dans le mythe populaire.

La légende du *Vaisseau-Fantôme* se forma chez les marins du xvᵉ et du xvıᵉ siècle, dans les expéditions hasardeuses sur les mers inconnues. Elle est l'expression d'un âge de découvertes, de lutte désespérée contre les éléments, la vision vengeresse d'hommes qui avaient tout bravé. On racontait qu'un capitaine de vaisseau s'était acharné à franchir le cap des Tempêtes contre vents et marées. Cent fois la mer le rejette du promontoire fatal, cent fois il revient à la charge, et dans un accès de rage il jure, par un serment épouvantable, de persister, fût-ce pendant l'éternité. Le démon l'entend, le prend au mot et le condamne à errer à jamais d'un pôle à l'autre, maudit de Dieu, terreur des hommes, messager de naufrage pour les navires en détresse. Cette tradition se retrouve chez tous les peuples marins et s'appelle, en Allemagne, le *Hollandais volant (Der fliegende Hollænder)*, parce que son navire vole comme le vent et n'a d'autre patrie que l'Océan sans asile et sans limites. Le poète, qui avait en quelque sorte vécu ce mythe sur mer, l'a coloré de ses émotions personnelles, lui a donné un contour plus dramatique, un sens plus élevé. Dans sa pensée, le malheureux maudit qui a évoqué l'esprit des abîmes, qui a défié l'Océan et que l'Océan ne lâche plus, ne peut être sauvé que par une femme qui lui restera fidèle jusqu'à la mort. Poussé par un immense besoin de délivrance, attiré du sein des mers vers les douceurs d'un foyer de paix, il aborde tous les sept ans et se fiance à une jeune fille. Hélas ! aucune de ses fiancées n'est restée fidèle jusqu'au bout ; toutes l'ont trahi au dernier moment. Suivons ici le drame, qui renferme en quelques tableaux les émotions extrêmes de la vie de mer et toute la sombre poésie de l'Océan.

L'ouverture nous jette en pleine mer et en pleine tempête [1]. L'ouragan siffle à nos oreilles et fouette en écume la crête des vagues sur la face de l'océan furieux et convulsé. L'appel sauvage des cuivres sur la quinte annonce le terrible vaisseau. Le voici avec ses voiles rouge sang. Tantôt il monte et se dresse, sinistre, sur une montagne liquide, tantôt il fend les ondes mugissantes avec la vélocité d'une flèche. Est-ce un vaisseau vivant comme ceux des Scandinaves, ou ce cri part-il du cœur même de ce pâle marin debout à la poupe ? Le navire fuit, vole

---

[1] Cette ouverture, comme celle du *Tanhäuser*, donne d'avance un résumé de tout le drame. Dans ses ouvertures, R. Wagner a poussé au dernier degré d'intensité ce qu'on pourrait appeler la symphonie dramatique inaugurée par Gluck dans l'ouverture d'*Iphigénie en Aulide*, continuée par Beethoven dans celle de *Léonore* et par Weber dans celle de *Freischütz*.

toujours et nous emporte avec lui dans la nuit et la tourmente. — Mais la mer s'apaise, une consolante et douce mélodie fait taire les éléments. Est-ce une voix qui vient de la terre et qui parle de la paix au malheureux condamné à cette course maudite? L'infortuné se penche dans le vide lugubre des flots et du ciel. Une étoile brille au firmament et lui promet la délivrance. Mais ce n'est qu'un rayon furtif aussitôt disparu. — Le marin se lance à sa poursuite en désespéré, et plus forte reprend la tempête. Il rencontre un navire au gai fanal, où retentit le chant joyeux des matelots. Irrité de cette joie, qui contraste avec sa propre destinée, le sombre capitaine les effraye et les pourchasse. C'est une course vertigineuse sur les vagues, où se mêlent étrangement le chant des matelots, la voix perdue de la terre et la trompe effrayante du vaisseau-fantôme. Soudain une lumière éclatante perce la nuit épaisse. Ce n'est pas une étoile, ce n'est pas un ange, c'est une femme qui de loin semble attendre le malheureux et l'appeler par son regard d'amour. Alors il s'élance de tout l'effort d'un désir qui naît du désespoir. Haletante, acharnée est la lutte de l'homme avec les flots et les vents qui, dirait-on, déchaînent toute leur colère pour le séparer de cette apparition. Mais, rayonnante, elle l'attire par cette voix consolatrice qui sort d'un cœur croyant et fidèle et qui semble dire : ma force d'aimer est plus grande encore que ta souffrance! Devant cette voix, le vaisseau maudit s'abîme, et

son maître se sent élevé dans les bras de celle
qui le délivre de sa malédiction. Sa sombre fureur se brise, sa douleur fait place à un ravissement céleste, et l'aurore du jour divin se lève
sur eux aux harpes d'esprits bienheureux comme
le matin sauveur sur le front des naufragés.

Telle est l'ouverture, qui nous donne comme
un abrégé de l'action et nous prépare aux évènements du drame. Au lever de la toile, il fait nuit
de nouveau. Nous sommes dans l'anse déserte
d'une île norwégienne. Deux récifs encadrent la
mer houleuse, l'orage gronde, et les vagues se
roulent avec fureur sur la plage. Un vaisseau
marchand, poussé par la bourrasque, vient jeter
l'ancre d'un côté de la baie étroite, et le cri familier des matelots qui amarrent le navire se réper-
cute dans le labyrinthe sonore des rochers. Le
capitaine, après avoir reconnu l'île et maudit ce
temps du diable, envoie dormir son monde, redes-
cend dans la cabine et charge le pilote de veiller.
Celui-ci, tombant de lassitude, se couche à demi
en s'accoudant près du gouvernail. Le vent dimi-
nue et reprend par intervalles. Pour lutter avec
le sommeil, le pilote se met à chanter :

> Par la folle tempête et la mer si lointaine,
>   Ma belle, je suis près de toi !
> Les montagnes de flots que le sud nous amène,
>   Ma belle, m'emportent vers toi
> Sans le bon vent du sud, du couchant à l'aurore,
>   Jamais je n'irais jusqu'à toi !
> Souffle donc, vent du sud, ah ! bon vent souffle encore.
>   Ma belle soupire après moi !
>   Hiva ! Hiva ! etc.

La mélodie à la fois gaie et plaintive, hardie et langoureuse comme toutes les chansons de matelots, interrompt de son charme somnolent le bruit strident des rafales et fait planer la note mélancolique du désir humain dans les courts silences de la tempête expirante. Au bout de chaque strophe, le pilote laisse tomber sa tête fatiguée. Mais de minute en minute de grosses lames viennent le secouer en soulevant le navire, dont on ne voit que la poupe se dresser dans le ciel avec son gardien solitaire, et lui font reprendre le : Hiva! hiva! de son refrain commencé, pendant que la vague perdue déferle d'écueil en écueil. Enfin il succombe au sommeil et s'endort comme l'enfant au berceau, sur le vieil Océan toujours grondeur et courroucé.

A ce moment le vaisseau-fantôme paraît à l'horizon; un coup de vent l'amène en un clin d'œil, il s'arrête en face de l'autre. l'ancre s'enfonce avec fracas, et l'équipage, qui a l'apparence de spectres plutôt que de vivants, cargue les voiles en silence. Le Hollandais descend de son navire, grave, solennel, presque hésitant, en marin pour qui la terre est un pays étranger. Il va confier à la nuit le secret de sa destinée : « Le terme est échu. Encore sept ans passés. Lasse de moi, la mer me rejette à terre... Ah! superbe Océan! bientôt tu me porteras de nouveau. Je sais dompter ta colère, mais éternelle est ma souffrance! Le salut que je cherche sur terre, jamais je ne le trouverai! O flots de la mer qui ceint le monde, je vous resterai fidèle jusqu'à ce que votre dernière vague se brise et que votre dernière goutte soit séchée, etc. » Dans ce monologue, le caractère tragique du Hollandais éclate en son âpre grandeur. Solitude du maudit, lassitude du marin, espérance trompée, amertume, doute suprême, enfin désespoir sauvage qui appelle la fin du monde pour trouver la sienne, telle est la gamme de sentiments que nous fait traverser ce prodigieux récitatif ébauché à grands traits, qui contient des larmes, des sanglots et des menaces de géant. Jamais soif de mort ne fut exprimée avec plus de force. C'est une série d'émotions qui dépassent de beaucoup le degré habituel des passions humaines, mais qui n'en sont pas moins vraies et rendues dans leur inexorable logique. Nous n'avons cru d'abord voir devant nous qu'un spectre ; peu à peu il s'est animé, il est sorti de sa lugubre immobilité, il est devenu homme vivant et souffrant jusqu'à ce qu'il se dresse devant nous avec les proportions d'un ange foudroyé qui menace le monde de destruction. Le jour du jugement est sa dernière espérance, car alors du moins il pourra mourir. « Quand les morts se lèveront, moi je m'en irai en poussière. O mondes, cessez votre cours ! Reçois-moi, éternel néant ! » Et l'équipage répond du fond au navire immobile : « Reçois-moi, éternel néant ! » sur une note stridente et lugubre qui donne le frisson.

La fin du premier acte engage la conversation entre Daland et le Hollandais, qui gagne la confiance du jovial capitaine, en lui offrant une partie des trésors dont regorge son navire. Daland lui promet sa fille en mariage, et tous deux partent au point du jour, par une bonne brise.

Quand le rideau se relève, nous sommes dans un paisible intérieur norwégien. Il y a là une vingtaine de jeunes filles, toute une chambrée de fileuses, chacune à son rouet. La chanson court et bourdonne sur leurs bouches rieuses et s'enroule en gracieuses inflexions au ronflement familier de la petite roue douce et gaie comme le coin du feu. Elle parle de l'ami qui est en mer et qu'on espère ramener à force de filer. Une seule ne file et ne chante pas, c'est Senta, la fille de Daland. Assise dans un fauteuil d'aïeule, appuyée au dossier, elle semble absorbée dans son rêve, les yeux cloués sur un portrait suspendu au mur et qui représente le mystérieux marin dont parle la légende. On essaye de la distraire, mais elle n'entend pas, et murmure à mi-voix une phrase de la ballade du Hollandais. Les fileuses raillent d'un rire moqueur la folle fille éprise d'une image ! Mais elle se redresse soudain quand on lui propose de chanter la ballade. Ses traits s'animent, un éclair passe sur son visage, ses yeux prennent une fixité visionmaire, et c'est avec une sorte de sympathie sauwage qu'elle entonne la strophe suivante, en vraie fille de marin et comme si elle voyait ce qu'elle chante :

Iohohé ! Iohohé !
Vîtes-vous en mer un vaisseau courir,
Les mâts sont tout noirs, les voiles sont rouges

> Et sur le haut bord un pâle marin
> Est debout toujours, il veille et ne bouge.
> Houi ! — Quel bruissement ! — Iohohé !
> Houi ! — Comme il siffle le vent ! — Iohohé !
> Houi ! — Il vole comme flèche le navire,
> Sans but, sans repos et sans trève !

Elle s'arrête un instant, et sa voix qui avait la passion de la tempête déchaînée, s'apaise maintenant pour entonner une mélodie pleine de douceur et de certitude angélique, lorsqu'elle reprend son chant sur ces paroles :

> Mais le pâle marin verrait sa délivrance
> Si jamais il trouvait une femme sur terre
> Jusqu'à la mort fidèle.
> Ah ! pâle voyageur, quand la trouveras-tu ?

Cette mélodie est le thème de la rédemption déjà entendu dans l'ouverture. — Les jeunes filles sont suspendues aux lèvres de Senta. Elle chante la seconde strophe, qui raconte la damnation du malheureux, avec une véhémence croissante. A la troisième, qui parle de ses fiancées infidèles, elle retombe dans le fauteuil sous le coup d'un saisissement. Ses compagnes attendries reprennent seules le refrain : « Ah ! pâle voyageur, quand la trouveras-tu ? » — Alors Senta, prise d'une inspiration subite, s'élance de son siège et s'écrie dans un délire d'enthousiasme et de sacrifice : « C'est moi qui te délivrerai ! par moi te viendra ton salut ! »

La gradation de cette scène est merveilleuse de naturel. Senta a passé successivement de la rêverie vague au rêve intense, de là à l'hallucination et de celle-ci à une résolution héroïque qui produit l'admiration et l'épouvante. Elle a entraîné ses compagnes, changé leur rire moqueur en curiosité, éveillé leur sympathie, et lorsque enfin elle se dévoue au malheureux d'un élan de pitié sublime, lorsqu'elle franchit d'un bond l'espace qui sépare le passé du présent, le rêve de la réalité, et fait de la ballade fantastique une vérité terrible, actuelle, imminente, dont elle devient l'héroïne, son auditoire se sent comme frappé de la foudre. Tout cela est d'un effet dramatique très nouveau et très poignant. La courte scène résume les phases d'une passion qui se développe pour ainsi dire sous nos yeux depuis sa naissance obscure jusqu'à son éclatante irruption, sans choc extérieur, par sa force propre. La parole seule n'atteindrait que difficilement ce degré de concentration. C'est le propre de la musique jointe au drame, d'ouvrir l'intérieur de l'homme, de supprimer pour ainsi dire le temps et de confondre le passé et l'avenir dans la forte vibration du présent.

Au milieu de la consternation générale, entre Éric le chasseur, le fiancé de Senta ; il annonce le retour du père. Resté seul avec sa fiancée, il lui reproche son jeu avec le mystérieux et redoutable personnage que représente le tableau. Il doute, il se sent abandonné, il demande une promesse. Senta ne donne que des réponses évasives, et comme il parle de sa souffrance, elle le conduit devant le tableau : « Vois, lui dit-elle, comme il me regarde ! Que sont tes souffrances auprès des siennes ? » A ces mots Éric, frappé de terreur, lui raconte un songe qu'il « eu. Senta retombe sur sa chaise, ferme les yeux et prête l'oreille comme sous l'empire d'un sommeil magnétique ; on dirait qu'elle rêve elle-même ce qu'elle entend raconter.

Éric. Sur un roc escarpé j'étais couché rêvant ; sous moi grondait la mer, de haut je la voyais. La vague en écumant se brisait sur la plage, à mes pieds dans l'abîme. Soudain je vis près du rivage un navire inconnu, étrange, merveilleux. Deux hommes en descendirent ; l'un, je l'ai vu, c'était ton père.

Senta (les yeux fermés). Et l'autre ?

Éric. Je l'ai bien reconnu ; vêtu de noir, la mine pâle.

Senta. Le regard sombre...

Éric (montrant le portrait). Le marin, lui.

Senta. Et moi ?

Éric. Tu t'en venais de la maison pour saluer ton père. — Quand tu vis l'étranger, à ses pieds tu tombas, — et je te vis embrasser ses genoux...

Senta (avec une tension croissante). Il me releva...

Éric. Et te pressa sur sa poitrine ; — et l'étreignant avec ferveur, tu le dévorais de baisers.

Senta. Et puis ?

Éric (la regardant avec étonnement, après une pause). Sur mer vous avez fui tous les deux.

Senta (se réveillant tout à coup, avec exaltation). Oui, il me cherche, il faut que je le voie, il faut qu'avec lui je périsse !

Éric. Horreur ! tout est clair maintenant ! mon rêve disait vrai ! (Il sort précipitamment).

Ce dialogue rapide se fait à mi-voix sur un *tremolo* de violons, tandis qu'une basse ascendante attaque sourdement le motif inquiétant du vaisseau-fantôme, et replonge dans les profondeurs après avoir modulé sur une note aiguë. Ici encore, la musique reproduit étonnamment les impressions des personnages. Sensation du vertige, sensation du rêve somnambulique, anxiété,

jalousie torturante du chasseur, tension passionnée de Senta vers l'objet de son désir, tout cela
nous enveloppe, nous pénètre en même temps.
A son cri de réveil, il semble que l'évènement
redoutable se soit déjà accompli.

Et voici qu'en effet le Hollandais entre **avec**
Daland, qui bientôt se retire. Tous deux restent
longtemps cloués en terre et se regardent à distance, muets d'étonnement. Devant lui est debout
l'ange vivant du foyer, le rêve obsédant qu'il a
poursuivi à travers les déserts sans limite et les
nuits sans fin de l'Océan, il est là, il le regarde,
et c'est une femme qui remue les fibres cachées
de la tendresse dans son cœur pétrifié. — Devant
elle aussi apparaît l'homme souffrant et indompté
dont elle devinait la peine, qui n'est qu'un sujet
de sinistre épouvante pour le vulgaire, mais qui
devient un objet d'immense compassion pour qui
sait jeter un regard d'amour dans ses abîmes de
lutte et de souffrance. — Longtemps ils se tai-
sent, immobiles. Mais le charme qui doit les
réunir opère peu à peu. D'abord il ne s'approche
d'elle et ne l'interroge qu'avec timidité, hésita-
tion, presque avec hauteur. Tant de fois il s'est
trouvé dans cette situation, et tant d'autres lui
ont manqué de foi! Mais lorsqu'il surprend dans
ses yeux et dans ses paroles le rayon de l'amour,
lorsqu'elle lui dit spontanément et d'une voix
émue : « Je connais tes douleurs et te suis fidèle
à la mort! » toute l'amertume du malheur se
change en un torrent de reconnaissance, d'amour
et d'allégresse.

Le troisième acte amène rapidement la péripétie et le dénouement. La scène représente une partie du rivage norwégien avec un rocher qui s'avance dans la mer, au fond. La nuit tombe; on voit d'un côté le navire du Hollandais prêt pour le départ, de l'autre celui de Daland. Les matelots boivent et chantent. Senta sort vivement de la maison suivie par Éric, qui lui rappelle ses promesses passées. Le Hollandais a épié cette conversation, et la croit infidèle. Senta a beau le supplier, ses doutes les plus cuisants, son plus véhément désespoir se réveillent. Il rappelle à sa fiancée que celles qui le trompent sont à jamais maudites (car l'abandon de l'infortune suprême est un crime qui tue l'âme et la frappe de damnation). Il ne veut pas la perdre, elle sera sauvée. Mais il faut qu'il parte, la terre brûle sous ses pieds, rien ne sert, il ne croit plus ! « En mer, crie-t-il à son équipage, qui déjà s'agite d'une activité fébrile, et pour toujours adieu à la terre ! » Il s'élance à bord et le voilà parti. Voyant cela, Senta s'arrache avec violence aux bras d'Éric et de Daland, gagne le haut rocher et se jette à la mer. Elle est restée fidèle jusqu'au bout, la malédiction est brisée, le vaisseau fatal sombre, le Hollandais est sauvé. Leurs âmes unies par la mort peuvent planer dans une sphère qui est supérieure au doute et à la séparation. Nous les voyons au loin s'élever au-dessus des flots noirs, dans une gloire rayonnante pendant que l'orchestre fait succéder aux fureurs de l'Océan le thème de la rédemption entonné par Senta.

Il est aisé de voir ce qui distingue cette œuvre des opéras ordinaires : la force et l'originalité du poème, son allure si dramatique, le mouvement et la vie qui y circulent d'un bout à l'autre. Ici plus de convention, plus de chanteurs d'opéra. Depuis le rude, jovial et positif Daland, jusqu'aux matelots, tous les personnages agissent, parlent, vivent. Depuis l'exaltée Senta jusqu'à sa nourrice grondeuse, tous ont le trait individuel, incisif, et quant aux deux héros, ils se détachent de leur entourage pittoresque avec un puissant relief. Leur âme est concentrée sur un seul point, s'y porte de tout son poids et s'y absorbe. Même simplicité, même concentration dans l'action, qui se résume en trois ou quatre scènes décisives et s'y précipite impétueusement. Ici déjà éclate le vrai génie dramatique de Richard Wagner. Il fuit les *coups de théâtre*, les surprises, la complication des évènements extérieurs ; il aime les caractères forts, les situations tranchées, la simplicité et la grandeur de l'action. Sachant mettre en jeu les motifs les plus puissants, les plus intimes de l'être humain, il s'attache à découvrir le *dedans* des âmes, par l'action scénique, et à nous montrer leurs conflits dans la région du sentiment pur et transcendant. La musique répond au drame. Quoiqu'elle se meuve généralement dans les formes reçues, on y remarque déjà l'heureux emploi des motifs caractéristiques pour la psychologie des personnages, et cette fluidité rythmique et mélodique qui s'adapte aux gestes et aux fluctuations de

l'âme. Il y a bien quelque chose de strident, de
heurté dans ces brusques harmonies. Mais
comme elles sont dans la couleur du sujet! Si
jamais la sombre poésie de l'Océan implacable a
été exprimée d'une manière terrible en musique,
c'est dans le premier acte; on y entend comme
la voix du Styx, ce grondement éternel de la
vague qui ne se lasse ni ne pardonne. Et par
opposition, quelle paix intérieure, quelle mansué-
tude infinie dans le chant de Senta, mélodie
d'une douceur, d'une confiance céleste, toujours
accompagnée de la harpe, et qui nous dévoile
instantanément le cœur de l'héroïne! Ce violent
contraste entre le voyageur maudit, désespéré, et
la jeune fille aimante, altérée de sacrifice qui
veut l'arracher à l'abîme; la sympathie magnétique entre l'immensité du malheur chez cet
homme et l'immensité de l'amour dans le cœur
d'une femme; ces deux âmes qui s'attirent, s'é-
treignent et trouvent dans la mort la suprême
félicité, c'est là tout le drame.

Quant au personnage principal, le mystérieux
marin, il nous est apparu au premier abord sur
l'horizon ténébreux des mers du Nord comme un
fantôme étrange de l'imagination populaire. Mais
de quelle passion, de quelle douleur tragique ses
traits se sont animés peu à peu, et comme le
poète a fait ressortir le fond humain, éternel de
cette figure. Plus nous fixons ce Hollandais, et
plus nous reconnaissons en lui la famille des
grands types auxquels il se rattache. Il exprime
avec force et nouveauté un besoin immémorial de

la nature humaine, l'antique désir de repos dans les orages de la vie. Aux temps héroïques de la Grèce, ce désir se personnifia dans Ulysse, qui cherche sa patrie à travers les aventures et les monstres de la mer. Le Grec subtil et persévérant retrouve son Ithaque, son foyer, sa Pénélope fidèle. Dans le monde naissant de l'heureuse Hellénie, le désir de l'homme ne dépassait pas encore les fières montagnes et le ravissant horizon de la terre natale. Avec le christianisme, la patrie terrestre s'évanouit et l'humanité entière apparaît au peuple sous les traits flétris du Juif errant. Pour lui, ni halte, ni paix, ni tombeau. Toujours inquiet, chassé de peuple en peuple par l'ouragan, il aspire en vain à coucher sa tête chargée de siècles et de remords dans la paix d'un éternel sommeil. Au XVIe siècle, les peuples se réveillent et le besoin débordant de la vie éclate dans l'instinct de découverte. Impatient de connaître et de posséder, l'homme moderne se lance sur les mers; mais ce n'est plus l'étroite Méditerranée, c'est le grand Océan, ceinture orgueilleuse du globe. Poussé de zone en zone, d'épouvantes en merveilles, de continents en continents, le doux désir d'Ulysse, le désir de la patrie, lui vient souvent au cœur. Hélas ! la barque des Phéniciens n'est plus là pour le ramener au foyer de ses pères, mais le flot monotone de l'Atlantique, mais les fatigues de la vie, mais la solitude grande comme le ciel et la mer. Alors c'est le désir d'Ahasvérus, la soif dévorante du néant qui le prend à la gorge. Ces deux désirs se mêlent étrangement dans son cœur indompté, et de leur double flamme naît un désir nouveau : le puissant désir de l'Inconnu. Lui aussi cherche la Femme, non plus la Femme du pays natal, la Pénélope du foyer, mais l'Inconnue, la Divinatrice dont l'âme ardente tient la clef des grands mystères : la femme de l'avenir!

III

TANNHAUSER

> A la tombée de la nuit, des vapeurs légères se lèvent en tourbillonnant, et dans une brume rosée se dessinent les mouvements d'une danse voluptueuse. Ce sont les merveilles de la montagne de Vénus !
>
> OUVERTURE.

En printemps 1842, Richard Wagner apprit que *Rienzi* venait d'être accepté au théâtre de Dresde. Il s'y rendit sur le champ ; l'opéra fut joué avec un succès éclatant, et le lendemain le compositeur fut nommé maître de chapelle à ce même théâtre. D'un jour à l'autre il avait trouvé la renommée, des amis, une position brillante et assez d'indépendance pour travailler librement. Il en profita pour se jeter résolument dans la voie inconnue, pleine d'attrait, où il venait de s'engager par sa dernière création et où nous allons le suivre.

En achevant le *Vaisseau-Fantôme* sous l'empire d'une sorte d'hallucination, Richard Wagner s'était affirmé pour la première fois avec énergie. Il avait rompu comme par un talisman les liens de notre civilisation qui nous enserrent dans un réseau de conventions et qui gênent surtout l'homme dans la plus libre de ses manifestations, dans l'art. A la solitude, qui l'enveloppait et l'isolait au milieu même du monde, avait succédé un sentiment délicieux de communion avec l'âme songeuse du peuple. Par cette sympathie lointaine et mystérieuse, mais intime et profonde, il s'était trouvé tout d'un coup poète, créateur, homme libre dans une humanité affranchie. Aucun signe extérieur ne le prouvait, mais il ne se sentait pas moins l'initié d'une grande communauté invisible. « C'est alors, dit-il, que je trouvai ma délivrance comme artiste ; c'est alors qu'après une longue lutte entre l'espérance qui me venait du dedans et le désespoir qui me venait du dehors je gagnai la foi la plus certaine en l'avenir de l'art. »

D'où lui venait cette foi nouvelle ? D'un profond regard jeté dans la légende populaire et dans la poésie mythique de tous les âges. Cette révélation est si décisive pour le développement de l'artiste, elle a si bien le caractère d'une découverte par l'importance qu'il lui a donnée dans ses œuvres, et elle jette une lumière si vive sur le passé comme sur l'avenir de la grande poésie humaine, que nous devons y insister.

Je ne sais plus quelle légende du Nord parle d'un vieux chanteur qui vivait dans une cité populeuse, à la cour joyeuse d'un roi. Il voulut enseigner son art à son fils, mais l'enfant farouche était rebelle à ses leçons. Ni le son de la harpe, ni la voix de son père, ni le chant des oiseaux n'éveillaient en lui le mélodieux désir.

Seul, perdu dans ses pensées, il errait aux déserts
et semblait écouter un chant intérieur. Dans une
de ces courses aventureuses, il parvint jusqu'à la
mer; du haut d'un écueil il aperçut l'immensité
des flots et surprit le sauvage concert des bri-
sants sur la plage. Ces voix le subjuguèrent,
l'attirèrent si fort qu'il alla habiter une caverne
au bord de la mer. De bons pêcheurs qui lui
apportaient sa nourriture disaient que le jour et
la nuit les déesses et les dieux de la mer venaient du fond de l'abîme lui enseigner leurs
mélodies douces et terribles. Un jour il retourna
à la cour du roi, il entra dans la salle du festin;
personne ne le reconnut. Mais lui, saisissant une
harpe, se mit à chanter d'une voix si magique et
si puissante, que l'haleine des sirènes et le souffle des tempêtes semblait passer tour à tour sur
le front des convives épouvantés et ravis, et que,
laissant tomber leurs coupes, ils s'écrièrent :
« Qui donc t'a donné cette voix? — C'est la mer
d'où je viens ! » répondit l'étrange inspiré.

A ceux qui demanderaient à Richard Wagner :
Qui t'a fait poëte? Il pourrait répondre : C'est
l'antique poésie populaire. Il sut la chercher à
sa grande source, là où elle sort du cœur puissant et naïf du peuple comme du cœur même de
la nature. Le mugissement de la mer succédant
au vain babil des hommes n'a pas plus de grandeur que la voix de cette poésie primitive pour
qui sait l'entendre. « La poésie naturelle, dit
Grimm, est un livre plein d'histoire vraie. On
peut le commencer et le comprendre à chaque

page, mais jamais ni l'achever ni l'épuïser. » Les mythes originaires des peuples sont en effet un réservoir inépuisable pour leurs inspirations futures. Ils sortent d'un état de civilisation où l'individu n'a pas encore l'importance qu'il acquiert plus tard, mais où les imaginations travaillent dans une communauté instinctive et féconde. Le peuple, en ce demi-songe, ne distingue pas encore la poésie de l'histoire, il rêve en un rêve clairvoyant sa propre image et balbutie sans le savoir des vérités éternelles. Ce qu'il crée alors sont des types forts et simples qui renferment l'essence de son génie et peuvent se métamorphoser dans le cours des âges en conservant toujours quelque chose de leurs traits primitifs. En ces miroirs magiques chacun trouve la vision désirée. Rien de plus beau lorsque le vrai poète et le peuple se rencontrent, se comprennent dans le mythe. Car alors le génie de l'un accomplit ce que l'autre avait rêvé. Tous deux ont un même désir ; mais ce que le peuple naïf avait à peine ébauché, l'artiste conscient et passionné l'achève.

Aucun peuple ne posséda une mythologie plus complète que la Grèce, parce qu'aucun ne fut plus inventif. Là aussi nous trouvons une communion intime et parfaite du génie avec l'esprit populaire. Là le peuple était près du poète, parce que le poète était près de la nature. L'un ne faisait que développer la création de l'autre. Eschyle transformant Prométhée, Sophocle reprenant Œdipe, y versaient leur sagesse orphique

et leur philosophie, mais ils n'en parlaient pas
moins au peuple sa langue, en lui présentant ses
héros et ses dieux. Les peuples modernes, surtout les peuples germaniques, eurent aussi leurs
mythes et leurs traditions, mais le christianisme
les détruisit ou les altéra. Quand ce christianisme en se fondant avec le génie des divers
peuples, eut produit à son tour par la chevalerie
une série de traditions et de légendes, la
Renaissance vint jeter un nouvel abîme entre le
passé et l'avenir, entre le peuple et l'artiste.
Chez nous, le poète est donc plus loin du peuple;
la tradition légendaire, ce lien merveilleux qui
les unissait jadis, n'existe plus. Pourtant la
science a retrouvé le fil de nos plus anciennes
traditions. Mais le poète seul peut leur rendre
une vie nouvelle par sa divination et son désir
tout-puissant. Gœthe en a donné le plus grand
exemple dans son *Faust*.

Richard Wagner n'est donc pas entré dans la
légende en savant ou en curieux, mais en créateur. En Grèce ou au moyen-âge, quand le poète
s'emparait de la tradition orale, de la légende
vivante encore, il avait beau jeu. Mais aujourd'hui,
quand il remonte à travers les âges à des traditions écrites qui ne sont plus que le mythe pétrifié, il lui faut une bien autre pénétration pour le
découvrir, un charme bien plus puissant pour lui
rendre la vie. Ce charme est le désir souverain
de l'artiste. Richard Wagner le possédait au plus
haut degré, d'autant plus qu'il était musicien et
que la musique avait centuplé sa soif d'idéal. A

peine avait-il quitté le Hollandais qu'un livre populaire sur la légende du Tannhäuser lui tomba entre les mains. Il y trouva la tradition sur le combat des chanteurs à la Wartbourg et la légende de Lohengrin. A mesure qu'il fixait ces figures, il les voyait s'animer et grandir. Un nouveau monde s'ouvrait plein de fraîcheur, débordant de jeunesse. Enfin il échappait aux misères du monde moderne ! enfin il avait trouvé sa patrie idéale ! Doué de cette seconde vue qui voit partout le fond des choses, il pénétra dans le pays de la légende comme dans une forêt enchantée, où des apparitions ravissantes ou sublimes le conduisaient de merveille en merveille jusqu'aux retraites des dieux oubliés. Région vaste, insondable, éternellement jeune, infiniment variée. Ici plus rien des constructions factices de l'histoire, de son pêle-mêle bizarre d'évènements, de mœurs, de conventions ; mais l'homme libre dans la nature vierge. Dans l'histoire en effet rien ne s'achève, rien n'est complet. L'homme bon ou mauvais y agit rarement selon sa vraie nature ; mille liens l'étouffent, mille hasards l'éparpillent. Dans le mythe, au contraire, de grands types se dessinent en traits plastiques, leurs actions glorifient l'essence de l'humanité, et les vérités profondes reluisent à travers le merveilleux comme sous un voile étincelant de lumière. Si donc Richard Wagner a senti une attraction irrésistible pour la poésie mythique, s'il en a ressuscité les personnages, ç'a été pour s'élever dans une sphère supérieure à l'histoire et pour exprimer l'homme mo-

derne à sa plus haute puissance, en sa suprême
liberté. Ce ne fut pas là un vain retour au passé,
mais un élan audacieux vers l'avenir.

Dans la verte Thuringe, non loin du château
de la Wartbourg, qui fut, sous les landgraves
hospitaliers du xiiie siècle, le rendez-vous des
plus illustres poètes chanteurs (*Minnesinger*),
s'étend une montagne dénudée nommée *Vénusberg*. Cette montagne était habitée, selon la tradition populaire, par une déesse dangereuse.
Elle avait été autrefois Holda, bienfaisante divinité qui tous les printemps parcourait la contrée
en semant fleurs et joie sur son passage. Maudite par le christianisme, reléguée aux entrailles
de la terre, elle y vivait toujours. Se confondant
avec la déesse hellénique, elle était devenue
dame Vénus, la déesse des plaisirs sensuels.
Entourée de nymphes et de sirènes, elle tenait
cour plénière en son palais féerique. Ceux qui
s'approchaient de la montagne animés d'impurs
désirs entendaient des voix enchanteresses, qui,
par des chemins inconnus, les entraînaient au
séjour d'éternelle perdition. Nul ne les revoyait.
Seulement par le trou d'une caverne on entendait parfois comme des gémissements d'âmes
damnées. Le chevalier poète Tannhaüser, « voulant voir grande merveille », entra dans la montagne, et sept ans il fut l'époux de Vénus. Après
quoi, pris de remords, il parvint à s'arracher de
ses bras et à sortir de ces demeures souterrai-
nes en invoquant le nom de Marie. Il alla se

confesser au pape pour lui demander son pardon, mais le pontife lui répondit qu'ayant partagé les plaisirs de l'enfer, il serait à jamais damné, et levant sa crosse il ajouta : « Pas plus que cette crosse ne saurait reverdir, pas plus il n'y a de pardon pour toi. » La légende ajoute qu'au bout de trois jours la crosse se mit à fleurir, en signe que la grâce céleste est plus grande que celle d'un prêtre. Mais Tannhaüser était rentré dans la montagne de Vénus, où il attend jusqu'au jour du jugement.

Tel est le naïf récit dont Richard Wagner a tiré son drame en mêlant à son tissu la tradition sur le combat des chanteurs à la Wartbourg. Le peuple a fourni le cadre coloré, les acteurs principaux le germe du conflit. Dans son rêve d'enfant il a entrevu les deux extrêmes, les deux mondes en lutte : Vénus et Marie. Le poëte a tout refondu, agrandi, recréé d'un souffle de forte passion, de haute pensée. Entre l'humble légende dont il s'est inspiré et son drame mouvementé, il y a le même rapport qu'entre une peinture sur fond d'or de Fra Angelico et une toile palpitante du Corrège ou du Titien.

L'ouverture est plus qu'un prélude, elle est le drame lui-même en raccourci. La symphonie dramatisée y est poussée aux dernières limites du pittoresque. Tout se meut, tout agit, tout fait image et contraste dans ce tableau ardent.

Une troupe de pèlerins passe devant nous. Leur chant plein de foi et de repentir célèbre l'espérance du salut. Il se gonfle, s'épanche puissamment, puis s'éloigne et s'éteint dans le crépuscule. La nuit tombe ; de magiques apparitions surgissent, des vapeurs rosées s'elèvent en tourbillonnant, des accents lascifs pénètrent jusqu'à notre oreille, on distingue dans la brume lumineuse les mouvements d'une danse luxuriante. Ce sont les enchantements nocturnes de la *montagne de Vénus;* ils se manifestent à ceux qu'anime un désir téméraire. Captivé par ces apparitions s'approche Tannhaüser, le chantre de l'amour. Il entonne un chant provocateur, comme pour attirer à lui les habitants de la montagne. Des cris sauvages et désordonnés lui répondent, les nuages rosés s'épaississent, des parfums étourdissants l'enveloppent, et dans un demi-jour diapré son regard visionnaire aperçoit la plus enchanteresse des femmes. Il entend sa voix qui lui jette en douces palpitations l'appel des sirènes et promet tout à l'impétueux désir. C'est Vénus elle-même qui lui est apparue ! Un trait de feu le traverse à sa vue, il s'approche de la déesse et répète près d'elle son chant exalté. Alors, comme au signe d'un magicien, toutes les merveilles de la montagne éclatent en pleine lumière. Des cris d'allégresse, des clameurs jubilantes s'élèvent de partout, et une troupe de folles bacchantes enlèvent Tannhaüser dans les bras ardents de la déesse, qui l'entraîne avec elle en des lointains inaccessibles, jusque dans la région du non-être. La bande sauvage l'a suivie et la bacchanale s'est apaisée en un instant. L'air n'est plus animé que d'un susurrement

plaintif comme le souffle du plaisir sans bonheur,
qui erre encore sur la place où s'est manifestée
la magie impure et que recouvre de nouveau la
nuit. Mais voici l'aube ; l'hymne religieux revient
avec elle. A mesure qu'il se rapproche, que le
jour chasse la nuit, ce murmure des airs, qui
semblait le gémissement d'âmes damnées, se
change en un doux ondoiement, et lorsque enfin
le soleil se lève, lorsque le cantique éclate dans
son auguste magnificence, cet ondoiement devient
le ruissellement d'une joie sublime. Le triomphe
de l'Esprit est le salut pour tous. La montagne
maudite est délivrée, son peuple purifié se joint
à l'hymne rédempteur. Toutes les artères de la
vie bondissent à l'embrassement de l'Esprit et
des sens, de Dieu et de la nature [1].

[1] Il serait intéressant de comparer cette ouverture à celle non
moins grandiose du *Freischütz* de Weber. Dans cette dernière, la
victoire du noble élément humain sur l'élément infernal est
brusque, instantanée. C'est le terrassement du mal par le bien
après une lutte acharnée. Ici il n'y a pas combat, mais opposition entre deux mondes que sépare un abîme, et finalement
jonction, fusion entre eux par la domination grandissante du
monde supérieur. Liszt a fort bien caractérisé cet effet saisissant : « Le motif saint, dit-il, ne se dresse point comme un rude
maître, imposant durement silence aux licencieux chuchote-
ments qui remplissent cet antre de joies terribles. Il ne reste
point sombre et isolé en leur présence. Il arrive limpide et doux,
pour s'emparer de toutes les cordes dont la résonnance est une
si charmante amorce ; il les saisit une à une, quoiqu'elles se
disputent à lui avec un acharnement désespéré. Mais toujours
calme et placide, il étend son domaine malgré ces résistances,
en transformant, en s'assimilant les éléments contraires. Les
masses de tons ardents se détachent en débris qui forment des
discordances toujours plus pénibles, jusqu'à ce qu'elles deviennent répulsives comme des parfums en décomposition, et que
nous les voyions se fondre avec bonheur dans l'hymne triomphal. »

J'emprunte ce passage à la remarquable brochure de Liszt, *Lo-*

Quand le rideau se lève, nous *voyons* ce que nous avons *rêvé* pendant l'ouverture. L'œil plonge dans une vaste grotte qui s'étend à perte de vue. Tout y nage dans un clair-obscur rosé ; en ses profondeurs vaporeuses brille un lac bleu où se baignent des sirènes. Des couples amoureux sont groupés aux saillies des rocs ; une bande de nymphes et de bacchantes s'avance tumultueusement en agitant ses thyrses et ses pampres, puis s'arrête soudain pour prêter l'oreille au chant séducteur des sirènes, qui répond du fond de la grotte à leur danse effrénée [1], et qui invite au repos, au plaisir. Vénus est mollement et fièrement étendue sur sa couche, vêtue de la tunique grecque qui flotte en drapant sa taille comme si son léger tissu n'était qu'un encens plus rose que le reste de l'atmosphère. Tannhaüser est endormi à ses pieds, la tête renversée sur les genoux de la déesse. Il tressaille, comme

hengrin *et Tannhaüser*, publiée en 1851, à Leipzig, en français. C'est l'étude la plus détaillée et la plus brillante qu'on ait faite de ces deux chefs-d'œuvre. Liszt, qui venait de les monter et de les diriger à Weimar, était le mieux à même de les comprendre et de les faire connaître, en les jugeant à la fois au point de vue poétique et musical. Du rapprochement de ces deux points de vue résulte en effet un point de vue nouveau qui les domine et qui seul nous découvre les profondeurs du drame musical. A cette hauteur, tout s'illumine, et les deux arts se pénètrent de leur double lumière. Liszt a été un des premiers à suivre R. Wagner dans cette voie. Il y fallait non l'analyse desséchante du critique, mais l'enthousiasme révélateur de l'artiste.

[1] Dans la pensée du poète, cette danse doit avoir les allures grandioses d'une de ces orgies antiques qui savaient se maintenir dans les limites du beau, et telles que nous les dépeignent certains bas-reliefs. Elle ne doit ressembler en rien au ballet moderne. La musique d'ailleurs indique assez ce caractère de grandeur dans le déchaînement des sens.

sortant d'un rêve. — Bien-aimé, à quoi songes-tu? lui dit Vénus d'une voix caressante. Le captif répond languissamment qu'il a cru entendre dans son sommeil le son lointain des cloches.

Les jours et les mois se passent sans qu'il voie le soleil. Que sont devenus les fraîches prairies, le chant des oiseaux et le ciel bleu?... — Qu'entends-je? dit la déesse. Mon poète debout! célèbre l'amour! Si magnifiquement tu le chantes que tu as conquis la déesse même de l'Amour. — Tannhaüser obéit. Avec la lyre il se ressaisit. D'une mâle énergie il entonne les louanges de la reine immortelle des joies. Mais cette strophe est immédiatement suivie d'une antistrophe aux modulations effarées et douloureuses, et s'échappe de sa poitrine le cri aigu de l'aigle prisonnier : — Les jouissances ne comblent pas mon cœur... resté mortel, je veux ma part des luttes de la terre!... du sein des délices j'aspire à la souffrance!... — Traître! s'écrie l'enchanteresse en bondissant de sa couche comme une panthère blessée. Elle appelle autour d'eux un nuage qui les isole, arrache la lyre de ses mains et raille l'insensé qui lui appartient par tous les anathèmes éternels; le monde le répudierait s'il pouvait y rentrer jamais. Mais le chevalier croit à la force du repentir; leurs voix se répondent pleines de haines réciproques; de colères qui prennent flamme l'une à l'autre. Mais Vénus a recours à ses plus puissants artifices. Penchée vers le chevalier, les paupières mi-closes, elle verse dans son oreille son chant de suave séduction; et de loin s'y mêle le chant des sirènes aux inflexions encore plus allanguies. Ce chant distille dans les veines un subtil poison de langueur, de défaillance. Tannhäuser le boit de tous ses sens, mais c'est pour rebondir. Il a prononcé le mot suprême: Liberté! Par le besoin de souffrir il a trouvé la force d'être libre, l'amant a fait place à l'inspiré, son enthousiasme même le sauve de son esclavage. Il promet à la déesse de la chanter sur la terre, d'être son chevalier. Mais il faut qu'il la quitte pour lutter, pour combattre, fût-ce pour périr. En vain le maudit-elle et avec lui tout le genre humain. Il invoque d'une voix éclatante le nom de Marie! Un coup de tonnerre retentit; Vénus avec ses nymphes et ses sirènes, tout disparaît en un clin d'œil[1].

La grotte s'est refermée comme par un prodige, et nous sommes transportés dans une riante et délicieuse vallée. La Wartbourg s'élève au fond, un pâtre assis sur une roche mêle sa chanson rêveuse au silence religieux du matin. Enlevés subitement hors de la nuit des plaisirs sans fin dans ce vallon de quiétude et de pureté, nous respirons comme délivrés d'une énorme oppres-

---

[1] Ce dramatique duo caractérise fort bien ce qu'on pourrait appeler la seconde manière de Richard Wagner, celle qui s'accuse dans le *Vaisseau-Fantôme*, s'accentue dans *Tannhäuser*, et atteint sa perfection en *Lohengrin*. Nous y retrouvons encore les formes de l'ancien opéra, récitatif air, etc., mais combien plus justifiées par les situations! combien plus flexibles! Déjà elles tendent à se fondre dans le flux mélodieux de la parole vivante. Ajoutons que la disparition subite de Vénus et de sa grotte est parfaitement préparée. Elle nous frappe comme le point culminant de la scène, le résultat d'un effort souverain, l'affranchissement complet du chevalier des liens qui l'enchaînaient.

sion. Tannhaüser, les yeux fixés sur l'azur, en proie à un ravissement, ne voit rien, n'entend rien de ce qui se passe autour de lui. Peu à peu le chant des pèlerins qui se mêle de loin au chalumeau du pâtre le rend au sentiment de la réalité. La tempête des sens s'est évanouie, ses vœux sont exaucés, et devant le ciel dont il revoit la majesté, il se prosterne, saisi de reconnaissance et d'adoration. Le pieux cantique des pèlerins qui traversent la vallée achève de le plonger dans un profond recueillement.

Des signaux de chasse résonnent; le landgrave passe le chemin avec ses barons, les chevaliers poètes, anciens amis et rivaux de Tannhaüser. On reconnaît le fugitif, on l'interroge. D'où vient-il? Qu'a-t-il fait si longtemps? Pourquoi ne retourne-t-il au cercle joyeux dont tant de fois il fut proclamé vainqueur? Il ne répond qu'avec embarras : son chemin est celui des fatigues et des peines, une inquiétude fiévreuse le pousse à fuir au loin. Alors s'approche de lui Wolfram, son plus illustre rival : Reviens, reviens à nous ! lui dit-il. Tout ce que la loyale amitié a de plus tendre et de plus pénétrant respire dans cette cantilène, qui est reprise et dialoguée dans l'andante d'un sextuor formé par les cinq poètes et le landgrave. Tannhaüser hésite toujours. Enfin Wolfram prononce le nom d'Élisabeth, la nièce du landgrave, qui aime en secret le fugitif et qui ne s'est point consolée de sa disparition. A ce nom magique un rayon l'illumine, un torrent d'espérance l'inonde, il s'écrie : — Je reconnais maintenant cet univers auquel je m'étais soustrait, le ciel me sourit, le printemps me traverse et mon cœur s'écrie impétueusement : Vers elle ! vers elle ! — Lorsque sa voix se joint aux autres, le septuor attaque un entraînant allegro dont la strette entrecoupée par des fanfares de chasse termine le premier acte aux accents d'une joie éclatante. On y reconnaît un appel de poètes, une invitation de nobles rivaux à de nobles luttes.

Nous voici à la Wartbourg. D'un pas rapide et léger Élisabeth entre dans la grande salle, dont la colonnade en pleins cintres donne sur la forêt de Thuringe. Elle vient radieuse, le sourire au front, les bras étendus. C'est là qu'autrefois son âme s'était éveillée à la voix de son poète, depuis son départ, accablée de solitude, elle n'y est plus revenue. Maintenant qu'il est de retour, qu'il va reparaître, elle rayonne de félicité, son cœur bondit, et sa voix joyeuse jette aux échos de la voûte chérie le salut débordant de son cœur. Dans cette âme si pure, la joie est sans mélange, sans arrière-pensée, sans soupçon. Son apparition même est faite pour contraster avec celle de la magicienne des profondeurs. Un étroit cercle d'or entoure sa tête blanche d'une auréole; ses longues tresses retombent sous un voile léger sur son corsage de satin blanc, et un manteau de velours bleu attaché à ses épaules encadre d'un pan d'azur cette image de l'innocence même. Wolfram amène Tannhaüser, qui se précipite aux pieds de la princesse. Confusion, bonheur du revoir, aveux voilés, espérance jaillissante, ces émotions se

pressent entre eux. A la question d'Élisabeth :
« Où tardiez-vous si longtemps ? » il répond :

Loin d'ici, bien loin, en pays étranger, un épais rideau d'oubli s'est abaissé entre hier et aujourd'hui... » Il dit vrai ; à ce moment, le passé est enfoui. Et elle est trop confiante, trop heureuse surtout pour insister. En elle la révélation de l'amour s'est faite à travers le voile chaste et ravissant de la poésie, elle aime comme la fleur s'entr'ouve et parfume ; la femme est prête à s'épanouir dans la vierge avec une fragrance charmante. Comment Tannhaüser ne s'abandonnerait-il pas à ce bonheur inouï ? comment tous deux n'exhaleraient-ils pas leur félicité passionnée en entonnant l'hosanna de l'Amour [1] ?

Tannhaüser s'est retiré, le landgrave entre, la fête va commencer. A son oncle qui lui demande de s'ouvrir à elle, Élisabeth répond : « Regardez-moi dans les yeux, je ne puis parler. — Eh bien ! reprend le landgrave, qui devine les vœux de sa fille, les merveilles qu'a fait naître le chant, qu'il les dévoile aujourd'hui, que *l'art* gracieux maintenant se fasse *action*. » La salle se remplit de comtes, de barons, de châtelains aux sons d'une marche brillante ; une mélodie plus élégante et plus douce accompagne l'entrée des poètes. Quand tous ont pris place, le landgrave propose solennellement aux chanteurs un sujet élevé et délicat, sublime et troublant, vaste sujet qui con-

---

[1] Liszt compare ce duo, pour le sentiment et la beauté musicale, pour la pureté dans la passion, à celui d'Achille et d'Iphigénie dans Gluck.

tient le ciel et l'abîme : Qu'ils célèbrent l'Amour !
qu'ils disent son secret ! qu'ils dévoilent son
essence ! Élisabeth décernera le prix au vainqueur. Certes un tel sujet, qui défraya l'immortelle veillée de Socrate, de Phèdre et d'Agathon,
n'est pas indigne d'un combat de lyres. Sur combien de modes il se varie à travers les temps !
On ne sait jamais ce qu'il évoque. Voix célestes
ou cris d'enfer, suprême apaisement ou guerre à
mort, tout peut en sortir quand son nom intervient
comme une énigme fatale dans les luttes humaines. Ici se déroule la scène qui est l'axe du
drame. Le dramaturge ne nous élève un instant
aux hauteurs de la métaphysique que pour nous
faire redescendre en un conflit terrible et pour
entraîner son héros dans une situation déchirante
par la seule fatalité de sa nature. Le sort a désigné Wolfram [1] pour commencer. Son chant
ample et noble est celui d'une âme contemplative et résignée ; il plane au-dessus de la passion. Lui aussi aime Élisabeth, mais de quel sentiment voilé, respectueux ! Il voit dans l'amour
« une fontaine merveilleuse de grâces qu'il n'ose
approcher de peur de la ternir. La toucher
serait trop, l'adorer est assez. En cela, dit-il, je
reconnais l'essence la plus pure de l'amour. »

Dès le début de cette scène Tannhäuser est

---

[1] Wolfram d'Eschenbach, le célèbre auteur du *Parzival* allemand, prit part, selon une tradition populaire, à une lutte poétique à la Wartbourg. Richard Wagner lui a conservé le caractère
idéaliste de son poème. Mais la lutte en question rapportée par
les chroniques n'a rien de commun avec la scène qui va suivre.
Celle-ci est de toute l'invention dramatiste.

tombé en rêverie et dans une sorte d'absence.
Ce sujet redoutable touche au nerf de sa vie, embrasse les deux extrêmes de son être. S'il éveille une divine espérance, il remue de dangereux souvenirs. Au chant de Wolfram il s'avance pour répondre, et nous entendons tressaillir dans l'orchestre le motif insinuant de Vénus. Le charme fatidique agit-il à son insu, la promesse qu'il fit à la puissante déesse va-t-elle s'accomplir malgré lui? Une vague inquiétude nous saisit et ne fait que grandir. Car à mesure que Tannhaüser va s'animer dans la lutte, ce motif ira s'accentuant avec les rythmes lascifs, les appels désordonnés du Vénusberg, jusqu'à ce que la magie impure de la montagne semble éclater audacieusement dans la salle. D'abord Tannhaüser répond tranquillement « Wolfram : « Moi aussi je connais la fontaine merveilleuse. Mais si je sens le désir, pourquoi ne m'en approcherais-je pas? Et si je m'en approche, pourquoi n'y tremperais-je mes lèvres? Brûle à jamais mon désir, à jamais je m'étanche à la source! Sache Wolfram, c'est ainsi que je reconnais l'essence la plus *vraie* de l'amour. » Élisabeth, placée au fond de la salle sous un baldaquin, fait un léger signe d'assentiment [1] ; Tannhaüser, qui ne la voit point, ne peut l'apercevoir; l'assemblée demeure impassible. Mais voici Walther qui, renchérissant sur

[1] Ce trait, que la pruderie seule pourrait trouver étrange chez Élisabeth, nous semble au contraire la marque de sa pureté, de sa noblesse parfaites. Spontanément, involontairement elle exprime par ce signe imperceptible que la femme pure, la vraie femme se donne entièrement quand elle se donne.

Wolfram, place l'amour « dans la vertu », —
« Adorons les étoiles que nous ne pouvons comprendre, répond Tannhaüser impatienté, aimons ce que nous pouvons étreindre. Point d'amour sans plaisir. » Déjà les rumeurs grondent parmi les assistants. Bitrolf sort des rangs, et avec une rudesse guerrière appelle les chevaliers au combat pour la vertu et l'honneur des femmes. « Mais ta jeunesse à toi, dit-il à l'audacieux, ne vaut pas un coup d'épée ! — Que sais-tu de la vie et de ses joies ? lui répond Tannhaüser. Tes plaisirs, à toi, certes ne valent pas un coup d'épée ! » A ces mots, vingt lames sortent des fourreaux, le cliquetis du fer va succéder aux accords de la harpe. Le landgrave commande la paix ; Wolfram essaye de tout calmer en invoquant le pur amour. Mais c'en est fait ; le charme terrible s'est déchaîné dans l'âme fougueuse de son adversaire. Excité par la contradiction, exaspéré par le sarcasme, Tannhaüser, au comble de l'exaltation, entonne son hymne à Vénus : « C'est toi que je chante, déesse de l'Amour ! A toi ma louange, à toi, source de toute beauté, de toute merveille. Celui-là seul connaît l'amour qui t'a serré dans ses bras avec flamme. Infortunés qui ne la connaissez point, entrez, entrez dans la montagne de Vénus ! »

Un cri d'horreur et d'indignation s'élève dans toute la salle. Ainsi s'explique sa disparition mystérieuse. Il a bu les joies de l'enfer, il a séjourné auprès de la déesse païenne. Malédiction sur lui. Les femmes quittent la salle, et les chevaliers s'avancent l'épée à la main sur le malheureux pour en finir avec le criminel qui, à leurs yeux, a souillé le sanctuaire de l'Art. A ce geste, Élisabeth, qui a suivi la lutte dans une horrible anxiété et qui restée chancelante, étourdie sous la révélation finale, se jette au-devant des épées nues et couvre le coupable de son sein vierge comme d'un bouclier éblouissant. « Arrière ! leur crie-t-elle, je ne crains pas la mort ! Qu'est la blessure de votre fer auprès du coup mortel que j'ai reçu de lui ? Regardez-moi, la vierge dont il a tranché la fleur d'un seul coup, qui l'aima du profond de son âme, dont il a percé le cœur avec allégresse, j'implore pour sa vie. Qu'il expie et se repente, que le courage de la foi lui soit rendu !... » Cette voix de sublime imploration, de virginale compassion plane au-dessus des cris de vengeance et peu à peu impose miséricorde aux guerriers farouches, étonnés.

Tannhaüser, qui s'est laissé entraîner par son démon intérieur à l'oubli du présent, qui dans l'audacieuse affirmation de sa nature sans frein bravait le monde entier, qui en face de cent glaives menaçants conservait son attitude provoquante, lorsqu'il voit Élisabeth intercéder pour lui, tombe de son transport funeste dans une prostration subite et comprend son crime. En un instant s'opère en lui la plus profonde révolution. Du fond de l'antre de Vénus il appelait la douleur ; mais savait-il, pouvait-il deviner la manière terrible, inattendue dont elle devait le foudroyer ? Elle lui vient à travers celle qu'il aime, à laquelle il a porté le coup mortel sans le vouloir, sans le

savoir ! Cruelle, torturante révélation qui lui
découvre en même temps toute la grandeur d'Élisabeth. Maintenant seulement il mesure la distance qui sépare la déesse de la volupté de la
vierge magnanime. L'une ne savait que partager
ses plaisirs ; celle-ci va souffrir avec lui qui l'a
trahie ! A son tour il voudrait se perdre pour
elle. Aucune souffrance ne lui paraît trop grande,
Le remords affreux, l'impétueux repentir l'envahit, et s'il s'élance à la suite des pèlerins chercher son pardon à Rome, ce n'est que pour obtenir celui de l'ange rédempteur qui s'est offert en
sacrifice pour lui.

Au troisième acte nous revoyons le paysage
enchanteur du premier, cette fois-ci aux lueurs
du couchant. Élisabeth est en prière au bord du
chemin, au pied d'une madone. Les pèlerins
revenant de Rome défilent devant elle. Anxieuse-
ment elle y cherche celui qu'elle attend, mais il
n'est point parmi eux. Quand tous ont passé, elle
s'affaisse comme sous le coup de grâce. Son dernier soupir semble s'exhaler dans la fervente
prière, agonie de l'espérance, où les réminiscences des joies passées crient sous l'étreinte de la
douleur, puis s'enveloppent d'un linceul de mort.
Elle prie pour le salut de l'infortuné, elle y croit,
offre en sacrifice sa vie, sa fleur de jeunesse et
de beauté. La femme qui jadis était prête à s'é-
panouir avec tant de charme au souffle du bonheur a cessé de vivre après cette prière. Lorsqu'elle se relève, il ne reste que la sainte déjà
détachée du monde. Wolfram, qui l'observait de

loin, lui demande s'il ne peut l'accompagner. D'un geste ineffable elle le remercie pour son dévouement fidèle, mais lui fait comprendre qu'elle doit souffrir seule, et reprend en silence le chemin du château.

Après le chant suave de Wolfram à l'étoile du soir qui suit de ses modulations mélancoliques la vierge en des sphères supérieures, le crépuscule lugubre se couche sur la vallée, et Tannhaüser apparaît en habit de pèlerins à demi déchiré, pâle, chancelant, la mine défaite. Il a été à Rome, et loin d'y trouver son pardon, il en rapporte sa damnation éternelle. Pris de dégoût, de rage contre les hommes, il n'a plus qu'une pensée : retrouver le chemin de la montagne de Vénus. Qui donc le poussait à Rome ? Ni le vain remords vis-à-vis du monde, ni la lâche peur de l'enfer, mais uniquement l'immense repentir vis-à-vis d'Élisabeth, la souffrance de la bien-aimée qui est devenue la sienne. « Adoucir les larmes de cet ange, » voilà ce qui lui a fait chercher souffrances et tortures tout le long du chemin. Mais le monde impitoyable, qui ne pardonne pas à qui transgresse ses lois, l'a condamné par la voix du souverain pontife. Haine, mépris, malédiction sur lui ! La clémence de Dieu ? mensonge ! La grâce ? raillerie ! Peut-il reparaître devant Élisabeth, lui donner le spectacle de sa ruine, de son infamie ? Non ; s'il rentre au Vénusberg, ce n'est plus la volupté qu'il y cherche, c'est l'oubli, c'est l'éternel ensevelissement. Le récit de son pèlerinage à Rome, que Tannhaüser a fait à Wolfram, est une des scènes les plus navrantes qu'il y ait au théâtre, tout un drame dans le drame. Dans cette multiplicité d'aveux échappés aux plus cruels tourments se succèdent le chant, le récitatif, l'interjection, le cri, le rire sardonique. Haletante énumération, qui se termine par le terrifiement dernier du désastre irrémédiable [1]. Nous entendons dans le récit le râle impuissant de l'âme humaine contre un destin écrasant. L'horreur de cette nuit atteint son comble quand, à l'évocation de Tannhäuser, des voix des sirènes et d'étranges mugissements sortent de la forêt et qu'enfin se rouvre la montagne de Vénus avec ses cortèges de faunes et de bacchantes. Mêmes séductions, mêmes formes enchanteresses qu'autrefois, et pourtant, dans la situation du héros, l'antre des plaisirs nous paraît un enfer monstrueux prêt à ressaisir sa proie. Voici sous une lumière phosphorescente, la déesse elle-même appelant son chevalier d'une voix endolorie qui palpite et gémit de désir. Sous cette influence électrique, il bondit, s'arrache aux bras de son ami; une seconde de plus, et il va retomber pour toujours dans les bras de la séductrice. Mais cette fois encore le nom d'Élisabeth prononcé par Wolfram le cloue sur place. « Perdu pour moi ! » dit Vénus en disparaissant.

Au même moment l'aube grisonne : une longue

---

[1] En ce morceau paraît déjà la puissante accentuation musicale de la parole en sa variété infinie, telle que la comprend Richard Wagner. Un vulgaire ténor serait ici insuffisant et ridicule, il y faut à la fois le chanteur habile et le grand acteur. Car ici la déclamation est du chant et le chant une déclamation.

procession funèbre amène du fond de la vallée le cercueil d'Élisabeth enfin délivrée de son martyre volontaire. Tannhaüser tombe mourant devant ces restes adorés. Lui aussi se sent délivré en rendant son dernier souffle. Il sait que la foi de cette âme le sauve contre le monde entier, qu'à jamais le purifie l'amour d'Élisabeth. Bienheureux fiancés ! une invulnérable félicité les enveloppe désormais ! Sur la sombre vallée émerge le soleil ; l'hymne triomphal de l'ouverture sort de cent bouches et roule ses ondes magnifiques sur les corps inanimés des amants qui ont cessé de souffrir. Il s'élève maintenant comme le puissant soupir de l'humanité espérante et militante, qui monte incessamment de la terre aux cieux et emporte sur ses ailes les âmes des élus [1].

[1] Dans ce récit, nous n'avons fait que marquer en passant le caractère de la musique qui accompagne le drame. Ce qu'on a appelé le système de Richard Wagner et ce qui n'est que l'application intelligente du génie de la musique au génie du drame, apparaît déjà clairement dans cette œuvre. Mieux encore que dans le *Vaisseau-Fantôme* on y remarque l'heureux emploi des motifs saillants et la puissante déclamation mélodique. Il faut dire cependant que par ses morceaux d'ensemble, sa coupe générale, *Tannhaüser* se rapproche encore sensiblement de l'ancien opéra. Dans les parties essentiellement dramatiques, le maître n'a pas toujours atteint cette sûreté d'expression qui fond en un seul tout la parole et le chant. Il me paraît notamment que le combat des chanteurs a des longueurs, que le caractère des divers poètes n'en ressort pas suffisamment, que la lutte morale ne se traduit pas assez dans la lutte des mélodies, qu'ici, en un mot, l'interprétation musicale n'est pas à la hauteur de l'idée poétique. Richard Wagner n'a trouvé sa forme parfaite, sa complète liberté que dans *Lohengrin*. Là il n'y a pas à se tromper : caractères, mouvements de l'âme, gestes et jusqu'aux moindres inflexions de voix, tout est indiqué, tout est *préformé* dans la musique. Dans *Tannhaüser*, il faut que les acteurs tâchent d'effacer par leur initiative et leur divination ce qui reste çà et là de conventionnel dans leur chant. Le rôle

Un fait jette une forte lumière sur le type de Tannhaüser, dans ses rapports avec l'histoire de l'esprit humain et la pensée moderne. Ce fait se rattache à son éclosion même dans le poète. Richard Wagner raconte que peu avant la conception définitive de ce drame, il étudiait avec ardeur l'histoire d'Allemagne en même temps que les vieux mythes germaniques. Par cette double pensée il cherchait à pénétrer dans le pays de son rêve. Entre ces deux routes, laquelle choisir? Un moment il crut qu'elles aboutissaient au même point. Une époque du moyen-âge le fascinait alors, celle des Hohenstaufen. Le génie ardent et impétueux de cette famille ambitieuse et chevaleresque représente avec éclat une certaine période de l'histoire. Elle enfante le type puissant et demi-barbare de Barberousse, celui si fier et si distingué de Frédéric II. Jusqu'à Conradin, que d'évènements, d'aventures, de tragédies! Guerres intestines de l'Empire, expéditions d'Italie, croisades, âpre lutte des papes et des empereurs. Si l'on prend dans son ensemble cette remarquable famille, si l'on considère son rôle dans le monde, ses aspirations, le génie qui la domine, on y découvre comme fond une puissance de désir immodéré porté en tout sens, et ce double trait : d'une part, l'esprit de domination et de conquête, attisé par le rêve d'une hégémonie universelle qui fut aussi celui d'Alexandre et de Charlemagne, de l'autre, un étrange et

principal surtout exige un acteur de première force. Alors seulement l'effet sera puissant et décisif.

haut idéalisme, soutenu par une foi ardente en leur mission et qui les pousse aux aventures dangereuses, aux entreprises lointaines. Ils sont à la fois hommes de guerre et poètes. Frédéric II, curieux alliage de sang germanique et normand, philosophe, législateur, astrologue et roi par-dessus tout, s'entoure de Sarrasins, de troubadours et de femmes d'Orient. L'audacieux génie de cette famille ose tout, convoite tout : la rude Allemagne et la belle Italie, le temporel et le spirituel, la maîtrise des républiques lombardes et la couronne du Saint-Sépulcre. Du milieu de son empire, sa destinée l'entraîne sans cesse vers la Palestine, vers l'éblouissant Orient, où la légende populaire plaçait le royaume mystique et supra-terrestre du Saint-Graal. Grande fut la splendeur de cette famille puissante dans le bien et le mal ; prompte fut sa chute. Son dernier rejeton finit sur l'échafaud.

Richard Wagner eût désiré condenser le génie de cette race en un type complet, et, après s'être arrêté un instant à Barberousse, il fit l'esquisse d'un drame sur Manfred, fils de Frédéric II. Ce drame, de coloris oriental, se passait en Sicile, l'histoire s'y mêlait à la fiction, et le génie des Hohenstaufen apparaissait à la fois dans Manfred et dans une sœur naturelle du héros, inconnue de lui, une guerrière prophétesse qui soulève le peuple en sa faveur, lui rend son trône compromis, et meurt pour lui en lui confessant son amour. Mais, nous dit l'auteur de ce projet, « l'image de Manfred s'effaça quand l'image de Tannhaüser se présenta à mon œil intérieur. L'autre image me venait du dehors; celle-ci jaillissait du dedans. Avec ses traits infiniment plus simples, elle me semblait à la fois être plus claire, plus précise et embrasser davantage que le riche tissu historico-poétique, dont la draperie bigarrée et somptueuse me cachait la vraie et svelte figure humaine que je désirais apercevoir et que je découvris subitement dans Tannhaüser. »

Tel fut dans le poète le triomphe définitif du mythe sur l'histoire. Moment capital de son développement où il quitte pour toujours l'opéra historique. Un sûr instinct lui montra l'immense supériorité du mythe pour l'expression de l'idéal transcendant vers lequel il s'élançait à pleines voiles au souffle tout-puissant de la musique. Dans l'histoire, en effet, l'homme devient rarement tout ce qu'il pourrait être; la masse gêne l'individu, la forêt étouffe l'arbre. La légende l'achève ou l'invente de toutes pièces, le place dans son vrai milieu, et le voilà ébauché pour tous les âges. Richard Wagner a pu dire avec raison « qu'en Tannhaüser l'esprit de toute la race gibeline lui apparut ramassé en une figure saisissante. »

Qu'est-ce donc que ce Tannhaüser ? Deux mondes s'y heurtent, l'ancien et le nouveau, le païen et le chrétien, l'antre des sirènes et le ciel de Marie. Au fond de cette lutte il y a la grande contradiction inhérente à la civilisation moderne, la séparation du monde des sens et de l'âme.

Ceux-là sont maudits, et celui-ci est si loin, si inaccessible ! Pourtant l'homme voudrait les étreindre tous deux.

Ce double désir, voilà l'âme de Tannhaüser. En son cœur brûlant se rencontrent les deux mondes extrêmes que la société sépare si jalousement. Il tente de les réunir en plein jour, aux yeux de tous ; il en meurt. Tannhaüser est tout le contraire du poète contemplatif qui se peint d'une manière si touchante en Wolfram, son loyal et féal ami. Son chant à lui est évocation, conquête. Il ne chante que ce qu'il aime, et ce qu'il aime il veut le posséder. Sa voix sait également toucher la déesse de la volupté sortie des profondeurs de la mer, et la vierge pure qui semble descendre du haut de l'empyrée pour lui révéler la beauté souveraine de l'Ame. S'il s'oublie avec ivresse dans les bras de l'une, il se prosterne devant l'autre en un ravissement céleste. Point de milieu dans cet homme, il va de la furie des sens à l'extase transcendante. Par la puissance de la foi, par l'aspiration à l'*éternel féminin,* il parvient à s'arracher à Vénus. Cet autre monde qu'il cherchait il le trouve en Elisabeth, de quelle pureté, de quelle fragrance enchanteresse ! De toute l'ardeur de son être, il s'élance vers elle : il l'a conquise, elle l'aime, elle est à lui. Mais lorsqu'il s'agit de la conquérir devant la société, naît le conflit. Dans le feu de la lutte, dans l'ivresse du chant, il confesse son passé, le secret fatal fait irruption. Il aime Elisabeth et il est forcé de chanter Vénus, voilà le point tragique de son destin. Jamais il n'a été plus lui-même qu'en ce moment terrible, où ses deux vies n'en font plus qu'une seule ; c'est le triomphe de Tannhaüser et c'est sa mort, car en s'affirmant ainsi il se perd avec celle qu'il aime.

Lorsque après l'expiation de la souffrance, le héros rend son âme devant le corps inanimé d'É-lisabeth, nous ne pouvons nous défendre d'une émotion religieuse. A notre tristesse se mêle une satisfaction suprême. Et cet apaisement, ce souffle religieux nous vient d'un sentiment pure-ment humain. Car la grâce est ici le miracle de l'Amour et du Sacrifice, non celui d'un Dogme et d'une Église. Elle sort du cœur humain, du cœur d'une femme aimante. Le héros succombe, mais sa mort exalte la pensée qui fut sa vie. Sur son cercueil, deux mondes comme deux torrents se rejoignent avec allégresse. Les générations futu-res accompliront-elles ce qui ne peut être l'œu-vre d'un individu? Le rêve de Faust, le désir véhément de Tannhaüser sera-t-il jamais une réa-lité? L'homme saura-t-il réconcilier l'âme moderne avec la beauté antique? Qu'importe ! dans l'art ils le sont d'avance. L'humanité célèbre son plus beau triomphe quand un de ses fils tombe pour une grande idée.

IV

LOHENGRIN

Le bon Ange de l'Âme humaine, c'est son
Idéal. Qu'elle l'appelle et il viendra.
Mais qu'imprudente Psyché, elle doute
de lui et de son divin message — aussitôt l'Ange se voile et disparait. L'in-
fortunée le rappelle en vain du fond de
sa solitude.

Toute grande expérience de la vie réelle mène
l'homme actif et réfléchi à un développement
supérieur : toute œuvre d'art fortement vécue
sert de marchepied à l'artiste créateur pour s'é-
lever à une région plus haute de l'esprit. Il ne
refait pas ce qu'il a fait, ne revient jamais à un
état antérieur ; une phase exprimée est pour lui
une phase vaincue. A peine a-t-il achevé son œuvre, qu'il s'y regarde lui-même comme un étranger, car déjà il est autre. En avant ! est sa devise,
métamorphose ! le mot de sa destinée ; son génie
se nomme recherche éternelle, découverte par
delà l'horizon ! Et il faut croire que dans le règne
de l'idéal les régions sont plus nombreuses
encore que dans la réalité, sphères grandissan-
tes, elles se succèdent et s'enveloppent à l'infini.
Le passage de Tannhaüser à Lohengrin marque
dans la vie de Richard Wagner une de ces transformations profondes, j'allais dire une de ces élé-

vations subites. Deux courants également forts
avaient agité sa jeunesse : d'une part une vigueur
extraordinaire de nature et ce puissant instinct
des sens, qui est comme l'aiguillon du tempérament artistique, le poussaient à jouir de la vie, à
s'y lancer à corps perdu, à en courir tous les
hasards, à en explorer tous les recoins; de l'autre, un désir souverain, une imagination merveilleuse, un idéalisme transcendant l'entraînaient aux
plus hautes régions de l'esprit. Depuis son adolescence, ces deux courants l'avaient dominé tour
à tour, et cela sans trop se nuire, sans presque
se déranger. Toutefois ses dernières expériences
l'avaient amené à prendre possession de la meilleure partie de lui-même et à s'y réfugier comme
en un sanctuaire contre les atteintes du monde
extérieur.

Maître de chapelle à Dresde, toutes les portes
s'étaient ouvertes devant lui. Il avait vu de près
ce monde du théâtre et de l'opéra où l'homme et
la femme qui ne trouvent point de satisfaction
dans l'étroitesse de notre vie bourgeoise, vont
chercher parfois un plus libre épanouissement.
Au premier moment, Richard Wagner s'était jeté
dans ce milieu avec sa fougue habituelle comme
pour en avoir le dernier mot. Il connut bientôt le
fond de misères, de tristesses, de corruption qui
se cache sous sa chatoyante fantasmagorie. Le
dégoût le saisit. Il voyait par l'exemple d'une
actrice de génie, la Schrœder-Devrient, ce qu'une
belle âme peut souffrir de froissements et de tortures lorsqu'elle entre en contact par ses plus

nobles aspirations avec ce monde inférieur et frivole. Dans sa destinée il avait vu le miroir de ses
propres déceptions. Sortir de ce milieu, en trouver un supérieur, s'élever au-dessus des tristes
plaisirs et des frivolités décevantes de la société
moderne, tel fut son effort. De cette aspiration à
un élément pur, virginal et si élevé au-dessus de
la réalité contemporaine, qu'il lui semblait encore
inaccessible, naquit le Tannhaüser. « Ma vraie
nature, qui m'était revenue par dégoût de la
société moderne et dans la recherche de quelque
chose de plus noble, embrassa d'une violente et
fervente étreinte les deux forces extrêmes de mon
être et les joignit en un seul courant. L'achèvement du Tannhaüser m'absorba dans une activité
si dévorante, que plus j'approchais de la fin de
ce travail, plus je fus dominé par l'idée fixe qu'une
mort rapide m'empêcherait de le terminer. En
écrivant la dernière note j'éprouvai le soulage-
ment d'un homme qui échappe à un danger mortel. »

Dès que l'œuvre fut terminée, un grand apaisement succéda à cette ébullition fiévreuse. Le
côté énergiquement terrestre et hardiment sensuel de cette nature puissante et concentrée
s'était exprimé tout entier dans la montagne
enchantée et dans la séduisante création de
Vénus. L'autre côté s'en trouva comme dégagé
et affranchi. Cette hauteur où Tannhaüser aspire
du fond des grottes de la déesse païenne, où il
se sent attiré par un rayon céleste qui lui vient
à travers Elisabeth — l'artiste, d'un fort coup

d'aile, s'y était élevé. Il avait laissé loin derrière lui l'opéra, la vie du théâtre, les misères de la réalité. Son âme et sa pensée planaient maintenant dans l'atmosphère pure et suave d'un éther lumineux. Il éprouvait une sensation pareille à celle d'un voyageur qui, cheminant dans un marais bourbeux sous les lourdes vapeurs de la plaine, se verrait enlevé soudainement loin du monde habité sur une cime des Alpes, où nous enveloppent les bleus océans de l'air et courent les frissons vivifiants des libres espaces. Un nouveau sentiment de solitude l'envahit. Mais c'était une solitude délicieuse, bienfaisante, enchanteresse, celle de l'âme qui loin des hommes a conquis son royaume éternel et se sent une avec lui. De quelle fierté l'homme parvenu à cette hauteur plonge dans les vallées noyées de brume à ses pieds! de quelle chaste volupté il embrasse l'horizon des neiges éternelles! Heureux le penseur, heureux le sage qui peuvent demeurer sur cette cime! Pour eux plus de lutte, plus de déception. Le passé, le présent, l'avenir se confondent à leurs yeux dans une sereine contemplation, les chaudes exhalaisons des passions humaines se résolvent comme de légères nuées dans le ciel limpide de la pensée pure, les bruits stridents des luttes terrestres se fondent dans l'harmonie des sphères. Moins calme, moins libre de souffrance et pourtant plus heureuse peut-être est l'âme passionnée de l'artiste lorsqu'elle est parvenue à ces régions sublimes. Pour elle, la contemplation est un rêve ardent, et la possession de cette félicité suprême est un sentiment qui la consume. Elle ne peut voir l'éternelle vérité que sous le voile changeant de Maïa : ainsi la révélation même du divin devient drame et souffrance. Car son plus grand besoin n'est pas celui de comprendre et de se reposer, mais de s'épancher à plein torrent et de se communiquer aux autres. « A peine, dit Richard Wagner, me sentis-je enveloppé de cette solitude pleine de félicité, qu'elle éveilla en moi un désir nouveau et impérieux : le désir qui nous attire des hauteurs vers les profondeurs, qui, dans le lumineux éclat du ciel le plus chaste et le plus pur, nous fait chercher l'ombre familière de l'amour humain. » Or, ce désir est celui même qui fait descendre Lohengrin, le chevalier du Saint-Graal, de sa hauteur azurée vers la chaude poitrine de la terre, et qui lui fait préférer à son royaume bienheureux la lutte au milieu des hommes, parce qu'il cherche parmi eux ce qu'il ne saurait rencontrer dans le splendide héritage de son père : la pleine effusion de l'amour ! C'est le désir même du héros, du génie, de toute nature supérieure ; ils brûlent de verser leur propre bonheur aux natures humbles et aimantes qui d'avance les devinent et d'élan les comprennent.

Telle est la disposition étrange et pour ainsi dire extatique dans laquelle Richard Wagner aborda, immédiatement après l'exécution de *Tannhaüser*, le mythe de *Lohengrin*. La légende celtique du Saint-Graal et de Parcival, à laquelle se rattacha plus tard celle du chevalier au cygne, est une des plus importantes traditions mythiques du moyen-âge, celle où le haut idéal de la chevalerie reluit de son plus pur éclat [1].

Selon les trouvères et les conteurs du moyen âge, il y avait au fond de l'Orient, quelques-uns disent aux confins de l'Inde, une haute montagne nommée Montsalvat. A son sommet s'élevait au-dessus d'une forêt de cèdres et de cyprès, en sa solitude inaccessible, une blanche forteresse de marbre étincelant. A l'intérieur c'était un

[1] Nous ne pouvons suivre ici l'intéressante filiation et les transformations successives de cette légende. M. de la Villemarqué a prouvé judicieusement l'origine celtique de la coupe merveilleuse du *Graal* ou *Gradal*. L'idée d'un vase sacré qui, rempli d'herbes magiques, confère le don de sagesse et de prophétie, est essentiellement celtique. Cet idée naturaliste se spiritualisa sous l'influence du christianisme et de la chevalerie ; le vase sacré devint la coupe eucharistique du Christ ; le don qu'il conférait, celui de sainteté ; sa possession, le symbole de la plus haute vertu chevaleresque. Il est probable que cette transformation commença à s'opérer dans le pays de Galles même. En passant des bardes gallois aux conteurs normands, de là aux trouvères français, et de ceux-ci à l'Allemagne, la légende prit un caractère religieux et mystique. Nous la possédons sous trois formes caractéristiques qui répondent à trois phases successives : 1° le Péredur du *Mabinogion*, traduit par Charlotte Guest ; 2° *Perceval le Gallois* de Chrestien de Troyes ; 3° le *Parzival* de Wolfram d'Eschenbach. Le plus svelte, le plus gracieux de ces récits est le premier, qui est le plus ancien. Le caractère du héros et l'idée de la quête du Saint-Graal, c'est-à-dire la recherche de la noblesse héroïque, de la parfaite chevalerie, s'y dessinent nettement. Le récit du poète allemand est loin d'atteindre cette vivacité, mais l'idée philosophique de la légende s'y accusent mieux dans l'ardeur du sentiment religieux. En rappelant ici la tradition du Saint-Graal dans son ensemble, nous ne cherchons qu'à faire ressortir la vérité générale qui se cache sous son vêtement mystique. — Voir l'étude de M. de la Villemarqué dans ses *Romans de la Table ronde*, et le beau livre de M. Kufferath sur *Parsifal*, où tous les développements de la légende sont traités avec une rare sagacité.

temple resplendissant, aux colonnes d'opale, aux
ogives d'onyx, aux solives d'asbeste, aux parvis
de cimophane. Sous ses voûtes élevées on respirait des parfums d'aloès, et du fond de ses
arcades lumineuses s'exhalaient les voix éthé-
réennes de chœurs invisibles. Dans ce magnifique sanctuaire vivait un ordre de chevaliers
voués à la garde d'un vase sacré, le Saint-Graal,
source de grandes merveilles. C'était la coupe
dans laquelle le Christ avait consacré le pain et
le vin, lors de son repas d'adieu avec ses disciples. Joseph d'Arimathie y avait ensuite
recueilli son sang. La coupe merveilleuse du
Saint-Graal était donc comme le dépôt sacré de
l'homme divin sur la terre. Bénie de sa dernière
pensée, trempée de son sang, elle était comme
l'incarnation visible de la force d'amour, de
sacrifice et de pureté sublime qui rayonnait de
son âme. A ceux qui s'approchaient du Saint-
Graal il prêtait les dons les plus parfaits, mais
il ne pouvait être confié qu'aux mains d'un juste
et d'un pur. A la mort de Joseph d'Arimathie,
des anges l'avaient enlevé au ciel, des anges le
rapportèrent à Titurel, qui bâtit le château merveilleux et fonda l'ordre des chevaliers du
Saint-Graal, pareil à celui des templiers. Aucun
chemin n'v conduisait, on n'y parvenait que par
un labyrinthe de sentiers mystérieux. Gardiens
de la coupe, ces chevaliers jouissaient d'une
haute félicité. Leur vie ne se bornait point là,
leur initiation les préparait à l'action, à la lutte.
Souvent ils étaient envoyés au loin pour l'accom-

plissement d'une noble mission, pour la défense des bons et des faibles. Ils venaient alors comme les messagers d'un monde supérieur. Le mal n'avait point de pouvoir sur eux, ils étaient sûrs d'avance de la victoire, mais à une condition : défense leur était faite de révéler leur origine. La force du Saint-Graal devait agir par eux, mais non se trahir. Une fois que dans une de leurs missions ils s'étaient nommés, il leur fallait ou perdre leur puissance supérieure, ou retourner dans le sanctuaire de Montsalvat. *Ainsi la plus haute noblesse humaine confère à qui la possède un pouvoir en quelque sorte surnaturel. Elle agit, elle enchante et triomphe par sa seule présence, mais elle ne peut condescendre à se justifier ou à se démontrer. Il faut y croire ou la repousser ; devant quiconque lui demande ses titres et sa raison d'être, fièrement elle se retire.*

Parcival succéda à Titurel dans la royauté du Saint-Graal. C'était la fleur des chevaliers de la Table ronde. Il était très simple, bon, courageux. Sa mère avait voulu le soustraire aux tentations mondaines, aux horreurs de la guerre, l'empêcher de devenir chevalier, et l'avait élevé dans une métairie, au fin fond d'une forêt. Il passait sa vie à chasser dans les bois, à s'exalter au chant des oiseaux. Souvent sa mère lui parlait de Dieu. Qu'est-ce que Dieu ? disait l'enfant. — Ce qu'il y a au monde de plus beau et de plus splendide. » Un jour, il voit passer par la forêt trois hommes à cheval ; leurs poitrines brillent comme le soleil.

L'enfant tombe à genoux et s'écrie : « Lequel de vous est Dieu? » Les trois guerriers se mettent à rire et lui disent qu'ils sont des chevaliers de la cour d'Arthur. L'enfant court à la maison et déclare à sa mère qu'il veut se faire chevalier. Elle en tombe demi-morte. Rien n'y fait; il se fabrique une selle, se jette sur un cheval, et le voilà parti. A la cour d'Arthur on l'accueille comme un rustaud, mais sa vaillance et sa générosité le font sacrer chevalier. Alors il court en forcené aventures et batailles de par le monde entier. Un soir il trouve un château merveilleux dont le pont-levis s'abaisse de lui-même. Il pénètre dans une salle plus belle que la nef d'une église, un vieillard le reçoit hospitalièrement. Pendant le repas, des vierges couronnées de fleurs traversent la salle en portant un vase étincelant de pierreries. Craignant d'être indiscret, il néglige de demander le nom du vieillard et la signification de toutes ces merveilles. Le lendemain, à son réveil, il ne voit plus personne, le château semble désert, et il s'en va sans rien savoir. Bien plus tard il apprend qu'il a été dans le temple de Saint-Graal et qu'il est destiné à en être le roi. S'il eût pris la peine de demander, il le serait devenu sur-le-champ. Alors Parcival se souvient de sa mère morte de chagrin, est saisi de repentir et désire s'élever à la pureté parfaite, à la suprême chevalerie. Mais ce n'est qu'après une vie d'épreuves et de combats qu'il retrouve le chemin du château merveilleux, et est couronné roi du Saint-Graal par son oncle Titurel.

Une autre tradition, répandue surtout dans les pays voisins de la mer et à l'embouchure des grands fleuves, rapportait qu'une femme de haut rang ayant été injustement accusée d'un crime devant le peuple, il s'était présenté pour sa défense un chevalier inconnu, d'une beauté radieuse, d'un charme irrésistible et de vertu accomplie, amené sur une barque traînée par un cygne merveilleux. Après l'avoir délivrée de ses ennemis, il avait demandé sa main, mais en lui défendant de jamais l'interroger sur son nom et son origine. La jeune fille l'avait promis, le mariage avait eu lieu; mais au bout d'un certain temps, poussée par la curiosité, elle avait posé la question fatale, et l'inconnu était reparti comme il était venu sur le mystère des flots bleus. — Quel était ce chevalier? Nul ne le savait, mais on disait que c'était Lohengrin, le fils de Parcival.

Ces deux légendes, en quelque sorte opposées et d'un mouvement inverse, se complètent l'une l'autre. L'essence de l'idéal chevaleresque y est contenue. Au-dessus de sa sombre réalité, le moyen-âge rêva en un lointain lumineux un temple de force, de pureté et de vertu virile. Rien de monacal d'abord dans cet élan. Sainteté active, non passive; possession des vérités de l'âme dans un tranquille séjour au-dessus du monde, forteresse contre le vulgaire et le mal, c'est le sommet de la terre affleurant le ciel, mais c'est encore la terre. — Parcival ou la quête du Saint-Graal nous représente la poursuite héroïque, naïve d'abord, consciente enfin de cette perfection. Cette recherche d'un bonheur suprême ne va qu'à travers les combats, les larmes et le sang. — Lohengrin, par contre, le pur chevalier, né dans cette région sublime, répond à l'homme qui des hauteurs de l'esprit, des félicités de la contemplation, soupire après l'humble humanité, s'élance vers les cœurs palpitants et souffrants. Si l'un est comme l'âpre ascension de l'homme au sommet de l'idéal, l'autre ressemble à l'amoureuse descente de cet idéal sur la terre et à sa douloureuse retraite après qu'il s'est révélé. En choisissant cette seconde face du mythe, le musicien dramaturge en prenait le côté plus humain et plus tragique.

Le prélude, page unique en son genre, nous enlève, par les harmonies extatiques du Saint-Graal dans une région céleste. Aux premières mesures des violons qui chantent *pianissimo* ce thème mystique dans les notes les plus aiguës de leur registre, il semble que l'âme débarrassée de tout son poids terrestre, monte et flotte subitement dans la nappe dormante, indéfinie d'un éther lumineux et raréfié, où elle nage un une chaste et intense félicité. Comment de là, toujours portée sur les ondes éthérées de sa propre tendresse, elle descend peu à peu avec le thème religieux d'une sonorité grandissante vers les régions terrestres pour s'immerger dans un océan de feu, où elle se révèle tout entière dans la splendeur de son amour surhumain ; comment, après ce rayonnement intense et rapide, elle se

retire avec une noble mélancolie et un adieu d'indicible tristesse dans l'éther inaccessible, d'où
elle est venue, et où elle retourne à jamais : voilà
ce que le langage parlé se refuse à rendre et ce
que nous fait éprouver ce prélude d'une force et
d'une beauté transcendantes. Il respire l'Amour
dans l'Éternel, il brûle de la passion de l'Infini.
Il manifeste en quelque sorte la puissante invisible et supérieure qui plane sur toute l'action sans
s'y mêler. Par lui, dirait-on, le musicien a voulu
dévoiler à notre sentiment l'essence même du
Saint-Graal. Si nous l'écoutons dans cette pensée,
sa mystique harmonie se traduit à nos yeux par
une vision.

L'initié de Montsalvat est en prière dans un
des hauts vallons de sa montagne. Son regard
ravi, animé d'un désir supra-terrestre, fixe l'azur
du ciel. Dans ses profondeurs lumineuses, le
subtil éther se condense en une nuée imperceptible qui fascine le regard. Ses lignes vaporeuses
prennent la forme d'une vision. Une troupe d'anges apparaît, qui de l'empyrée descend vers la
terre. A mesure qu'elle s'en rapproche, des
parfums enivrants et doux s'échappent de son
sein en nuages dorés et inondent le cœur du
visionnaire. Il sent l'ivresse de l'abandon ; tour
à tour des glaives de douleur, des frissons de
félicité le traversent. Déjà les divins Génies flottent tout près, radieux, éblouissants, et contem-
plent le mortel avec une bienveillance familière.
Ils portent au milieu d'eux la coupe du Saint-
Graal, dont les rayons éclatants versent le feu

céleste du plus sublime amour. L'initié s'anéantit dans l'adoration et reçoit sur sa tête comme un torrent incandescent ce baptême de feu qui le sacre chevalier. Aussitôt la nuée ardente estompe sa flamme. D'un chaste sourire la troupe angélique, les yeux toujours baissés vers la terre, se retire aux hauteurs azurées. Elle a confié à la garde d'un pur le vase sacré, la source d'amour qui avait tari sur la terre. Mais l'auguste phalange, laissant dans le vallon son haleine embaumée, avec l'inextinguible regret de sa présence, remonte au ciel plus vite qu'elle n'était descendue, et s'efface sous le voile de l'azur, au loin, au loin, dans la lumière éthérée.

Le drame se passe au xe siècle, près d'Anvers. Le roi d'Allemagne, Henri l'Oiseleur, est venu en Brabant pour convoquer les seigneurs du pays à une campagne contre les Hongrois. Selon la coutume féodale, les ducs, comtes et hauts barons, suivis de nombreux vassaux et gens de guerre, sont rassemblés en plein jour dans une large plaine sur les bords de l'Escaut; le roi, assis à gauche, sous un chêne, siège en juge souverain pour régler leurs différends. Il a trouvé le pays déchiré de discordes, le trône vacant, disputé. Là-dessus il interroge Frédéric de Telramund, le plus renommé seigneur brabançon et le plus redouté pour sa vaillance. Frédéric, dans un récit mouvementé (où perce un accent d'amour-propre et de sincérité), lui apprend qu'avant de mourir, le feu duc de Bra-

bant avait confié à sa garde ses deux enfants,
Elsa et Godefroy ; qu'un jour la sœur était allée
au bois avec l'enfant qui disparut soudain ;
qu'Elsa sans doute l'avait tué pour faire tomber
sur sa tête la couronne et la partager avec un
indigne amant. Il ajoute qu'outré de ce crime et
renonçant aux droits que le duc de Brabant lui
avait donné sur la main d'Elsa, il avait épousé
Ortrude Radbot, dernière descendante des vieux
seigneurs païens de la Frise. Ce disant, il présente au roi sa femme Ortrude, qui s'incline
silencieuse, hautaine, d'un sourire amer ; sa
fausse humilité, où perce un indomptable orgueil,
son œil où brille l'éclair de la haine, trahissent
son âme ténébreuse. Frédéric reprend : « J'accuse hautement Elsa de fraticide, et réclame
pour moi-même la couronne de Brabant, comme
le plus proche parent du duc et comme époux
d'Ortrude, de la lignée des princes du pays. »
Ce discours, appuyé d'une conviction énergique
et d'une attitude virile, jette tous les soupçons
sur Elsa, et le roi la fait solennellement comparaître devant son tribunal.

A peine l'appel du héraut a-t-il cessé de reten-
tir qu'une mélodie d'une exquise douceur et d'un
rythme impalpable s'exhale de l'orchestre comme
le soupir d'une désolation sans recours ; elle annonce l'arrivée d'Elsa. La jeune fille paraît vêtue
de blanc, muette et timide, au milieu des hommes
de guerre, dans ce cercle de cuirasses et d'armes reluisantes. Le roi lui demande si elle le
reconnaît pour juge. Elle répond par un signe

affirmatif. — Sais-tu ce dont on t'accuse ? — Elle regarde Frédéric avec tristesse. — Et que réponds-tu à l'accusation ? — Rien, dit encore son geste muet. — Tu te reconnais donc coupable ? — Elle soupire et dit : Mon pauvre frère ! L'attitude étrange et naïve de la jeune fille, son expression rêveuse, sa candeur virginale, tout semble démentir les forfaits dont on l'accable ; murmurant à mi-voix, le cercle des rudes guerriers lui témoigne sa compassion. Amicalement le roi l'invite à lui parler en confiance. Alors son visage se transfigure, une sorte de ravissement s'empare d'elle, et d'une voix douce elle dit à peu près ceci : « Dans mes jours tristes et sombres, solitaire j'ai prié Dieu. Et de mes soupirs s'exhalait une plainte déchirante, au loin, au loin elle s'en alla mourir ; et puis un doux sommeil me prit... Et dans mon rêve je vis un chevalier qui venait à moi à travers les airs. Son armure brillait, il s'appuyait sur son épée ; ses yeux m'ont confortée. Qu'il soit mon défenseur ! »

Qu'a-t-elle ? est-ce qu'elle délire ? se demande la foule. Les guerriers sont émus, le roi ébranlé. Il décide qu'il aura recours au « jugement de Dieu », c'est-à-dire au combat singulier. Quatre hérauts sonnent l'appel aux quatre coins de l'horizon sur un rythme énergique et sévère. Personne ne bouge. Elsa supplie le roi de faire sonner l'appel une seconde fois : « Mon chevalier est loin sans doute et ne l'a point entendu. » L'accompagnement expressif de cette supplication ressemble à un sanglot refoulé dans un sein virginal. Le

héraut demande une seconde fois d'une voix éclatante : Qui veut lutter ici, en champ clos devant
Dieu, pour Elsa de Brabant, qu'il apparaisse ! »
Immobilité profonde, morne silence. Seulement
la foule murmure : « Par ce silence affreux, Dieu
la juge. » L'inquiétude d'Elsa est au comble, et le
lugubre motif du jugement de Dieu, repris par les
cuivres sur des accords mineurs vraiment sinistres, s'appesantit sur elle comme une malédiction
irrévocable. Éperdue, désespérée, Elsa tombe à
genoux, invoquant le secours divin d'une fervente
prière. Elle croit son pressentiment, elle a vu
son sauveur en rêve, il viendra ! Tout à coup son
visage s'illumine d'une joie vive ; au même instant
apparaît au loin, sur l'Escaut, un chevalier debout dans une barque traînée par un cygne ; son
armure brille au soleil, le cygne merveilleux
fend majestueusement les ondes du fleuve. A cette
vue, un frémissement court sur la foule, et le
chœur commence *pianissimo* comme un léger
chuchotement. Ce ne sont d'abord que des excla-
mations isolées, où l'on distingue la surprise des
uns, la foi naïve des autres, l'effroi des incrédu-
les, le saisissement de tous. A mesure que la
barque approche, le chœur grandit, monte en
flots d'allégresse, monte toujours jusqu'à ce qu'il
éclate, à l'arrivée du chevalier resplendissant, en
un hymne ruisselant d'une joie immense. A cette
apparition inattendue, Ortrude a poussé un cri,
Frédéric est frappé d'une terreur mystérieuse.
Mais Elsa, arrachée à son extase par le tumulte
général, se retourne subitement et aperçoit son

chevalier, le radieux justicier qu'elle avait pressenti, appelé dans le délire de sa détresse. A son aspect elle reste immobile, les bras levés, pétrifiée de surprise et de ravissement.

Un silence plein d'attente succède à cette explosion d'enthousiasme. Lohengrin a mis le pied sur la rive et, se retournant encore une fois vers le cygne merveilleux qui l'a amené, il le remercie et lui dit de retourner en paix dans sa bienheureuse patrie. Ce court adieu, cette suave et vibrante monodie qui se module presque sans accompagnement dans l'harmonie religieuse du Saint-Graal, est comme un dernier retour de Lohengrin vers les plages dorées d'où il vient. On y sent à la fois une quiétude divine et une tristesse inénarrable, comme le regret d'une félicité perdue. C'est la tristesse que nous attribuons à des anges, à des génies supérieurs qui quittent une sphère de splendeur ou de sérénité pour les douleurs de la terre.

D'un pas ferme Lohengrin s'avance au milieu de l'assistance et déclare son intention de défendre l'accusée, puis il marche vers Elsa, et de sa voix pénétrante, mêlée de force et de douceur, comme imprégnée de lumière et de joie, il lui demande si elle l'accepte comme défenseur. A sa voix, elle tombe à ses pieds : « Mon héros ! mon sauveur ! prends-moi ! Je te donne tout ce que je suis. — Si je suis vainqueur au combat, veux-tu que je sois ton époux ? — Comme je suis à tes pieds, je te livre corps et âme. » Telles sont les simples fiançailles du fils de Parcival avec Elsa. Leur pre-

mière rencontre vérifie leur double pressentiment, lui la cherchant, elle l'appelant, lui qui descend vers elle elle qui monte à lui. La mélodie
qui porte le soupir de leur commune aspiration
s'exhale entre eux en chaste volupté et va de l'un
à l'autre comme le baiser mystique de deux
âmes. Cependant Lohengrin met une condition à
leur bonheur. Reculant d'un pas, il lui dit avec
fierté et l'accent du commandement :

> Jamais ne m'interroge,
> Ni ne porte souci
> Du pays d'où je viens ;
> Jamais ne me demande
> Ni mon nom, ni ma race !

Deux fois l'inconnu formule cette défense avec
un profond sérieux, d'un accent hautain, d'un air
inabordable, sur une mélodie incisive, qui se grave
dans la mémoire. Elsa promet tout dans l'élan de
sa reconnaissance : « Mon protecteur ! mon ange !
toi qui crois fermement à mon innocence ! quel
crime serait le doute qui me ravirait la foi en
toi ! » A ces mots, Lohengrin transporté de joie
relève la jeune fille d'un geste rapide, la presse
sur son cœur comme si elle venait de triompher
d'une épreuve, et s'écrie avec l'accent d'une tendresse passionnée : « Elsa, je t'aime ! »

Devant cette scène inattendue, tous sont saisis
et transportés. Une lumière merveilleuse semble
éblouir tous les yeux. Un charme inconnu, un
frisson sacré descend sur la foule. « Qu'il est
radieux à voir ! » murmure-t-elle involontaire-

ment. Le chœur de femmes en qui s'exhale cette émotion d'une nuance si particulière est une des plus admirables inspirations mélodiques de ce maître. Il y a exprimé avec une extrême délicatesse de touche et une force pénétrante l'intime palpitation de l'âme à l'apparition du Divin. Et ce n'est point ici le Divin qui nous écrase par la puissance de la nature, par l'effroi de l'Infini. C'est le Divin plus doux et plus sublime encore qui nous enchante et nous subjugue parfois dans la personne humaine et se traduit en élancements délicieux, en larmes d'adoration.

Lohengrin lance son défi à Frédéric. Ceux qui tout à l'heure n'osaient le contredire, maintenant lui déconseillent la lutte. Lui-même hésite en présence de cet être lumineux, d'une si fière assurance qu'elle semble être le rayon de la justice et de la vérité. Un regard d'Ortrude et son honneur déjà compromis lui font ramasser toute sa force. « Plutôt mort que lâche ! » s'écrie-t-il. Il accepte le défi, on ordonne le combat selon les règles du droit féodal. Les guerriers forment un grand cercle qu'ils délimitent en fichant leurs épées en terre. Après quelques passes, Lohengrin qui a fait reculer pas à pas son adversaire, l'étend par terre d'un coup d'épée, et lui mettant à la gorge la pointe de son arme : « Ta vie m'appartient, lui dit-il, je te la donne. Puisses-tu la vouer au repentir. » A cette issue du combat éclate une jubilation universelle. Toutes les voix réunies entonnent maintenant le motif de Lohengrin, qui exprime la certitude dans la victoire, et cette mélodie entraîne jeunes et vieux comme le joyeux ondoiement d'un grand fleuve gonflé de mille affluents ». La force, la radiance, l'impétuosité généreuse du héros se communiquent à la foule. D'un côté le couple sombre : Ortrude debout près de Frédéric terrassé, semble rugir intérieurement ; de l'autre le couple lumineux : Elsa, la blanche vierge, qui enlace de ses bras son héros resplendissant sous son armure d'acier. Par-dessus toutes les voix éclate sa voix triomphante ; elle jaillit en mélodieux délire, en sanglots d'allégresse comme pour dire au monde entier : Merveille des merveilles ! Mon rêve était vivant. Je le tiens ! Le ciel s'épanouit sur la terre par mon héros.

Le bonheur de Lohengrin et d'Elsa repose sur la foi absolue de celle-ci. Est-il une puissance assez infernale pour l'ébranler ? Cela semble impossible. Et pourtant cette puissance existe, elle veille dans l'ombre. Refoulée au grand jour par le chevalier victorieux du Saint-Graal, elle se redresse dans les ténèbres et s'apprête à étendre son aile fatidique sur l'heureuse fiancée.

Il fait nuit sombre. Les fenêtres du palais ducal sont éclairées et les fanfares d'une musique de fête s'en échappent par bouffées. A droite, sur les marches de l'église, Frédéric et Ortrude sont accroupis en silence. Dépouillés de leurs biens, mis au ban de l'Empire, ils sont misérablement vêtus. Frédéric tient les yeux baissés, Ortrude, les bras appuyés sur ses genoux, fixe les fenêtres du palais. Que couve-t-elle en ce morne silence ? La phrase rampante qui circule dans les contre-basses et que vient entrecouper lugubrement le motif de défense de Lohengrin, annonce qu'elle médite un sombre dessein. « Lève-toi, compagne de ma honte, le jour ne doit pas nous trouver ici. — Je ne puis partir, répond Ortrude immobile, je suis rivée en place. Dans l'éclat de cette fête, laisse-moi sucer un poison mortel qui mette fin à notre honte et à la joie de nos ennemis. » A ces mots Frédéric se place devant sa femme et, la regardant d'un œil sombre, laisse éclater son désespoir avec son ressentiment. N'est-ce pas elle qui l'a mené là ? Il lui reproche son épée brisée, son blason mis en pièces, son foyer maudit, son honneur perdu, et se jette par terre dans un furieux accès de douleur.

Tout cela laisse Ortrude impassible. Comme tous ceux qui poursuivent leur but avec ce parfait sang-froid que donne la passion concentrée jointe à l'intelligence pénétrante, rien ne la trouble. Ortrude est païenne dans l'âme et païenne fanatique, redoutable exemplaire du caractère du Nord par son côté féroce et implacable. Elle est magicienne par la puissance de la haine et de la fascination. Elle emprunte son énergie à ce culte des forces aveugles de la nature que refoula le christianisme. Reléguée en son castel barbare au milieu d'une forêt sauvage, la fille des chefs Frisons a médité de remonter sur le trône de ses pères, et pour cela elle a jeté les yeux sur le

comte de Telramund. Cet homme est une proie
toute faite pour elle. Ambitieux et hardi, impétueux à l'action, le fond de son caractère est l'a-
mour-propre et le point d'honneur. Les yeux
ouverts, jamais il ne suivrait sa femme dans la
voie du crime. Mais la forte païenne s'est emparée de sa passion dominante et par elle le manie
comme un jouet. Elle règne en maîtresse sur ce
mâle par l'âpre énergie de son propre tempérament et par la supériorité d'un esprit qui voit
juste et calcule tout. A la disparition du jeune
Godefroy, Frédéric avait été sur le point de
demander la main d'Elsa; l'habile Ortrude l'en
avait détourné en lui persuadant qu'Elsa avait
noyé son frère dans un étang de la forêt. Or c'est
elle-même qui avait attiré par ses maléfices l'héritier de la maison de Brabant dans un lieu écarté
et l'avait fait disparaître sans trace.

Maintenant que Frédéric l'accable de reproches
elle lui demande avec un mépris mortifiant s'il
ne sait menacer que les femmes. « Tu m'as menti
et Dieu m'a vaincu. — Dieu ! s'écrie Ortrude
avec un cri si sauvage que son glapissement ironique le fait reculer d'un pas. Appelles-tu Dieu
ta lâcheté? Je vais t'apprendre quel faible Dieu
le protège. Les lumières sont éteintes, viens t'asseoir à mes côtés. L'heure est venue où mon
œil visionnaire doit te luire ! » Ainsi elle l'épouvante, le fascine du regard, l'attire à elle, et l'enveloppant de son haleine comme d'un effluve de
sinistre volupté, elle lui murmure à l'oreille de
nouveaux sortilèges : « Sais-tu bien, lui dit-elle

d'une voix étrange et railleuse, sais-tu bien quel est ce héros qu'un cygne a traîné au rivage? Ce n'est qu'un magicien, qu'un imposteur. Forcé de se nommer, il perdrait sa puissance. Or Elsa seule peut ravir son secret. Éveillons ses soupçons, et c'en est fait de son héros. » Ces paroles, lentement, savamment distillées dans le silence de la nuit, tombent comme des gouttes de feu sur l'âme abattue de Frédéric, y rallumant l'orgueil, la colère et l'audace. Dès qu'il se croit vaincu par la magie et non par Dieu, par imposture et non par vérité, la rage contre son vainqueur le prend à la gorge. Il entre dans les projets de sa femme; tous deux par chemins divers vont assaillir la foi d'Elsa en son sauveur. Au fond, Frédéric doute encore d'Ortrude, mais il se sent en son pouvoir. « O femme que je vois devant moi dans la nuit! si maintenant tu me trompes encore, malédiction sur toi! » Mais elle, le terrassant d'un sombre magnétisme, le ramène, l'entoure de ses bras et lui dit : « Comme tu t'emportes! sois calme et réfléchi!... Ainsi je t'apprendrai les douces voluptés de la vengeance. » Le pacte sinistre est conclu, la femme a conquis l'homme pour l'œuvre ténébreuse. La haine leur sert de lien d'amour, et cette haine, qui laboure leurs poitrines avec une joie âpre et sauvage, se dresse maintenant dans toute sa grandeur. Debout, serrés l'un contre l'autre, ils unissent leurs voix pour une gigantesque imprécation :

> Vengeance, sors forte et terrible
> De la nuit noire de mon cœur;

Vous qu'enchante un sommeil paisible,
Sachez, il veille le malheur [1]

Elsa paraît au balcon, confiant son bonheur aux brises qui lui ont amené le bien-aimé. Ortrude renvoie Frédéric et saisit ce moment pour circonvenir la naïve jeune fille. Elle appelle : « Elsa!... » d'une voix gémissante. Celle-ci, effrayée d'abord, la reconnaît, se laisse prendre de pitié à ses plaintes hypocrites, et descend, accompagnée de quelques femmes portant des flambeaux. Elsa, encore dans l'ivresse de son bonheur, n'ose repousser la malheureuse exilée qui se prosterne à ses pieds. Elle lui offre un asile dans sa propre demeure et lui propose de la prendre dans sa suite le lendemain en allant au dôme. Ortrude accepte avec une feinte humilité. Ici commence le redoutable enlacement par lequel l'âme venimeuse d'Ortrude s'empare de la vierge pure. Les voyageurs de l'Inde racontent que le serpent à sonnette a le don de fasciner le rossignol par le regard et de le faire tomber dans sa gueule en le fixant. Quelque chose d'analogue et de non moins terrible se passe dans la scène qui suit. Elsa donne prise à Ortrude par sa bonté, sa simplicité, l'exaltation même de son amour. Mystérieusement la sombre femme s'approche d'elle et lui chuchote à l'o-

* Ce court duo est chanté à l'unisson de l'octave. L'accord en *ré majeur* sur la note la plus haute de l'imprécation succédant à l'accord en *fa dièze mineur* produit ici l'impression formidable de la joie dans la haine.

reille ces paroles d'un accent incisif : « Ecoute, et laisse-moi t'avertir, ne te fie pas à ton bonheur. Prends garde ! un malheur te menace, laisse-moi le prévenir ! — Quel malheur ? demande Elsa étonnée. — Ah ! si tu pouvais la saisir, l'étrange nature de ton héros. Puisse-t-il ne jamais partir comme il est venu par magie ! »

Elsa tressaille et se détourne ; elle a senti la langue du serpent sans savoir ce que c'est [1] ; mais elle se rassure à l'instant et se retourne avec une noble tristesse pleine de pitié : « Malheureuse, tu ne comprends pas qu'un cœur puisse aimer sans soupçon ! Tu n'as pas connu le bonheur qui vient de la foi sans nuage ! Entre chez moi ! Je veux t'apprendre les joies de la fidélité et t'enseigner ma foi divine, oui, il est une fidélité sans repentir ! » La mélodie qui porte ces paroles exprime la confiance la plus délicieuse, la plus absolue ; elle est imprégnée de cette certitude ineffable qui est la fleur de l'amour vrai. Et pourtant quel frisson douloureux nous saisit quand, au son de cette noble mélodie reprise par les violons, Ortrude entre à demi triomphante dans le palais d'Elsa. C'est le démon qui pénètre dans l'asile de l'ange et semble le punir déjà de sa fatale générosité, de sa confiance sans limites.

Cependant les trompettes des sentinelles qui se répondent de loin en loin du haut des tours an-

---

[1] C'est la première impression fatale, germe du doute, comme le fameux : Cela ne me plaît pas ! du Iago de Shakespeare.

noncent l'aube. Le jour paraît, la scène se remplit de bourgeois et de soldats, le héraut du roi
proclame le mariage d'Elsa avec le nouveau protecteur de Brabant aux acclamations de la foule.
Quand l'animation de cette scène est au comble, —
Elsa, magnifiquement parée, précédée de ses
pages et suivie de ses dames d'honneur, descend du palais pour se rendre à l'église. L'orchestre nous découvre tout ce qu'il y a de religieux et d'amoureux élans dans le cœur de la
vierge passionnée, de pures ardeurs sous ses
yeux que voilent ses paupières. Cette marche
vraiment nuptiale qui peint les émotions d'une
fiancée, s'enfle jusqu'à une majesté retentissante
quand Elsa atteint le seuil du dôme. A ce moment Ortrude, qui marche derrière elle à pas
saccadés, les traits contractés d'une violente
colère, s'élance sur les marches de l'église, se
place devant elle et s'écrie : « Je ne supporte-
rai pas plus longtemps de te suivre comme une
servante ! Partout tu dois me laisser le premier
pas et devant moi te courber humblement ! » La
foule s'indigne, Elsa interdite reste glacée d'effroi ; dans ce désordre, Ortrude lance ses invec-
tives contre le mystérieux chevalier avec des
sifflements de vipère : « Si mon époux a été
banni par un faux jugement, du moins son nom
était-il connu. Quel est le nom du tien? Pourquoi le cache-t-il? Ah ! s'il devait avouer la magie dont il emprunte sa force, tu tremblerais
toi-même pour sa pureté ! « Cette accusation
publique, audacieuse, consterne Elsa. Elle ré-

pond en amante, mais avec le trouble dans l'âme.

Le roi et Lohengrin, qui a changé son armure contre une robe de fête, sont survenus avec un grand cortège de seigneurs brabançons. La présence du chevalier réduit Ortrude au silence. Il prend la main de sa fiancée pour entrer à l'église, mais quand les portes s'ouvrent, Frédéric de Telramund est là qui leur barre le passage. A l'aspect du banni, du condamné, la foule se récrie et les hommes se précipitent sur lui pour le saisir. Il les repousse avec l'énergie du désespoir, et à son tour accuse Lohengrin avec cette conviction dont Ortrude a su le remplir : « Celui que je vois là-bas dans l'éclat de sa gloire, je l'accuse de trahison ! Que sa puissance, qu'il a gagnée par ruse, s'efface comme la poussière devant le souffle de Dieu ! Devant le monde entier je lui demande son nom, sa patrie, son rang, ses honneurs. » Tous restent frappés de ces paroles. Mais Lohengrin répond avec calme « qu'il ne doit compte à qui que ce soit, pas même au roi, de son origine. Ses actions parlent pour lui. Il n'est qu'une personne à laquelle il soit obligé de répondre, si elle l'interroge, Elsa... » Les nobles entourent Lohengrin, l'assurent de leur confiance. Mais que devient la jeune fille ? Clouée sur place, les yeux fixés à terre, le sein palpitant, elle est en proie à la lutte la plus terrible. Le sombre motif d'Ortrude gronde sourdement et se tord dans la basse. Il semble que la vierge effarée cherche à refouler le serpent que la perfide a jeté dans son cœur. C'est le serpent du

doute qui s'y dresse venimeux, meurtrier. Elle
aime toujours, plus que jamais, mais ces accu-
sations répétées coup sur coup ont frappé son
imagination, elle craint tout, elle a peur. Frédéric, qui l'observe, profite de ce moment, se glisse
audacieusement auprès d'elle, et lui chuchote à
l'oreille un moyen de s'assurer de la véritable
nature de son amant : « Il suffirait, dit-il, de lui
arracher la moindre partie de son corps, ne
serait-ce que la pointe de son doigt pour le voir
devant toi tel qu'il est. Alors il te sera fidèle et
ne te quittera plus. Cette nuit je serai là, près
de vous, un signe suffirait, ce sera fait sans
danger. — Jamais ! » dit Elsa avec horreur,
mais elle n'a pu s'empêcher d'écouter le tenta-
teur. A ce moment, Lohengrin s'approche d'elle,
sa vue la fait tomber confuse à ses pieds. D'une
voix terrible il chasse les infâmes, puis se
retournant tristement vers sa fiancée : « Eh
bien ! Elsa, veux-tu m'interroger ? » Honteuse,
elle répond : « Bien haut par-dessus le doute
s'élève mon amour ! » Lohengrin sourit plein de
joie, la marche reprend, et avec elle toute la
majesté de ce bonheur. Au moment où les époux
atteignent le degré le plus élevé de l'escalier qui
conduit au dôme, elle se retourne, et son regard,
plongeant d'en haut dans la foule, voit Ortrude
qui lève contre elle un bras menaçant. Les trom-
bones accompagnent ce geste par le motif de
défense de Lohengrin, qui retentit ici avec une
énergie et une lenteur sinistre. La toile tombe
sur cette menace du destin.

L'introduction instrumentale du troisième acte simule un brillant tournoi. A l'appel des fanfares éclatantes les coursiers piaffent et se cabrent, les chevaliers se croisent comme l'éclair, rompent leur lance et reviennent en place. Mais au milieu de ces éblouissantes passes d'armes, quelle est cette autre fanfare à la fois impétueuse et inquiétante sur le tremblement aigu des clairons élevés? Est-ce l'âme qui dans sa passion funeste se jette en butte au malheur? Voix redoutable, sanglot fatidique, qui sort on ne sait d'où et semble dominer la fête de la vie.

Le rideau se lève sur la chambre nuptiale. Un cortège chantant de femmes amène Elsa d'un côté; de l'autre, le roi, suivi de seigneurs, amène Lohengrin. Les deux époux se rencontrent au milieu de la scène et se tiennent embrassés. Alors les deux cortèges, hommes et femmes, leur chantent l'épithalame. Ce chœur d'une douceur éolienne les laisse comme enveloppés d'un nuage de joie, pendant que les deux cortèges s'en vont chacun de son côté et qu'à leurs voix délicieuses qui se perdent au loin succède un silence plus délicieux encore.

La scène qui se passe alors, est une de celles dont la délicatesse et la profondeur ne sont pas comprises de tout le monde, mais c'est une des plus idéales qui existent sur le théâtre, et lorsqu'on en suit la gradation, sa vérité supérieure apparaît vivante.

Elsa vaincue de félicité a laissé tomber sa tête sur la poitrine de Lohengrin, qui la conduit vers un divan près de la fenêtre ouverte, où ils vont s'asseoir. Ils sont seuls pour la première fois, leur joie est sans mélange et s'exhale en épanchement réciproque ; ardeur contenue, suave expansion, c'est la mélodie même du bonheur. Lohengrin lui demande si elle est heureuse. — « Heureuse? dit Elsa, que je serais froide de m'appeler seulement heureuse! je respire la joie que Dieu seul prodigue. » Sa candeur enflamme Lohengrin; tout entier à la sublimité du sentiment qui les unit, il ajoute : « Nous qui ne nous étions jamais vus, nous nous pressentions. » Avec quel transport Elsa se souvient alors que d'avance elle l'avait *vu* dans son *rêve*. « Quand éveillée je te vis debout devant moi, je reconnus que tu venais par la volonté de Dieu. Alors j'aurais voulu me fondre sous ton regard, enlacer tes pieds comme le ruisseau familier, comme la fleur embaumée des gazons me courber sous tes pas! N'est-ce que de l'amour?... et comment la nommer ma joie inexprimable! Inexprimable, hélas! comme ton nom que je ne connaîtrai jamais! » Dans cette allusion à la défense, l'habileté féminine, la curiosité naissante perce ingénument sous la plus vive tendresse. «Elsa!» dit Lohengrin d'une voix caressante. « Qu'il est doux mon nom, répond la jeune fille, lorsqu'il tombe de tes lèvres, n'entendrai-je jamais le son ravissant du tien? Confie-le-moi, confie-le au silence de l'amour... à nos nuits solitaires... le monde n'en saura rien!...» Pour toute réponse il l'entoure de ses bras, et la rendant attentive au paysage enchanteur étalé sous leurs yeux, aux parfums enivrants qui leur viennent par effluves : « Ainsi, dit-il, ainsi me pénétra ton charme, ma bien-aimée. Qu'avais-je besoin de m'informer de ton être? Mes yeux te virent... et mon cœur te comprit. » Ces paroles sont dites avec cette mélodie pénétrante, cette flamme éthérée dont il brûle pour la vierge. Mais Elsa ne s'apaise point, l'inquiétude, l'ambition de l'amour la travaillent; à son tour elle voudrait souffrir pour lui, le sauver. Plus insinuante, plus pressante, elle chuchote à mi-voix : « Si ton secret était de telle nature que, révélé aux hommes il te portât malheur, et s'il était en ma possession, aucune menace ne me l'arracherait, pour toi j'irais à la mort!... Fais-moi voir qui tu es, prouve-moi ta confiance! » Lohengrin lui répond sévèrement qu'il lui a prouvé sa confiance suprême en croyant à son innocence. Qu'elle reste fidèle à son serment, et elle sera la première des femmes. Puis revenant à sa tendresse brûlante, il lui parle de son amour, lui demande le sien. Cet amour désormais lui tiendra lieu de tout, son regard sera son paradis, son atmosphère sera son royaume. Pour elle il a quitté des grandeurs qui valent toutes les couronnes de la terre. « Car, dit-il, je ne sors pas de la nuit et de la souffrance; je viens d'une patrie de joie et de splendeur! »

A ces mots pleins d'un mystère insondable, la jeune fille bondit haletante de terreur : « Tu regrettes donc le pays que tu as quitté pour moi !... bientôt tu partiras !... je dois compter les jours qui me restent... ah ! tout ton être est rempli de magie !... » Sous ces paroles d'anxiété délirante on entend s'agiter convulsivement le motif d'Ortrude aux allures du serpent ; on dirait une personnalité étrangère qui s'empare de la jeune fille et parle par sa bouche épouvantée. Vainement Lohengrin cherche à la calmer ; les yeux hagards, en proie à une hallucination, elle croit voir déjà le cygne merveilleux, le cygne inexplicable qui l'a amené. « Arrête, tu délires ! — Oui, du délire, et rien ne peut l'arrêter que de savoir qui tu es !—Elsa, que vas-tu faire ? — Dis-moi, infortuné, dis-moi ton nom !... ton pays !... et ta race !... » Au même moment une porte dérobée de l'appartement s'ouvre, Frédéric de Telramund, suivi de quatre satellites armés, entre dans la chambre l'épée nue. Elsa qui le voit venir pousse un cri d'horreur ; à son aspect elle comprend la terrible portée le sa question ; c'est comme si elle voyait devant elle son doute personnifié sous la forme d'un meurtrier ! Elle n'a que le temps de se jeter sur l'épée de Lohengrin posée près du lit nuptial et de la lui tendre en s'écriant : « Défends-toi ! » D'un seul coup Lohengrin étend Frédéric mort à ses pieds, les quatre complices effrayés tombent à genoux Il leur ordonne d'emporter le cadavre devant le roi, et laissant Elsa demi-morte aux bras de ses femmes accourues, il lui promet de lui révéler le secret de sa destinée devant le roi, les nobles et le peuple assemblés.

Le dernier tableau nous remet sous les yeux le paysage du premier acte, la vaste prairie au bord de l'Escaut et le fleuve qui se perd à l'horizon par trois grands circuits. De toutes parts arrivent, suivis de leurs vassaux, les princes de diverses contrées, bannières en tête, fanfares sonnantes. Debout sous le grand chêne, le roi les convoque à une expédition contre les Hongrois. On entend Lohengrin qui a promis de se joindre à eux. Quatre nobles brabançons amènent sur un brancard le cadavre de Frédéric recouvert d'un manteau. Elsa vient de l'autre côté, tête baissée, mortellement triste, suivie de ses femmes; elle n'entend pas les louanges qu'on murmure sur son passage. L'atmosphère s'alourdit, un sombre pressentiment se glisse dans tous les cœurs. Enfin Lohengrin paraît revêtu comme au premier acte de sa brillante cotte de mailles. Il vient seul, grave, à pas lents. D'abord il découvre le cadavre de Frédéric et justifie sa légitime défense, ensuite il accuse Elsa d'avoir manqué à son serment et annonce que, forcé par elle, il va dire son nom et son origine. « Et maintenant vous saurez si je dois craindre la lumière du jour. Devant tout le monde, devant le peuple et le roi, je dévoile mon secret. Écoutez, et dites si ma noblesse est digne de la vôtre ! »

A ces mots le chevalier du cygne se dresse de toute sa hauteur. Un oubli graduel du monde environnant, un ravissement extatique s'emparent de sa personne. Dans le vaste cercle des guerriers pas un bouclier ne bouge. Il s'est fait

autour de lui un silence profond, une solitude
imposante. Ces yeux levés ne voient plus rien de
ce qui l'entoure, une lumière surnaturelle semble resple dir sur sa face et des harmonies trans-
mondaines passent sur sa tête comme un chœur
de génies invisibles, quand il commence son
récit :

« Dans un pays lointain, inabordable, plane un château du
nom de Montsalvat. Là-bas un temple lumineux rayonne, sur
terre il n'est rien de plus merveilleux... »

Ainsi toujours plus transporté, le radieux inconnu va révélant le mystère du Saint-Graal
apporté par des anges à des hommes purs, et
qui confère à ses initiés foi, vaillance et forti-
tude. Il dit ses vertus, ses joies inénarrables,
la force invisible qu'il prête à ses chevaliers, il
dit aussi la loi sévère qui leur impose le mystère et veut qu'une fois leur secret découvert,
ils fuient les yeux profanes.

« Or donc, s'écrie-t-il enfin avec une fierté superbe, vous
tous, écoutez ma réponse. Je suis le messager du Saint-Graal ;
mon père Parcival en porte la couronne ; moi Lohengrin, je suis
son chevalier ! »

En parlant ainsi, il paraît se détacher du
monde. Sa voix pénétrante au timbre argentin,
portée par les suaves harmonies du prélude,
s'échappe comme le soupir mélodieux d'une
félicité céleste. Quand il décrit le lieu où ne
pénètre ni le mal ni la corruption, elle nage en
d'ascétiques ivresses, et lorsque, proclamant

son nom, il révèle enfin sa nature en toute sa majesté sublime, alors on croit voir un moment, sous le retentissement de l'orchestre, le temple du Saint-Graal se dévoiler lui-même en sa splendeur aveuglante, avec ses colonnes de jaspe et ses phalanges invulnérables. Cette scène, cette musique, cet instant sont uniques. Ils donnent le sentiment d'une révélation fulgurante, ils ravissent dans un autre monde, et comme le héros lui-même, de ce transport nous avons peine à revenir sur terre.

Douloureux est ce retour. Sa révélation faite, Lohengrin doit partir. En vain le roi, les nobles cherchent à le retenir, en vain Elsa repentante et désespérée le supplie de rester. Il se tourne vers elle avec une tendresse passionnée, une douleur infinie. Il voulait vouer sa vie, son âme d'élite à ce cœur vierge, mais par son doute fatal elle a détruit à jamais l'édifice de leur bonheur. Il faut qu'il obéisse à la loi de son ordre, qui est aussi la loi de son être, qu'il retourne dans sa solitude pire que la mort après le rêve de l'amour. En brisant Elsa, il se brise lui-même. Déjà le Saint-Graal rappelle son messager, déjà le cygne a reparu sur le fleuve avec la nacelle. Lohengrin l'aborde par la même mélodie dont il lui avait dit adieu au premier acte; reprise ici sur le mode mineur, elle est d'une tristesse navrante. Encore une fois il reprend Elsa dans ses bras pour le dernier, le déchirant adieu; il lui laisse son cor, son épée, son anneau, signes de victoire, d'éternel souve-

nir ! Elle s'est cramponnée à lui et ne lâche prise
que quand ses forces l'abandonnent. Alors il
s'élance dans la nacelle qui l'emporte au milieu
des gémissements de la foule. En le voyant disparaître au dernier circuit du fleuve, Elsa tombe
et rend l'âme [1].

[1] Quoique selon nous, R. Wagner ne soit parvenu qu'avec
Tristan et Iseult à sa plus haute puissance d'expression dramatique, on peut considérer *Lohengrin* comme son chef-d'œuvre à
certains égards, et par la beauté transcendante du sujet, et par
le charme mélodique de l'ensemble. Il y a plus de passion dans
Tristan, plus de richesses dans les *Maîtres Chanteurs*, une
grandeur plus étrange et plus surprenante dans les *Nibelungen*,
mais aucune de ses œuvres n'atteint celle-ci par l'élévation du
sentiment et la pureté des lignes. Elle nous laisse dans l'âme
une harmonie supérieure. L'unité de conception et de style y est
si parfaite, qu'on se demande si les paroles ont été faites pour la
musique, ou la musique pour les paroles ; on dirait qu'au plus
haut degré de l'expression poétique la parole toute vibrante
d'âme et de passion se fait mélodie d'elle-même. Le chant devient
comme la versification de la tragédie ; loin d'entraver la marche de l'action, il ne la rend que plus saillante ; témoin la
grande scène du troisième acte entre Elsa et Lohengrin. D'autre part les chœurs ne sont plus de lourdes masses manœu-
vrant avec un ensemble machinal au signal du chef d'orchestre,
ce sont des individualités flexibles, impressionnables, toujours
en mouvement. Elles prennent à l'action une part incessante,
leur manifestation est prodigieusement variée et va de la simple apostrophe jusqu'à l'épanchement lyrique. Le grand chœur
à huit parties qui précède et accompagne l'arrivée du héros au
premier acte, dont l'effet scénique est extraordinaire, est un
exemple frappant d'un chœur dramatique entièrement fondu à
l'action.

Pour ce qui est de l'orchestration, on remarque la division très
nette que le compositeur fait de l'orchestre en trois groupes différents : celui des instruments à cordes, des instruments à vent
et des cuivres. Au lieu de les réunir ou de les partager selon
des exigences conventionnelles ou arbitraires, il les réunit ou les
partage par corps, appropriant soigneusement le caractère des
timbres à celui des situations et des personnages. Quant aux
motifs dominants, qui jouent déjà un rôle capital dans *Tannhœuser*, ils sont plus significatifs encore dans *Lohengrin*. Ils constituent l'unité de la trame musicale. Par une combinaison aussi
intelligente que hardie, au moyen de plusieurs phrases princi-

Tel est ce drame de l'amour dans l'idéal
revêtu des splendeurs du mythe chevaleresque.

pales, le compositeur a serré un nœud mélodique dont le réseau
harmonieux et flexible enveloppe tout le drame. Ces phrases
révélatrices agissent comme des charmes étranges. Elles sont
si originales qu'au bout d'une mesure on les distinguerait entre
mille et qu'on en reconnaît tout de suite l'intervention mystérieuse ou le léger tressaillement dans le grand courant symphonique de l'orchestre. Les plus importants de ces motifs repré-
sentent et vivifient les grandes puissances morales, les passions
des personnages, le sentiment fondamental de leur âme d'où
découle pour ainsi dire leur caractère, leur conduite et toute leur
vie. Ainsi le thème religieux du Saint-Graal, dont le prélude n'est
qu'un développement, est comme un fond d'or sur lequel se détache la figure lumineuse, héroïque de Lohengrin, l'atmosphère
éthérée qui l'enveloppe, la haute, silencieuse et sainte solitude
d'où il descend vers les chaudes régions des passions terrestres.
Tous les autres motifs qui caractérisent le fils de Parcival ont
une parenté secrète avec cette phrase mystique, la mélodie ne
revient que rarement comme pour nous faire sentir que les sentiments les plus divins illuminent la vie de l'homme de rayons
fugitifs. Elle perce déjà, suave et rêveuse, sous forme de vision
lointaine, dans le premier chant d'Elsa qui attend son défenseur
et qui le pressent. Elle s'exhale alors plus douce et plus pure
qu'une brise alpestre dans l'air lourd et orageux de la plaine,
et fait courir dans la chevelure de la vierge accusée, mais belle
d'innocence, le souffle d'un autre monde. Elle reparaît à de longs
intervalles chaque fois que Lohengrin fait allusion à sa mission.
Ce sont toujours les violons qui jouent cette modulation. A la fin
seulement, quand il révèle son origine, elle est attaquée par les
cuivres et l'orchestre entier.

A ce chant céleste qui toujours triomphe sans effort et par sa
seule présence, s'oppose le motif infernal d'Ortrude, dessiné
ordinairement par les violoncelles. Cette phrase rampante et
perfide sort comme un serpent des profondeurs les plus ténébreuses de l'âme. Dans le duo entre Ortrude et Frédéric, elle
s'enroule autour du malheureux et l'étreint de ses anneaux;
dans le dialogue avec Elsa, quand Ortrude lui insinue que
Lohengrin pourrait bien n'être qu'un magicien et qu'un imposteur, elle remue à chaque instant dans les bas-fonds de l'orchestre; tantôt elle se traîne et brame sourdement, tantôt elle se
redresse avec des sifflements de vipère. Elle se glisse subtile et
tortueuse jusqu'à l'âme innocente d'Elsa et mêle son venin et
ses rêves d'amour; elle ne recule que devant Lohengrin. De là
l'intérêt psychologique qui s'attache au développement, aux
transformations, aux combinaisons, aux réminiscences multiples

La foi en est la fleur, le doute en est le lien subtil. Type d'une douceur, d'une suavité fragrante, Elsa nous apparaît dans son exaltation comme la plus passionnée des songeuses. Par sa pureté, sa ferveur, la vierge a eu la force de pressentir et d'attirer le chevalier du Saint-Graal, elle n'a point celle de le retenir. Comme Ève, comme Pandore, comme Psyché, elle veut savoir, pénétrer le mystère. Le voile qu'elle déchire est plus frêle et encore plus délicat que le voile de la vie ou le voile de l'amour; c'est le voile de l'idéal, du divin mystère qui lui est apparu en son sauveur.

Nous touchons ici à un ordre de sentiments essentiellement moderne et généralement étranger à l'antiquité, du moins la poésie antique ne l'a-t-elle point exprimé. Mais le génie grec, qui devina tout, l'avait indiqué dans le mythe d'Éros

et toujours significatives de motifs aussi caractéristiques. Ce ne sont pas de froids symboles, de simples moyens mnémotechniques; ce sont des thèmes étonnamment persuasifs que l'imagination du compositeur varie sans cesse selon les exigences du moment et l'intensité du sentiment. Grâce au tissu de ces motifs, on surprend les impulsions secrètes du cœur avant que la parole ne les confirme. Les somnambules qui ont la double vue, voient à découvert l'âme de ceux dont elles saisissent la main. L'orchestre de R. Wagner nous donne une sensation analogue, car il fait plonger nos regards jusqu'au fin fond des hommes qui se meuvent sur la scène, et par ses révélations incessantes nous rend complices de leurs sentiments les plus intimes, de leurs projets les plus cachés.

Les représentations de Lohengrin à Bayreuth de cette année 1894, sous la direction de Mme Wagner, ont offert un modèle incomparable d'exécution et de mise en scène. Elles ont montré à quelle intensité de vie dramatique, à quel degré de beauté idéale et cependant naturelle, l'orchestre de Wagner peut pousser le geste humain et le groupement plastique dans la figuration des chœurs, tableaux vivants, mobiles et toujours saisissants.

et de Psyché, le mythe de l'amour et de l'âme. Platon, ce grand révélateur de l'idéal transcendant, qui, au sommet de l'antiquité grecque, a vu les aurores de tous les temps, a été le premier à le définir et l'a célébré royalement dans son *Phèdre* et son *Banquet*. La chevalerie l'introduit dans la société, et la vie le varie en mille légendes. Richard Wagner en a le premier exprimé le côté tragique, émouvant, humain, en cette œuvre. Le destin de Lohengrin n'est-il pas celui du héros, du prophète, du génie en ce monde, et surtout dans notre monde moderne, si grand par la science, si petit par la foi? Psyché inquiète ou songeuse Elsa, l'âme humaine pressent son idéal dans son rêve inconscient, l'appelle dans sa détresse. Un jour il vient, et lui demande : Qui es-tu? — Ne t'ai-je pas cherchée, aimée, sauvée? répond-il; me voici, que faut-il de plus? — Prouve-moi qui tu es! — Tristement il s'évanouit et retourne dans sa solitude.

Oui le Beau, le Sublime, le Divin pressenti des purs nous viendra toujours d'une sphère inconnue, d'une région impénétrable de l'Esprit et de la Nature. Toujours il passera dans l'humanité avec l'éclat du merveilleux et sous le voile du mystère. Dans ses rares apparitions, sa destinée sera toujours d'être haï des vils, combattu des méchants, nié des sceptiques, soupçonné des faibles. Peu sauront l'aimer, combien peu le retenir! Mais y croire sera toujours le privilège des grandes âmes; l'affirmer, le choix des forts. Ainsi nous affirmons l'Idéal, nous savons qu'il existe dans une sphère inattaquable, nous sentons qu'il est l'Être des êtres. Qu'un seul rayon nous en frappe, nous le saluons avec transport, et lorsqu'il a disparu, il s'affirme encore en nous d'un immortel ressouvenir.

V

RÉVOLUTION, EXIL ET MONDE NOUVEAU

> Là où autrefois l'artiste désespéra, là
> commencèrent la politique et la philoso-
> phie ; là où aujourd'hui la politique et le
> philosophe désespèrent, là recommence
> l'artiste
>
> RICHARD WAGNER.

Dès sa première affirmation Richard Wagner
s'était écarté des traditions de l'opéra. D'année
en année, d'œuvre en œuvre, il devait s'en éloi-
gner davantage. S'il avait innové, c'était jusqu'ici
moins encore par la forme que par le fond : car
sa poésie avait autant et plus de hardiesse que sa
musique, ses aspirations étonnaient plus encore
que ses œuvres, et ses espérances causaient plus
de scandale que ses actions. Impénétrable dans
la conception comme dans l'exécution de ses œuvres, il y vivait puissamment concentré en un
monde à part, s'y enfermait quand il pouvait des
semaines et des mois, ou s'échappait dans les
montagnes de Bohème pour rêver à des plans
nouveaux. Mais sitôt qu'il paraissait au théâtre,
c'était un autre homme. Il y déployait alors cette
activité incroyable et ce don d'ubiquité dont ceux-
là seuls se font une idée qui l'ont vu à l'œuvre.
Personne comme lui ne savait enflammer les

acteurs. Quand la pièce lui paraissait digne d'un grand effort, lors même qu'elle ne rentrait pas dans son genre, s'il s'agissait, par exemple, de la *Vestale* de Spontini, du *Freichütz* de Weber ou de la *Muette* d'Auber, rien ne lui coûtait pour obtenir une exécution parfaite. Possédant le génie du drame, il s'occupait de tout, songeait aux moindres détails. Depuis les contre-basses jusqu'aux premiers violons, depuis les choristes jusqu'à la première chanteuse, personne n'échappait à son œil d'aigle. Protée infatigable, démon omniscient du théâtre, il se faisait tour à tour et à la même minute chef d'orchestre, machiniste, régisseur. Il fallait ou quitter la partie, ou subir ses volontés ardentes. Il obtenait ainsi des représentations d'un éclat et d'un ensemble extraordinaires. Le public les accueillait avec joie; mais derrière les coulisses que de réclamations, de difficultés et d'entraves ! Les grands talents étaient entraînés, mais les chanteurs ordinaires murmuraient, et l'intendant royal directeur du théâtre regimbait quand il ne tremblait pas. Flairait-il en cet homme hardi et qui ne doutait de rien quelque chose de dangereux qui ébranlait sa maison dans ses fondements? Le fait est que de ses moindres entreprises et de toute sa personne se dégageait un esprit d'impatience, de réforme et de bouleversement qui avait lieu d'inquiéter sérieusement les gardiens jaloux de l'opéra et de tout le train de vie qui s'y rattache.

Pour tout dire, son genre d'inspiration, sa conception même de l'institution théâtrale était en contradiction flagrante avec la société et le théâtre contemporains. Car il ne concevait pas le théâtre comme l'humble servant de la société, le flatteur docile de ses instincts et de ses fantaisies passagères, mais comme un initiateur indépendant, d'ordre supérieur ; il le rêvait comme une institution entièrement désintéressée, organisée soit par l'État, soit plutôt par la libre association d'une élite, institution également élevée au-dessus des exigences de la plèbe et des caprices de la mode raffinée, et se donnant pour but de réaliser la plus haute idée de l'art. Les théâtres existants, l'opéra tel qu'il est organisé de nos jours pouvait-il servir de base à une institution semblable ? Les conditions de son existence actuelle étaient-elles compatibles avec cette idée ? Pouvait-on le transformer en l'épurant et l'amener insensiblement au but voulu ? Il le crut d'abord, bientôt il en douta, et enfin en reconnut l'impossibilité ; sept ans d'expérience l'avaient éclairé. L'édifice, selon lui, péchait par la base. En effet, les théâtres actuels sont avant tout des entreprises industrielles et se trouvent, vis-à-vis de la grosse masse du public, dans un état de dépendance qui passe aux yeux de tout le monde pour un axiome esthétique, mais qui n'en est pas moins funeste à l'art. Dans les dernières années de sa carrière de Dresde, Richard Wagner se trouvait donc dans une fausse position. Car en sa qualité de maître de chapelle, il représentait officiellement une institution avec laquelle il se sentait intérieurement brouillé. La rupture ouverte était imminente à ses yeux, puisqu'elle était déjà accomplie au dedans de lui-même. Sa destinée l'y poussait; il l'attendait, la cherchait peut-être, quand la révolution de 1849 éclata à Dresde. Il saisit cette occasion pour la rendre irrémédiable.

Le signe distinctif de cet artiste extraordinaire a toujours été la domination exclusive, absolue d'une idée sur toute sa vie. C'est plus qu'une obsession, c'est une possession complète; tout le reste y est subordonné, sacrifié. La révolution de 1849 en Allemagne, contrecoup de celle de 1848 en France, ne lui apparut qu'au point de vue de cette idée. Remontant de l'effet à la cause, il avait cherché dans la société même la raison de la corruption de l'art théâtral. Une forte commotion venant des profondeurs du peuple lui sembla l'unique moyen de secouer la torpeur des classes supérieures, et la destruction du présent, le chemin le plus sûr d'une régénération prochaine [1]. Il s'abandonna d'autant plus volontiers à cette illusion, qu'il était fatigué de son milieu et las des compromis auxquels le forçait sa position. D'autre

---

[1] Dans ses vues sur la politique et sur l'art, Richard Wagner était alors un révolutionnaire complet. Ses idées politiques, qui d'ailleurs furent toujours déterminées par ses vues d'artiste, changèrent considérablement dans la suite. Ses idées sur l'art, le drame, le théâtre, n'ont jamais varié dans le fond et ne subirent que de légères modifications. Mais on peut dire en somme que plus tard l'idée de réforme prévalut sur celle de révolution dans sa pensée.

part, lui le révolté de l'idéal ne se défendait pas d'une secrète sympathie pour le révolté de l'instinct, le peuple. Bref, il se jeta très avant dans le mouvement de Dresde, qui fut de courte durée. A l'entrée des troupes prussiennes dans la ville, Richard Wagner, désigné comme insurgé par quelques discours tenus en public et par ses relations avec plusieurs chefs de l'insurrection, fut poursuivi avec eux. On en saisit, on en fusilla plusieurs, d'autres s'échappèrent. Il fut du nombre et se réfugia en Suisse.

Il était donc proscrit, et son exil devait durer plus de dix ans. Encore une fois, comme à son départ de Riga, il avait rompu violemment toutes ses attaches avec le passé, mais il respirait plus librement. « Je ne puis comparer à rien, dit-il, le sentiment de bien-être qui me pénétra quand je me sentis délivré d'une foule de désirs martyrisants et toujours inaccomplis, détaché d'un milieu où ces désirs avaient été ma seule, ma consumante pâture, quand proscrit je n'étais plus forcé à aucun mensonge, quand j'eus rejeté derrière moi toutes ces espérances qui me liaient à ce monde maintenant vainqueur. Alors, pour la première fois de ma vie je me trouvai libre, sain, joyeux, quoique je ne susse pas où je devais aller le jour suivant pour pouvoir respirer l'air pur du ciel. » D'où venait à l'exilé cette tranquillité et cette assurance ? Ne savait-il pas que pour longtemps, peut-être pour toujours, les portes de tous les théâtres resteraient fermées pour lui ? N'avait-il pas détruit jusqu'à la possibilité de réaliser son rêve en brisant tous ses liens? N'allait-il pas, en s'affirmant quand même, devenir la cible de la critique, la risée de la foule et le désespoir de ses amis? N'appelait-il pas sur sa tête les colères de la société qu'il attaquait, ne le marquerait-elle pas d'un signe de réprobation en le nommant une fois pour toutes novateur chimérique et utopiste insensé? Il savait tout cela, mais il croyait à son idée. Ses œuvres, et surtout son *Lohengrin* (non encore représenté), prouvaient sa puissance créatrice. Après tout, il pouvait se dire qu'il avait du drame musical une conception plus vive, de la mission de l'art une idée plus haute qu'aucun de ses contemporains. S'il avait contre lui le présent, il avait pour lui les plus nobles efforts du passé. Inébranlable dans cette conviction, il y puisait une force inconnue à ceux qui dépendent des applaudissements de la foule.

Accueilli à Zurich par un cercle d'amis généreux, il put s'abandonner plus librement que jamais à son inspiration. Les dix années suivantes furent les plus fécondes, les plus inventives de sa vie. D'abord il voulut dire toute sa pensée. Le torrent longtemps contenu fit irruption, rompit toutes les digues. Il y a toujours une part de violence et d'exagération dans les reproches qu'un réformateur hardi adresse à son temps. A l'enchaînement fatal des imperfections, des faiblesses humaines, qui constitue la logique sociale, il oppose sans ménagement la logique de son idéal. Mais rien de grand ne se fait sans ces forts partis pris, sans ces âpres luttes. Trois œuvres théoriques d'une haute importance se succédèrent rapidement. *L'Art et la Révolution* (1850) était un défi lancé au présent. Dans *l'Œuvre d'art de l'avenir* (1850) il affirmait le drame musical à sa plus haute puissance, en faisait le panthéon de tous les arts réconciliés et harmonieusement fondus pour la glorification de l'homme. Dans *Opéra et Drame* (1851), son étude la plus complète sur ce sujet, il en recherchait le fil dans le passé. On lira toujours avec intérêt ces pages parfois étranges, toujours profondes, où la pensée fougueuse d'un artiste convaincu prend possession de son monde, déborde sur le passé, envahit l'avenir. L'idée qu'il se forme de l'art est si puissante et si élevée, qu'il y voit le grand, le seul moyen d'une régénération sociale, et qu'il prend pour devise d'un de ces écrits les paroles suivantes : « Quand jadis l'art se tut, la science politique et la philosophie commencèrent; aujourd'hui, au point même où le politique et le philosophe sont à bout, l'artiste recommence. » On aurait tort de croire que ces œuvres furent le produit d'une réflexion savante. La structure rigoureusement philosophique du livre sur l'opéra et le drame, où les pensées s'enchaînent comme les mailles d'un réseau d'acier, pourrait faire illusion à cet égard. Mais les vues nouvelles qui s'y ouvrent, ces traits de lumière qui percent le sujet de part en part, cette conscience profonde, unique des rapports de la musique et de la poésie, sont choses qui ne pouvaient justement se rencontrer que dans un artiste créateur, et qu'un critique ou un pur penseur n'eût jamais trouvées. L'action d'ailleurs avait précédé la pensée, la création était venue avant la théorie. Celle-ci n'était que le résultat de l'expérience, l'expression raisonnée d'un sentiment souverain, la traduction philosophique d'une vision éclatante, cherchée par l'énergie du désir, trouvée dans le feu de l'inspiration.

La vraie spontanéité ne se rencontre qu'aux deux extrêmes de l'échelle humaine, dans la vie cachée en la nature et dans la pleine conscience de soi. Il en est de même dans l'art ; à son plus haut degré il rejoint la naïveté primesautière, en retrouve l'essor centuplé d'une volonté puissante. Pour le grand artiste, l'heure de la forte maturité est en même temps celle d'une seconde jeunesse et d'une liberté suprême. La foi de Richard Wagner était devenue une certitude. Le monde de l'harmonie et celui du drame étaient parvenus dans son cerveau à une si intense pénétration, qu'avec cette double force rien ne lui semblait plus impossible. C'est alors qu'il aborda la tétralogie des *Niebelungen*, dont il avait déjà esquissé le poème, œuvre gigantesque, comprenant quatre drames successifs qui forment un tout et résument, en le renouvelant de fond en comble, le vieux mythe germanique. L'œuvre était conçue en de si vastes proportions, supposait un ensemble de conditions telles, qu'il ne pouvait espérer alors la voir jamais représentée. Pourtant il y vivait, s'y plongeait sans réserve. Cette persévérance a scandalisé beaucoup de gens ; mais il faut que notre temps s'y résigne, il y a encore des hommes qui se passent de ses suffrages et qui préfèrent la loi de leur propre nature à celle du succès. Il travailla donc à ses *Niebelungen* plusieurs années consécutives, soutenu par la force du premier élan. Il acheva ainsi l'*Or du Rhin,* la *Walkure,* et commença *Siegfried.* Puis soudain une autre image se présenta à ses yeux, s'imposa souverainement. Il quitta les *Niebelungen* pour se jeter dans *Tristan et Iseult.* Nous y trouverons l'expression la plus énergique de sa nouvelle conception du drame musical.

VI

TRISTAN ET ISEULT

> **Philtre terrible !**
>
> TRISTAN.
>
> Fratelli, a un tempo stesso, Amore e Morte
> Ingenerò la sorte.
> Cose quaggiù si belle
> Altre il mondo non ha, non han le stelle.
>
> LÉOPARDI.

Cette œuvre de passion profonde, fougueuse
et concentrée, semble née de fortes émotions
personnelles, quoiqu'elle se meuve comme les
autres dans une région bien supérieure à la réalité. Expression libre, audacieuse et spontanée
du génie de Wagner, c'est le plus émouvant, le
plus humain des drames, mais transfiguré par
la double magie de la grande Songeuse : la
Légende, et de la grande Enchanteuse : la Musique.

Tristan et Iseult ! Ces deux noms à jamais
entrelacés rappellent un monde à demi oublié
aujourd'hui, jadis bien vivant. Pendant des siècles ils ont volé sur les lèvres des hommes, des
harpeurs gallois aux trouvères anglo-normands,
de ceux-ci aux trouvères français, d'où ils passèrent dans tous les pays d'Europe. De même
que la légende du Saint-Graal représentait la

chevalerie religieuse, la conquête mystique de l'amour divin, celle-ci représentait la chevalerie mondaine, c'est-à-dire la noblesse humaine mise au service de l'amour terrestre, de l'amour passion, souverain des cœurs. Bardes bretons, ménestrels et troubadours célébrèrent à l'envi les nombreuses aventures de Tristan, neveu du roi Mark, et de la reine Iseult, le philtre qu'ils burent ensemble, leurs amours à la cour du roi, leur retraite et leur vie délicieuse dans la grotte des géants, dans *la fossure à la gent amant*, leur séparation cruelle par l'exil de Tristan, la traversée d'Iseult pour le rejoindre, et enfin la mort qui les unit. Le fond de cette légende, qui est peut-être le produit le plus original de l'ardent génie celtique, c'est cet amour-philtre, fatal, irrésistible, qui lie irrévocablement deux êtres, l'amour vainqueur de tout, de l'honneur, de la famille, de la société, de la vie et de la mort, mais qu'ennoblit sa grandeur et sa fidélité. Car il porte en lui-même son châtiment et sa justification, sa religion et son univers, l'enfer et le ciel, la suprême douleur et la suprême consolation. « L'amour, dit Gotfrit de Strasbourg, joint dans le même cœur douce peine et joie amère, félicité et noire détresse, néfaste mort et vie divine. »

Sortie du pays de Galles, la mystérieuse patrie des mythes celtiques, née peut-être d'un fait historique, la légende de Tristan et d'Iseult a pour théâtre l'Irlande, la Cornouailles et la Bretagne française. C'est la fleur sauvage de ces grandes

Iles et presqu'îles extrêmes du continent, qui de
leurs promontoires et de leurs récifs s'avancent
dans l'immense Atlantique, perpétuellement assail-
lies de ses flots. Elle a les séductions et les tempêtes, le rêve infini et les sombres fureurs des
mers qui enveloppent la verte Érin. Aussi combien cette histoire vécut dans les mémoires humaines ! Du vi° au xiii° siècle elle occupe les imaginations. On disait alors : Être aimé comme
Tristan ; il n'y avait rien au-dessus. Plus tard,
ces noms si souvent répétés s'effacent des souvenirs et passent encore comme l'écho d'un charme
évanoui sur l'humble harpe des derniers chanteurs bretons. On dit que le peuple de Cornouailles les a retenus et qu'il montre toujours dans le
couvent de Marie, à Tintaïoël, le tombeau des
deux amants. De ce tombeau, s'il faut en croire
les vieux récits, s'élevèrent autrefois un lierre et
un rosier qui enlacèrent étroitement leurs feuillages. Etait-ce un rosier portant feuilles de lierre
ou un lierre portant fleurs de roses ? On ne savait,
mais on n'eût pu les séparer sans les détruire.

Ainsi vivent, ainsi meurent les légendes. Mais
non moins merveilleuses que leur naissance et
leur mort sont leurs résurrections. Le génie seul,
il est vrai, peut secouer leur sommeil séculaire.
Mais à son appel elles en sortent parfois avec
une force et une jeunesse surprenantes. C'est ce
qui est arrivé pour Tristan et Iseult. Conservant
les données principales et le fond même du récit,
Richard Wagner l'a refondu, clarifié, agrandi.

Rejetant, selon sa coutume, les aventures sans fin et tous les accessoires du roman, il s'est placé du premier bond au centre même du mythe, et de ce point générateur a recréé de fond en comble les caractères et l'organisme de son drame. Si jamais tragédie fut écrite pour la scène, c'est celle-ci. Chaque geste y parle, chaque mot y agit. Tout y est plastique, ramassé en peu de paroles, mais d'autant plus puissante déborde dans la musique la vie torrentielle qui l'anime. Verbe et mélodie se mêlent impétueusement dans le grand flot de l'harmonie, dans le fort courant de l'action. Les trois actes d'une simplicité grandiose, ne sont, à vrai dire que trois scènes gigantesques, dont chacune se précipite irrésistiblement vers son but, et qui entraînent, confondent deux vies en une seule destinée. Les chœurs ont disparu ; plus de scéneries muettes, plus de figurants. Les trois ou quatre personnages principaux occupent toute l'attention et se détachent vivants et fiers sur un fond nuancé de riches couleurs. Nous sommes loin de la chevalerie des romans, dans un monde à la fois plus primitif et plus nouveau, où circule un souffle de libre humanité.

Le drame commence au moment décisif où l'action se noue. Puissant est son début, rapide sa marche, le conflit éclate aux premières scènes. Pour plus de clarté, reprenons en deux mots les évènements qu'il présuppose.

Selon la légende, la fatalité de l'amour avait déjà présidé à la naissance de Tristan. La des-

tinée de son père et de sa mère fut l'image de
la sienne : un jour radieux qui finit en sombre
orage. Blanchefleur, sœur du roi Mark, aima
Rivalin, chevalier breton, venu à la cour de Cornouailles, et qui mourut peu après. Pour cacher
le fruit de ses amours secrètes, elle dut s'enfuir
en Bretagne, dans le château de son ami défunt.
C'est là que Blanchefleur, délaissée, protégée
seulement par un fidèle serviteur de Rivalin, mit
au monde le fils de son désir et de sa douleur.
Elle le nomma Tristan, et rendit le dernier soupir en lui donnant le jour. L'orphelin grandit
dans le château de son père, sous la garde du
bon Kourvenal [1]. Il était né avec les dons qui
séduisent et entraînent : force, beauté, générosité, âme ardente et courageuse, prodigue de
son sang et de sa vie. Son instinct le poussa dans
le vaste monde. De bonne heure il quitta le château paternel pour se rendre à la Cour de Cornouailles. Quand le roi Mark, monarque pacifique et débonnaire, reconnut en lui l'enfant de sa
sœur, il se prit pour lui d'une tendresse profonde et le traita comme son fils. Bientôt Tristan
se fit connaître par un acte héroïque qui lui
gagna la faveur du peuple, la reconnaissance du
roi, et fit de lui le premier chevalier du royaume.
Depuis longtemps la Cornouailles était tributaire
de l'Irlande. Tous les ans Morold, frère du roi
de ce pays, fort et redoutable guerrier, venait
réclamer ce tribut. Tristan le refusa, défia Mo-

Le nom français est Gouvernail. Wagner a pris les noms et
les données dans la version allemande de Gotfrit.

rold, le tua en combat singulier, et délivra ainsi
la Cornouailles d'un joug honteux. Cependant il
avait emporté de ce combat une blessure dangereuse. Nul ne savait l'en guérir, il dépéris-
sait à vue d'œil. Une seule le pouvait, disait-on,
mais c'était sa plus mortelle ennemie, la nièce
même de ce Morold, son adversaire malheureux,
Iseult, la royale héritière d'Irlande. Initiée par
sa mère dans la science des philtres et des baumes, elle jouissait au loin du renom de magicienne. Tristan n'ayant plus d'autre chance, ris-
qua l'aventure. Il passa la mer dans une pauvre
barque de pêcheur, déguisé en harpeur breton,
aborda au château d'Iseult, se présenta à elle
sous le nom de Tantris et lui demanda son aide.
La fière Iseult, touchée de son sort et de son
état misérable, l'accueillit avec bonté, le cacha
dans une chambre secrète du château royal et
le soigna de son mieux. Un jour qu'elle venait
de panser sa blessure, elle se mit à examiner
l'épée que Tristan avait emportée, et y découvrit une brèche. Aussitôt un soupçon traversa
son esprit comme l'éclair. Elle se souvint qu'on
avait trouvé dans la tête de Morold un éclat de
fer qu'y avait laissé l'épée du vainqueur. Elle
courut chercher ce fragment et l'appliqua à l'é-
pée ébréchée; ils s'ajustaient à merveille ! L'audacieux qui avait osé se glisser auprès d'elle et
qu'elle soignait avec tant de dévouement était
donc non Tantris, mais Tristan, le meurtrier de
son oncle ! Saisie d'une grande colère, elle leva
l'épée sur lui pour le frapper. Son regard alors

rencontra celui de Tristan couché, faible et malade devant elle, et soudain Iseult la superbe
sentit faiblir son bras et laissa tomber l'épée de
ses mains sans mot dire. Elle continua de le soi-
gner fidèlement. Bientôt il fut guéri, et jura en
partant reconnaissance éternelle à sa bienfai-
trice.

De retour à Tintaïol, Tristan raconta au roi
son oncle cette aventure surprenante et ne tarit
point d'éloges sur la beauté, le charme et les
vertus d'Iseult. Entendant cela, les nobles du
pays, *tous jaloux de lui*, et redoutant en sa personne un héritier présomptif, supplièrent le
vieux roi de demander la main de la belle
Iseult, afin de sceller la paix entre les deux
royaumes et de donner un successeur au trône
de Cornouailles. A cette proposition, Tristan
garda le silence et le roi parut hésiter. Mais les
nobles insistant, accusant son neveu d'ambition,
Tristan, piqué au vif, jaloux par-dessus tout de
son honneur, s'offrit lui-même à faire le voyage,
à demander la main d'Iseult pour son oncle et à
lui amener l'héritière d'Irlande. Le roi se laissa
persuader. Un grand navire fut frété, qui partit
sous les ordres de Tristan. En Irlande, tout le
monde accueillit avec joie la demande pacifique
du héros redouté. Une seule en resta atterrée,
ce fut Iseult. Avait-elle conservé sa haine contre
le vainqueur de son oncle, ou ne s'attendait-elle
pas à voir revenir orgueilleusement sur un vaisseau de haut bord, sous l'éclat du blason royal,

celui qu'elle avait soigné dans le silence d'un profond mystère ; à se voir livrer à un autre par celui dont elle avait si généreusement sauvé la vie ? Froissée dans son orgueil, blessée au cœur, elle ne trahit rien cependant des sentiments terribles qui grondaient en elle. Froide, impénétrable, elle parut accepter son sort avec indifférence et résignation, quitta ses parents sans dire une parole, sans verser une larme, monta sur le navire de Tristan, suivie seulement de sa fidèle servante Brangienne, et y resta sous sa tente, renfermée en elle-même, muette comme une statue, tout un jour et toute une nuit.

C'est ici que Richard Wagner fait commencer le drame. Tous les évènements antérieurs, tous les motifs de la légende, il les a renforcés et concentrés comme des rayons épars en un foyer ardent. La tension est au comble, le choc est imminent entre deux êtres également forts, nobles, conscients, maîtres d'eux-mêmes. Le navire qui les porte va droit à son but ; aussi sûre, aussi inflexible est la destinée qui les sépare. Mais non moins inflexible, non moins sûre est cette autre destinée intérieure qui les rapproche fatalement, le charme insinuant de cette magie d'amour qui sort de l'abîme de leur propre nature et que le prélude nous fait pressentir comme un orage menaçant. Fatalité du dehors, fatalité du dedans, telle est la situation au début.

Au moment où le rideau se lève, le navire

vogue à pleines voiles sur une mer calme, par
une journée splendide. Iseult est couchée sur un
lit de repos, la tête enfoncée dans les coussins,
à l'abri d'une vaste tente aux riches tapisseries,
dressée sur le pont du navire, dont la largeur
prend toute la scène. Un matelot invisible chante
en haut dans les cordages :

> Vers l'occident vaguent mes yeux,
> Vers l'orient court le navire.
> Frais souffle le vent devers la patrie
> Fille d'Erin, où donc es-tu ?
> Est-ce le vent de tes soupirs
> Qui gonfle ainsi mes voiles ?
> Ah ! souffle, souffle, vent des mers,
> Je souffre, souffre, belle enfant,
> O fille d'Erin,
> Sauvage, amoureuse enfant !

Iseult tressaille, lève la tête, jette autour d'elle
des yeux hagards, et croyant que cette triste
cantilène s'adresse à elle, s'écrie : « Qui ose me
railler ? Brangienne, où sommes-nous ? » Brangienne soulève les tentures à droite, du côté de
la mer : — « Des bandes bleuâtres se lèvent à
l'ouest, rapide et léger cingle le navire; avant
le soir, bien sûr, nous atteindrons la terre. —
Quelle terre ? — La verte rive de Cornouailles.
— Jamais ! ni aujourd'hui, ni demain ! — Qu'entends-je, ma reine ? dit Brangienne effrayée.
Iseult alors se lève, et sortant pour la première
fois de son silence obstiné, pâle, défaite, les
cheveux épars sous le royal cercle d'or qui
ceint son front, donne cours à ses émotions
tumultueuses.

Iseult.

> O race abâtardie,
> Indigne des aïeux !
> Qu'as-tu fait, ô ma mère,
> De ta fière puissance
> Qui régnait sur les flots, les tempêtes ?
> Ah ! pauvre artifice
> De la magicienne,
> Qui ne fait bouillir
> Que philtres et que doux breuvages !
> Réveille-toi donc,
> Force hardie,
> Du fond de ma poitrine
> Où cachée tu dormais !
> Écoutez, vents trembleurs,
> Arrivez, je le veux !
> Accourez pour la lutte
> Et le choc des bourrasques,
> Tourbillons mugissants,
> Ouragans furieux !
> Secouez dans son gouffre
> Cette mer qui rêvasse,
> Éveillez dans l'abîme
> Sa soif dévorante,
> Montrez-lui le butin
> Que je livre à sa rage.
> Qu'elle brise en morceaux ce navire insolent,
> Ses débris, que les flots l'engloutissent !
> Ce qui vit dans ses flancs,
> Ce qui marche et respire,
> Je le laisse aux vents fous pour salaire !

Tel ce premier cri d'Iseult qui sort d'un cœur puissant et navré. Dans cet appel superbe à la mer et aux vents éclate une âme aussi libre, aussi fière que les éléments. Sous la vierge trahie, livrée, se dresse impérieusement la femme avec ses magies, sa passion, reine de l'homme et du monde. La tempête est déchaînée, rien ne l'arrêtera plus. En vain Brangienne caressante, éplorée, s'empresse autour de sa maîtresse, lui reproche son silence, la supplie de se confier à elle : — « De l'air, dit Iseult, mon cœur suffoque, ouvre cette tenture toute grande. »

La tente s'ouvre par le milieu ; un flot d'air et de ciel y entre, tout l'arrière du navire apparaît en perspective jusqu'à la poupe, qui se dessine au fond avec l'équipage en pleine lumière sur le vaste horizon de l'Océan bleu. Des matelots travaillent aux cordages autour du grand mât, pages et chevaliers sont campés à la poupe. Tout au fond, près du gouvernail, et comme formant le sommet de cette pittoresque pyramide humaine, on voit Tristan. Il se tient à l'écart, les bras croisés, les yeux baissés vers la mer. C'est le point de mire d'Iseult ; tout de suite ses yeux se sont rivés en lui. Perdu dans sa rêverie, il ne la voit pas ; mais elle, le fixant, comme une magicienne qui concentre sa volonté sur l'objet lointain de sa pensée, murmure à mi-voix ces paroles qu'il ne peut entendre, mais dont elle l'enveloppe comme d'une incantation.

> Élu pour moi, perdu pour moi,
> Sublime et fort, vaillant et lâche :
> Tête à la mort vouée,
> Cœur voué à la mort !

Puis elle charge Brangienne d'un message pour lui. « Il oublie de me rendre hommage et respect, à moi sa souveraine, ce timide héros, de peur que mon regard ne l'atteigne, ce preux sans égal ! » A l'aspect de Brangienne, Tristan sort de sa rêverie. A son message il répond avec douceur et courtoisie, mais ne donnant que réponses évasives, évite prudemment la rencontre. « Partout où je suis, je la protège et je la sers, la plus noble des femmes. Mais si j'abandonnais ores le gouvernail, comment guiderai-je l'esquif au pays du roi Mark ? — Seigneur Tristan, me narguez-vous ? reprend Brangienne. Ecoutez donc les paroles de ma maîtresse. Car voici son message : Elle commande au rebelle : respect et crainte ! elle sa souveraine, Iseult ! » A ces mots Kourvenal, l'écuyer de Tristan, qui ne comprend rien à ces prétentions et s'étonne fort des menaces d'une femme, se charge spontanément de répondre pour son maître, dont l'embarras a fait place au silence : « Celui qui donne la couronne de Cornouailles et l'héritage d'Angleterre à la fille d'Irlande, n'appartient pas à celle dont il fait présent à son oncle. » Puis, pour défier la fière Irlandaise, le brave écuyer entonne d'un ton martial une chanson de victoire faite par les gens de Cornouailles sur la défaite de Morold :

> Seigneur Morold
> S'en vint par la mer
> Chercher tribut en Cornouailles.
> Une île flotte
> Sur l'océan désert,
> C'est là qu'il dort le roi des batailles.
> Sa tête est pendue
> Au pays d'Erin.
> C'est le tribut de l'Angleterre,
> Et vive le seigneur Tristan
> Qui paye tribut si gaiement !

Pendant que les matelots répètent triomphalement ce refrain populaire, en dépit de Tristan qui gourmande son écuyer, Brangienne vient, effarouchée, se réfugier auprès d'Iseult, après avoir refermé brusquement la tente derrière elle. Iseult a peine à se contenir ; elle confie à Brangienne que ce Tristan qui l'emmène à son oncle comme une proie est le même qu'elle avait guéri secrètement d'une blessure. Quand elle reconnut dans son hôte le meurtrier de son oncle, elle avait voulu le tuer, « mais il me regarda dans les yeux, j'eus pitié de lui, je laissai tomber l'épée... et je le soignai pour n'être plus persécutée de son regard ! » Et ce même héros est revenu superbe, insolent, la demander pour un roi vieillard ! L'âme impétueuse d'Iseult ne tend ni à de vaines plaintes ni à de vaines consolations, mais à une résolution suprême.

« O yeux aveugles, faibles cœurs ! pauvre courage ! lâche silence ! Quand je me suis tue, lui s'est vanté... Malédiction sur sa tête ! Vengeance, mort ! mort à nous deux ! » Et saisissant avec une hâte fiévreuse un coffret d'or que sa mère lui avait donné au départ et qui renferme toutes sortes de philtres et de breuvages, elle y choisit non le philtre d'amour, que Brangienne lui montre en souriant, mais le philtre de mort.

Pendant ce rapide dialogue, Kourvenal s'est présenté sous la tente, le visage radieux. Le jovial écuyer, qui ne connaît au monde que la vie de mer, le bruit des combats et la gloire de son maître, apostrophe familièrement les deux femmes

avec un mélange de rudesse et de bonhomie :
« Alerte ! alerte ! mesdames ! En fête, en gaieté !
A dame Iseult je dois annoncer de Tristan le héros, mon maître et mon seigneur. La banderole
de joie au grand mât est hissée et frétille gaiement. Au château du roi Mark elle annonce la
reine. Tristan prie dame Iseult de se hâter. »
Iseult refuse et répond d'un geste hautain : « Au
seigneur Tristan porte mon salut et dis-lui mon
message. Je ne puis consentir à marcher à sa
droite et à comparaître devant le roi, s'il n'obtient d'abord son pardon pour une faute inexpiée.
Qu'il vienne, je daignerai l'entendre. »

Restée seule de nouveau avec Brangienne, elle
lui ordonne de préparer dans une coupe d'or le
fatal breuvage, le breuvage *d'expiation et de
réconciliation*, selon ses propres paroles, qui
doit mettre fin à deux vies. La jeune fille épouvantée se jette aux pieds de sa maîtresse et
demande grâce. A ce moment Kourvenal reparaît, croise les bras et annonce : Tristan ! Les
deux femmes bondissent. Iseult, sans haleine,
s'appuie d'une main sur le dossier de son lit de
repos, l'afflux de l'émotion gonfle son sein, lui
serre la gorge. Mais elle la terrasse, se maîtrise,
et ramassant toute sa force : Qu'il entre ! dit-
elle. Tristan se présente sous la tente et demeure
respectueusement à l'entrée, dans une attitude à
la fois modeste, fière et contenue. Le motif énergique, lent et comme bardé de fer qui accompagne l'entrée du héros annonce un homme
ramassé en lui-même, qui, s'attendant à un rude

combat, se tient sur la défensive et se renferme dans son honneur viril comme dans une forteresse.

Elle le regarde longtemps en silence, abîmée dans cette contemplation, refoulant dans sa poitrine la tempête intérieure. Mais bientôt, comme les éclairs précurseurs de l'orage, les paroles d'Iseult dardent leurs reproches enflammés dans l'âme de Tristan pour la forcer sous son armure d'airain et en sonder la profondeur.

Tristan. Dites, souveraine, votre désir.

Iseult. Ne le connais-tu pas, quand c'est la crainte de l'accomplir qui te tient loin de mon regard ?

Tristan. Non crainte, mais respect me tient en garde.

Iseult. Etrange vraiment est ton respect ! Ouvertement tu m'as honnie en refusant de m'obéir.

Tristan. C'est l'obéissance qui me retient.

Iseult. L'obéissance envers ton maître ? J'en fais mépris si son service te commande male-coutume envers sa propre épouse.

Tristan. Bonne coutume enseigne où j'ai vécu : chevalier preux et sage évite fiancée en voyage.

Iseult. Et pour quelle raison ?

Tristan. Demandez à la coutume !

Iseult. Si tant te plaisent les coutumes, seigneur Tristan, je vais t'en dire une autre : Pour rendre ami son ennemi, il faut un acte expiatoire.

Tristan. Quel ennemi ?

Iseult. Interroge ta peur ! Du sang coule entre nous.

Tristan. La tache est effacée.

Iseult. Pas entre nous.

Tristan. Sous le grand ciel, devant le peuple entier fut juré l'oubli du passé.

Iseult. Mais ce n'était pas là, où j'ai caché *Tantris*, où *Tristan* fut en ma puissance ! T'en souviens-tu peut-être ?... C'est là que j'ai juré, mais un autre serment que le tien, et je vais le tenir.

Tristan. Et qu'avez-vous juré ?

Iseult. Vengeance pour Morold !

Tristan. C'est là votre souci ?

Iseult. Oses-tu me railler ? Il m'était destiné le noble Irlandais, j'avais béni ses armes. Pour moi il allait au combat. Quand il tomba, tomba mon honneur...

Tristan (pâle et sombre). Si Morold te fut cher, or donc reprends l'épée et frappe ferme et juste, de peur qu'elle t'échappe. (Il lui tend son épée.)

Iseult. Ce serait mal servir mon maître ! Que dirait le roi, si je lui tuais son meilleur valet, son vassal et son homme lige, qui lui gagna terre et couronne, et qui lui livre l'Irlandaise ? Garde ton épée ! Lorsque jadis je la brandis sur toi, quand la vengeance luttait dans ma poitrine, quand ton regard qui me toisait déroba mon image, jugeant si j'étais bonne à faire une épouse pour ton maître, l'épée je la laissai tomber... Et maintenant, buvons la coupe expiatoire ! (Elle fait signe à Brangienne de remplir la coupe. Celle-ci frissonne, chancelle, recule. Iseult l'y force d'un geste impérieux. Pendant qu'elle prépare le breuvage on entend sur le navire les cris de la manœuvre.)

Les matelots (du dehors). Hohé ! hohé ! Au grand hunier serrez les voiles !

Tristan (sortant d'une sombre rêverie). Où sommes-nous ?

Iseult. Près du but. Tristan acceptes-tu ma coupe ? Tristan, que réponds-tu ?

Tristan (lugubre). La reine du silence m'ordonne de me taire. Si j'ai compris ce qu'elle me tait, je tairai ce qu'elle ne comprend pas.

Iseult. Que veux-tu dire ? Refuses-tu ? (Nouveaux cris du dehors. Sur un signe impatient d'Iseult, Brangienne lui tend la coupe. Tristan fasciné regarde Iseult.)

Iseult. Entends-tu cet appel ? En peu d'instants nous serons (avec une légère ironie) devant le roi. Et si tu m'accompagnes, tu lui diras alors : Mon oncle et mon seigneur regarde cette vierge ! Femme plus douce ne saurais trouver. Son fiancé, jadis, je l'ai tué et je lui envoyai sa tête. La blessure que j'avais reçue, la gracieuse me la guérit ; ma vie était en son pouvoir, elle m'en fit grâce, la vierge magnanime, et la honte de sa patrie, elle me la donna par dessus pour être ton épouse. Tous ces dons je les dois à une coupe expiatoire. Sa grâce me l'offrit pour effacer tout crime.

Cris du dehors. Hissez la corde ! L'ancre à bas !

Tristan (tressaille en sursaut). Levez l'ancre ! lâchez le gouvernail ! Voiles et mâts à tous les vents ! (Il arrache impétueusement la coupe à Iseult.) Je connais bien la reine d'Irlande et les merveilles de sa magie, j'ai goûté le baume qu'elle m'a versé, et maintenant je prends sa coupe pour guérir a ta naïs. Écoute aussi le serment expiatoire qui te dira merci : A l'honneur de Tristan, — suprême fidélité ! — Au malheur de Tristan, — suprême défi ! Boisson consolatrice d'une éternelle tristesse ! O bienheureux breuvage d'oubli, sans crainte je te bois ! (Il boit.)

Iseult. Encore me trahir ? A moi la moitié ? (Elle lui arrache la coupe.) Traître, je la bois à toi !

Elle boit et laisse tomber la coupe vide. Saisis de frisson, ils se regardent fixement, au comble de l'émotion, mais immobiles et comme pétrifiés. Leurs regards rivés l'un dans l'autre bravent la mort qu'ils ont cru boire tous deux, mais bientôt ce défi surhumain fait place dans leurs yeux à la flamme de l'amour. Ils commencent à trembler et portent leurs mains tour à tour à leur cœur, à leur front. Puis leurs regards se cherchent, se rencontrent de nouveau et se baissent pleins de confusion. L'aile des ténèbres, qui semblait un instant s'étendre sur eux, s'est retirée. Le vaisseau et son équipage, la mer et le ciel, le passé et l'avenir, pour eux tout a disparu. Des délices inconnues ruissellent de leur tête à leurs pieds. Est-ce un autre monde dans lequel ils se réveillent après les affres de l'agonie ? Seule la mélodie de l'amour éternel et triomphant s'élève dans son silence ému, l'invincible vérité de l'âme y parle en souveraine, son désir monte comme un flot et les paroles ne sont plus que les gouttes d'une tendresse qui déborde. « Tristan ! » dit-elle d'une voix tremblante. « Iseult ! » répond-il avec effusion, Cruel ami ! — Bien-aimée ! » Et les voici dans les bras l'un de l'autre souriants, éperdus, ravis.

Brangienne, qui pour les sauver a substitué le philtre d'amour au philtre de mort, voit la croissance rapide de la semence qu'elle n'a point semée, qui germait depuis longtemps et qu'elle a seulement fait éclore. Elle a beau se tordre les mains, ils ne voient plus qu'eux-mêmes, croient sortir d'un songe et rient de leur discorde passée. — « Qu'avais-je rêvé, dit-il, de l'honneur de Tristan ? — Qu'avais-je rêvé, reprend-elle, de la honte d'Iseult ? » L'orchestre aussi, après l'âpre antagonisme, s'est apaisé, unifié, exalté. Le motif du philtre d'amour ne s'était épanché d'abord que comme un effluve imperceptible dans le silence poignant qui succède à l'accord tragique du philtre de mort ; maintenant il se déroule en ondes magnifiques, il s'élargit en mer écumeuse. C'est le chant nuptial de la passion qui lance jusqu'au ciel ses cris de victoire et que porte la grande mélodie sirénienne. Leurs pensées, leurs voix si longtemps ennemies s'unissent, s'entraînent maintenant avec transport : « O floraison montante d'amoureuse langueur, du désir dévorant délicieux incendie ! Dans le cœur flèche ardente, allégresse exultante ! Tristan ! Iseult ! Affranchi du monde, je t'ai gagnée. »

Ils n'ont rien vu, rien entendu de ce qui s'est passé autour d'eux. La tente s'est ouverte, le navire repose à l'ancre en face de la côte où se dresse un roc abrupt couronné magnifiquement

par les tours du château royal. Des fanfares
viennent de la terre, des cris de joie répondent
à bord. Le pont fourmille de marins et de gens
de guerre qui se penchent par dessus bord, agitant bannières et pavillons. Ils acclament le roi
qui vient en barque au-devant de sa royale épou-
sée. Tristan et Iseult restent seuls insensibles à
ce bruit, à ce tumulte; ils sont toujours plongés
dans cette contemplation réciproque, dans cet
étonnement sans nom qui est le premier effet de
l'amour partagé et avoué. Brangienne a jeté le
manteau royal sur les épaules de sa maîtresse
sans qu'elle s'en soit aperçue. Enfin Kourvenal
et Brangienne fondent sur eux en s'écriant :
« Le roi! le roi vient à bord! » Alors seulement
Iseult se souvient du passé, comprend sa situation. Le philtre? dit-elle à son amie. — Le philtre d'amour! » répond celle-ci avec désespoir.
Puis se tournant vers Tristan : « Faut-il que je
vive? » Elle s'évanouit entre les bras de ses
femmes et la toile tombe.

Que s'est-il passé dans cette scène? que veut
dire cette métamorphose qui change la face du
monde pour Tristan et Iseult? Deux êtres très
divers, mais que relie une intime parenté de
nature, sont entraînés l'un vers l'autre par un
invincible attrait. La sympathie dans la souffrance a scellé d'avance leur union. Cependant
tout les sépare, un trône, l'honneur; c'est un
abîme à franchir. Dès le début la passion couve
en eux, mais tous deux se trouvent encore sous

l'empire de cette société, dans les limites de ses lois. Le grand évènement qui s'accomplit en eux, c'est le passage de cet empire de la société à celui de l'amour et de sa loi souveraine. Ce moment décisif, cette fusion ardente et subite, le poète l'a représentée aux yeux et à notre sens intime sous l'antique emblème du philtre d'amour. C'est une tradition fort ancienne que certains breuvages bus ensemble par un homme et une femme les contraignent de s'aimer toute leur vie et de mourir de même mort. Ce « boire d'amour, » comme disaient les trouvères, est le symbole visible par lequel l'imagination populaire a toujours exprimé le mystère de la passion partagée, qui revêt dans les fortes natures un caractère irrévocable. En s'emparant de ce symbole, en le transportant sur la scène, le poète l'a éclairé d'une profonde psychologie. Ce qui ne semble dans la légende qu'un accident extérieur, devient ici une crise irrésistible de l'âme. Le trait de génie, c'est d'avoir si intimement mêlé le philtre de mort au philtre d'amour. Ce doux charme aux effets terribles sort de l'âme tumultueuse d'Iseult. Se voyant trahie par Tristan, elle veut se perdre avec lui. Il comprend et consent. La femme, la magicienne verse à l'homme la coupe fatale, le force de la boire avec elle. D'un muet accord ils s'élancent ensemble vers la porte de la mort. Un hasard la ferme devant eux ; alors tous les masques tombent, l'Amour fait explosion et règne en maître. Avant d'avoir bu cette coupe ils étaient d'eux, désormais ils ne font plus qu'un, rivés ensemble comme le fer à la pierre aimantée. Mais en se consacrant au génie de l'Amour ils ont évoqué en même temps le génie de la Mort. Ainsi ces deux divinités, dont les Grecs affirmaient déjà la profonde parenté, se mêlent dans le philtre de Tristan et d'Iseult [1].

Le second acte débute par un accord d'une stridente énergie suivi du frémissement inquiet de l'attente. Ainsi l'éclair sillonne de sa lueur le sommeil voluptueux d'une chaude nuit d'été et réveille en sursaut la nature endormie. Nous sommes près de l'appartement d'Iseult, dans un jardin planté de grands arbres ; une nuit claire et transparente brille derrière leur noir réseau, une torche brûle devant la porte du pavillon à gauche. C'est un avertissement d'Iseult à Tristan ; tant qu'elle brûle, elle annonce le danger, elle écarte l'ami ; qu'elle s'éteigne, il peut venir, c'est le signal convenu. Iseult sort du pavillon,

---

[1] Ceci est un exemple de l'emploi que Richard Wagner fait du merveilleux dans ses drames. Il s'en sert non comme d'un jeu d'imagination, mais comme d'un moyen frappant, d'une langue particulière, en quelque sorte supérieure, pour exprimer certaines vérités psychologiques et traduire aux yeux les plus grands mystères de la vie. On peut dire qu'en renouvelant et en motivant de cette manière l'ancienne idée du philtre d'amour, il a réussi à *représenter* une chose dont jusqu'ici le théâtre n'avait guère pu que *décrire les effets*. Car ce qu'il a exprimé par ce poétique symbole, c'est la genèse même de l'amour, sa mystérieuse éclosion, son puissant devenir, son passage du rêve à la pleine conscience. *L'image rend visible l'évènement intérieur.* Nous ne devinons pas seulement, nous *voyons* pour ainsi dire s'accomplir sous nos yeux la fusion de deux grandes personnalités. Cette merveille n'était sans doute possible que par le concours du drame et de la musique.

Brangienne la suit, et les deux femmes, pen-
chées en avant sur les marches essayent de saisir les lointaines fanfares de chasse que le vent
leur envoie par bouffées tantôt distinctes, tantôt
vagues comme des voix de génies aériens. Brangienne supplie sa maîtresse de ne pas éteindre
le flambeau. Cette chasse nocturne, dit-elle,
n'est qu'un stratagème inventé par Mélot, le faux
ami de Tristan, afin de surprendre les amants,
d'amener le roi au lieu du rendez-vous et de
découvrir le fatal secret aux yeux de toute la
cour. La reine ne croit rien, ne veut rien entendre, ses tempes brûlent, son sein frissonne, le
sang bondit dans ses veines. Elle va se trouver
seule enfin sous l'aile de la nuit avec celui auquel l'ont fiancée des charmes fatidiques, avec
celui qu'elle appelle de tous ses sens enflammés,
qu'elle possède d'avance par toutes les fibres de
son être. L'univers s'engloutit dans ce moment.
L'espérance impétueuse qui gronde dans sa poitrine transforme la nature en un temple féerique
que rempli de parfums et de chants délicieux
pour recevoir le bien-aimé. Dans le mystérieux
hallali des chasseurs qui épouvante Brangienne,
elle n'entend que les rires des vents et des feuillages, ou la voix de la source qui invite les heureux au repos. Dans le flambeau vigilant qui
brûle à sa porte, elle ne voit que la dernière
lueur du jour jaloux qui la sépare de l'ami. Ce
qu'elle veut, c'est la nuit profonde, complète, où
s'allume la fête de son hymen. Brangienne la
supplie d'attendre un jour encore, un jour seu-

lement. Mais la reine, pâle de désir, les yeux rayonnants, pareille à une prêtresse des mystères antiques, qui embrasée par Éros s'offrirait elle-même en holocauste au dieu, saisit la torche en s'écriant : « Cette lumière, fût-ce le flambeau de ma vie, en riant je l'éteins. » Elle la renverse, la flamme expire contre terre, Brangienne se détourne consternée. Sur l'ordre de sa maîtresse, elle gagne par un escalier extérieur la tourelle du pavillon pour y tenir bonne garde.

Debout sur les marches ou pavillon, Iseult guette l'arrivée de Tristan. Il accourt de loin par l'allée sombre. Impatiemment elle lui fait signe. Enfin il se précipite dans ses bras ; étreinte orageuse, longtemps muette dans la surabondance de l'émotion. Rien ne peut rendre la force de la musique dans ces moments ; telle est sa puissance plastique à reproduire les tumultes du sang et de l'âme. Un délire de tendresse submerge la furie des sensations. Quand la parole leur revient, elle se presse en un tourbillon de questions et de réponses : « Es-tu à moi ? Puis-je te saisir ? Puis-je y croire ? Enfin ! sont-ce tes yeux ? Est-ce ta bouche ? Est-ce moi ? Est-ce toi ? Que de temps sans te voir ! Si loin et si près ! Si près et si loin ! » Ce revoir avec le long et intime dialogue qui se développe ensuite ne peut se comparer qu'au choc retentissant de deux torrents qui, après s'être mélangés, poursuivent leur route ensemble de gouffre en gouffre, et ralentissant par degrés leurs palpitations

rapides, étendent enfin leurs vagues apaisées
en un lac profond dont la nappe immense réfléchit l'infini du ciel étoilé.

Cet empire merveilleux de la Nuit, ignoré de
la foule, ce royaume caché de l'amour souverain
aux portes duquel nous avait conduits le premier acte, nous y entrons maintenant avec ses
deux initiés. Toute dissension a cessé, toutes les
barrières sont tombées, leur premier besoin est
de revivre ensemble leur passé, de mêler leurs
deux existences en étendue comme en profondeur. Cette vie à deux où sensations, pensées et
souvenirs sont confondus dans la puissante
vibration du présent, combien elle est nouvelle!
Aujourd'hui n'est plus autrefois. Le monde réel
qu'ils ont fui se résume, pour eux, sous l'image
du Jour, du jour qui les séparait de sa lumière
jalouse et les empêchait de se voir face à face.
C'est le monde de la vaine apparence. Là règnent
la richesse, la puissance, les honneurs; là brille
au-dessus du trône royal le soleil de la gloire.
Iseult elle-même était enveloppée de ses rayons,
Tristan en était ébloui. Troublé jadis par sa
lueur trompeuse, il l'a trahie, livrée au roi. Que
sa magnificence maintenant leur paraît creuse!
« Le Jour peut encore les séparer, mais non plus
les tromper. » Ils ont pénétré dans un autre
monde, un monde tout à eux, qu'ils appellent le
royaume de la Nuit, nuit auguste et sublime.
Dans ses profondeurs leur sourient des milliers
de soleils; dans sa solitude immesurée ils ne
voient, ne sentent, ne respirent qu'eux-mêmes à

jamais unis, à jamais enivrés l'un de l'autre. Ne trouvant plus de limites entre eux, ils n'en trouvent plus avec le temps et l'espace. Le Jour avec ses illusions s'est évanoui. Dans leur Nuit silencieuse et tranquille, une seule Vérité domine, celle de l'Amour qui ne peut finir, qui règne en eux, origine et fin de toute chose.

Nous traversons, dans ce dialogue de Tristan et d'Iseult, les degrés successifs de cette intense passion de la créature pour la créature qui confond tous les bonheurs, tous les ciels dans une adoration mutuelle. Les poètes anciens et modernes ont souvent chanté sa flamme terrible, qui, en consumant ses victimes, les fait briller d'un divin éclat. L'histoire même en offre de rares exemples. Jamais peut-être ses phases croissantes ne furent-elles représentées sous une forme aussi plastiquement idéale et avec une telle puissance d'exaltation. Langueur mortelle qui rebondit en délire d'enthousiasme, feu qui expire pour renaître plus dévorant. Bien au-dessus du tumulte des sens éclate ici le désir inassouvible de l'âme, son désir de se fondre indissolublement avec l'être aimé. Les lois de la vie et de l'individualité y opposent leurs bornes; mais elle s'élance par delà jusqu'au désir de la mort. Dans sa profondeur crépusculaire elle entrevoit comme un retour à l'unité primitive de l'être, une renaissance immortelle dans la plus parfaite des fusions. Comme deux flammes qui s'enveloppent et se boivent sur l'autel, s'unissent maintenant leurs voix :

> O nuit immense,
> O nuit d'amour,
> Descends et verse
> L'oubli suprême,
> Accepte-moi
> Dans ton sein vaste,
> Affranchis-moi
> De l'univers !
> Dernier flambeau,
> Tu t'es éteint,
> Et nos pensées
> Et tous nos songes,
> Nos souvenirs,
> Nos espérances,
> Tout s'accomplit
> Dans un pressentiment auguste
> De la nuit sainte et rédemptrice
> Où confondus nous nous plongeons.

Cet hymne respire une sorte de paix profonde dans la passion infinie. En épandant ses ondes mélodieuses, il semble atteindre aux limites extrêmes de l'espace, comme si la vibration de ces deux cœurs gagnait les sphères lointaines du ciel. Tristan et Iseult se sont assis sur un banc de fleurs et s'assoupissent les bras entrelacés, leurs têtes appuyées l'une sur l'autre. Dans le silence de leur demi-sommeil, résonne aux accords de la harpe une symphonie majestueuse. Elle chante les splendeurs et les harmonies de cette nuit solennelle. Mais, à travers ses arpèges magiques, se prolonge en notes graves l'avertissement du destin, la voix de Brangienne qui veille invisible au haut de la tourelle : « Solitaire, je veille dans la nuit. Vous à qui sourit le rêve, prenez garde! prenez garde! » A peine l'entendent-ils.

« Entends-tu, bien-aimée? — Laisse-moi mourir! — Garde jalouse! — Ne nous réveillons jamais. » Ils se demandent si la mort pourrait détruire leur lien. Mais ses coups pourraient-ils atteindre l'Amour qui est en eux? Non! elle ferait tomber les dernières barrières qui les séparent, elle serait le signal d'un mariage plus ardent encore. Au comble de l'exaltation ils se lèvent, s'embrassent plusieurs fois avec une recrudescence d'enthousiasme en face de leur nuit sacrée et entonnent sur un mode nouveau un hymne à cette mort chérie, à cet au-delà qui sera leur vie nouvelle, à cette flamme inextinguible dans la conscience d'une éternelle unité.

Comme des noctambules qui auraient gravi des pics escarpés et qu'un cri strident ferait rouler dans l'abîme, ainsi la réalité les réveille et les précipite de leur hauteur vertigineuse dans un gouffre de malheur. Le Jour défié se venge. Mark poussé par Mélot a pénétré dans le jardin avec sa suite. En un clin d'œil les deux amants sont entourés; Brangienne et Kourvenal accourus en hâte sont venus trop tard pour les avertir. L'aube blafarde éclaire ces groupes. Iseult s'est assise en détournant la tête. Tristan regarde d'un œil hagard toutes ces figures qu'il prend pour des ombres : « Fantômes du jour, s'écrie-t-il enfin, hors d'ici, disparaissez! »

Le roi Mark n'a rien d'un mari jaloux ou d'un tyran vindicatif. Le poète a voulu l'élever au niveau et moralement au-dessus de ses deux héros, en lui donnant l'âme la plus noble et la moins égoïste qu'il soit possible d'imaginer. C'est un de ces êtres que les passions n'atteignent point, le renoncement leur est naturel, leur vie s'absorbe dans les affections calmes, et leurs moindres actions sont empreintes d'une douceur que la foule taxe de faiblesse, mais qui n'est que magnanimité. C'est enfin ce type du roi pacifique, souvent rêvé par le peuple, rarement réalisé par l'histoire. Le roi Mark n'avait point recherché la main d'Iseult. A son aspect, son cœur avait battu, mais en voyant sa tristesse et son embarras, il s'était généreusement tenu à l'écart et ne lui avait témoigné que le respect d'un père. Aussi bien son sentiment plus fort n'est pas son amour pour Iseult, mais son amitié pour Tristan, l'élu de son âge mûr, l'idole de sa vie.

Ce n'est donc pas l'infidélité d'Iseult, c'est la trahison de Tristan qui le frappe au cœur. Dans les paroles qu'il lui adresse, il n'y a ni colère ni menace, mais l'affliction d'une grande âme qui voit tomber de son piédestal l'objet de son culte. « Ceci — Tristan à moi ? Que devient la fidélité si Tristan m'a trahi ? Honneur et loyauté, où sont-ils, si Tristan les a perdus ? La vertu dont Tristan se fit un bouclier où donc a-t-elle fui puisqu'elle a quitté mon ami et puisque Tristan m'a trahi ? » Pour les natures vraiment idéales, natures d'une excessive rareté, la plus grande douleur que leur cause l'ingratitude n'est point

la blessure qu'elle leur fait, mais la déchéance
de l'humanité qui semble en résulter. « Pourquoi
me creer cet enfer? Ah! ce mystère insondable
et terrible qui donc le découvrira au monde? »

Tristan, revenu au sentiment de la réalité,
baisse les yeux et répond avec une tristesse non
moins profonde : « O mon roi, ce mystère je ne
puis le dire et ce que tu demandes tu ne pourras
jamais l'apprendre. Puis, se tournant vers Iseult,
il lui demande à voix basse si elle le suivra dans
l'exil. En le voyant familièrement penché sur
la reine. Mélot, dévoré de jalousie, éclate :
« Vengeance! dit-il au roi. Peux-tu supporter
cela? »

Heureux de mettre fin à une situation insupportable, Tristan s'écrie : « Qui risque sa vie
contre la mienne? Défends-toi, Mélot! » Celui-ci
oppose brusquement la pointe de son épée à
l'assaillant, qui tombe grièvement blessé. Le roi
empêche Mélot d'achever son adversaire, Iseult
s'est jetée sur Tristan et le rideau se ferme sur
cette scène, au son de lourds accords, assénés
comme des coups de marteau et qui tombent
comme un catafalque sur un cercueil.

Nous voici en Bretagne, dans la cour du château paternel de Tristan, qui s'élève sur une
hauteur au bord de la mer. Les murs massifs
du vieux castel occupent la gauche, une tour
d'observation se dresse à droite, et par-dessus
le parapet du fond s'étend au loin la ligne monotone de l'immense Océan. Demeure et paysage

portent l'empreinte de la solitude et de l'abandon. Des pierres écroulées gisent çà et là, les broussailles croissent sur les murs ébréchés et le désert illimité des flots enveloppe le tout de sa grande désolation. Tristan est couché sur un lit de repos, à l'ombre d'un vieux tilleul. Souffrant d'une blessure mortelle, il dort d'un sommeil léthargique. Kourvenal, le fidèle, est agenouillé devant lui, attendant son réveil, épiant son souffle.

Une teinte sombre, une morne tristesse domine ce paysage et cette scène. Elle s'imprime dès la première mesure du prélude par un profond sanglot des instruments à cordes, qui semble jaillir d'un gouffre de souffrance et qui monte à nous comme le désir éternel de Tristan du fond même de sa léthargie. Elle se prolonge sous une forme plus naïve et en quelque sorte inconsciente dans la mélodie d'un chalumeau qu'un pâtre joue derrière la scène au penchant du coteau. C'est au son de cette phrase traînante et plaintive que le malade ouvre les yeux : « La vieille mélodie pourquoi me réveille-t-elle ? Kourvenal, dis, où étais-je, où suis-je ? » Celui-ci tressaille de joie aux premières paroles de son maître et lui montre avec orgueil le château et les murs, la colline et le troupeau paisible, l'héritage paternel fidèlement conservé par ses vassaux. Mais Tristan a de la peine à reconnaître toutes ces choses, il ne saisit pas le fil entre le présent et le passé. Le serviteur dévoué répond gaiement à ses questions. Kourvenal a emporté son maître blessé et sans connaissance dans un canot et lui a fait passer la mer. « Et te voilà dans ton pays, le vrai pays, le pays natal, la terre aimée, la terre de joie, aux rayons de ton vieux soleil, où bienheureux tu dois guérir de blessure et de mort ! » La réponse du maître contraste avec la confiance robuste du brave écuyer par son caractère étrange et sombre qui donne le frisson. On dirait un esprit émergeant des limbes au grand jour, écartant comme un linceul les ténèbres de sa face. « Crois-tu cela? dit-il. Moi, je sais autre chose, mais je ne puis te le dire. Là ou j'étais, je n'ai vu ni soleil, ni terre, ni âme qui vive. J'étais là où je fus de tous temps, où je retourne à jamais, dans le vaste royaume de la nuit des mondes. Une seule science là-bas nous est propre; le divin, l'éternel, l'originaire oubli. Comment ai-je perdu ce pressentiment? Comment t'appeler toi qui me ramènes au jour? Ce qui seul m'est resté, le fervent amour me chasse à la lumière. Car Iseult est encore dans la lumière dorée! Iseult est encore dans le royaume du soleil! » Le besoin de la rejoindre pouvait seul l'y ramener. « Si elle ne vivait plus, dit-il avec certitude, je ne me serais pas réveillé. » Cruel réveil; avec la conscience de lui-même, renaît la flamme intérieure qui est devenue l'essence de son être. Kourvenal l'a deviné, il a envoyé un marinier fidèle chercher Iseult en secret. Aujourd'hui même, espère-t-il, une fine voile l'amènera. A cette nouvelle, Tristan presse son écuyer avec transport dans ses bras et dès lors ses pensées se fixent sur ce but. Sa vie est suspendue à l'idée du navire, il le sent venir, il supplie son ami de fouiller l'horizon du regard. L'écuyer regarde de tous côtés et répond tristement : « Déserte et vide, la mer ! » Son maître retombe dans un abattement lugubre.

La mélodie du pâtre se fait entendre de nouveau au loin, plus rêveuse encore. Elle prend ici un sens bien particulier et se mélange singulièrement aux pensées intimes de celui qui l'écoute et qui reprend après un long silence : « Dois-je ainsi te comprendre, vieille et sérieuse mélodie, avec l'accent de ta plainte ? Par l'haleine du soir, inquiète tu venais à moi quand jadis à l'enfant on annonça la mort du père ; par l'aube grisâtre plus inquiète tu me cherchais quand le fils apprit le destin de la mère... Elle me demandait alors, elle me demande encore aujourd'hui pour quelle destinée je fus mis au monde. La vieille mélodie me le dit de nouveau ; désirer et mourir. Non, hélas ! elle ne dit pas cela ; désirer toujours, ne pas mourir à force de désir ! » Ainsi le lien frêle de cette mélodie rustique rattache pour Tristan le présent au passé et lui rappelle le fond tragique de son existence. Elle lui apparaît comme la trame sombre dont sa vie est tissée et sur laquelle se révèlent les images douloureuses du présent. Ce qu'il éprouve maintenant, c'est le martyre de l'absence, l'enfer de la séparation, cette soif du revoir qui lui brûle la moelle des os. Il a connu les enchantements sublimes de l'amour, il doit sentir sa puis-

sance destructive. L'effrayant est que le moment
actuel rassemble toutes ses douleurs passées
en une douleur unique pour le pousser jusqu'au
délire et le terrasser. « Ce philtre terrible
qui m'a livré aux tourments, moi-même je
l'ai préparé avec la détresse de mon père, les
douleurs de ma mère, avec des larmes d'amour
d'autrefois et d'aujourd'hui, des rires et des
pleurs, des voluptés et des blessures ; sois maudit, terrible breuvage, maudit qui t'inventa ! »

Après cette malédiction échappée au paro-
xysme de la souffrance, il retombe évanoui sur
sa couche. Kourvenal croit qu'il a cessé de
vivre, mais bientôt il remue les lèvres et d'une
voix faible : « Le navire, ne le vois-tu pas encore ? » L'écuyer hésite à quitter son maître,
mais Tristan affirme avec l'assurance du visionnaire, qui perce les distances, que la voile approche. Au même instant le pâtre, au lieu de sa
phrase mélancolique, fait entendre une ronde
joyeuse « Monte à la tour... Ce qui resplendit
dans mon âme, il faut que tu le voies ! — Joie et
bonheur ! Un navire ! Il vient du nord. — Ne le
savais-je pas ? Ne le disais-je pas qu'elle vit
encore ? Comment Iseult ne serait-elle plus de
ce monde ? Comment le monde serait-il sans
Iseult ? — Comme il navigue vaillamment !
Comme les voiles se gonflent ! Comme il court,
comme il vole ! — Le pavillon ? — Couleur de
joie, il danse au vent. » Un instant après la voile
s'efface derrière un récif, la musique s'assom-
brit, déjà Tristan croit au naufrage, mais sou-

dain le navire reparaît aux fanfares de tout l'orchestre qui a suivi la ronde du pâtre dans sa progression frémissante. Kourvenal voyant la voile entrer dans le port et Iseult lui faire signe, descend de la tour et s'élance hors du château vers la plage, sur l'ordre de son maître impatient, pour aider la reine à le rejoindre plus vite.

Tristan resté seul, s'abandonne à un délire de joie qui dévore ses dernières forces. Au comble de l'attente, éclate la puissance redoutable du dieu qui le possède. L'amant en lui a absorbé le héros; il voudrait dépenser ce qui lui reste de vie dans la fête de ce revoir suprême. « Ma blessure saignait quand jadis je fondis sur Morold. Saigne encore ma blessure, aujourd'hui je conquiers mon Iseult. » Les sensations brûlantes, les joies impétueuses du passé, bouillonnent, se pressent pêle-mêle dans son cœur et sa tête, le fleuve de sa vie est prêt à rompre sa dernière digue pour tomber dans l'éternité. Lorsqu'il entend la voix d'Iseult qui l'appelle du dehors, il dit : « J'entends la lumière ! » et se lève pour aller à sa rencontre. Elle entre hors d'haleine par le fond, le reçoit dans ses bras et le ramène chancelant à sa couche, où il s'affaisse doucement. Elle s'agenouille près de lui, soutient sa tête de ses mains et ne le quitte pas des yeux. Il boit ce regard avec une joie ineffable. « Iseult ! » dit-il d'une voix expirante, et son dernier souffle s'exhale avec ce nom qui contient toute son existence, au baiser de cette mélodie d'amour surgie de leur premier aveu et qui maintenant vient cueillir son âme sur ses lèvres.

Cependant, à la disparition de la reine, Brangienne avait tout dit au roi Mark. A son récit il avait compris la puissance du philtre, la fatalité de cette passion. Touché des épreuves des deux amants, il avait résolu généreusement de leur pardonner et de les unir et avait suivi au vol le navire d'Iseult. Déjà ses gens frappent à la porte du château et envahissent la cour malgré Kourvenal. Mais en entrant le roi aperçoit le corps inanimé de Tristan et voit qu'il est venu trop tard. Iseult évanouie sur le sein de son ami est restée insensible à ce tumulte. A la voix de Brangienne elle se relève lentement et jette autour d'elle des regards indifférents. Entre elle et son entourage il n'est plus rien de commun, ses yeux nagent dans une tranquille extase; comme l'oiseau qui se balance sur sa branche avant de prendre son essor, elle semble prête à quitter la terre. Enfin son regard s'attache sur Tristan et d'une voix douce elle commence : « Quel sourire doux et suave; son œil s'ouvre grand, limpide. Voyez, amis, regardez ! » Elle continue sur cette ample mélodie qui avait jailli de leur union profonde au sein de leur nuit enchantée et qui avait emporté sur ses larges ailes leur hymne de renaissance. Elle ne voit plus les restes de Tristan, elle voit sa forme éthérée et lumineuse s'élever ceinte d'étoiles dans les airs, elle entend la mélodie merveilleuse sortir de ce cœur courageux et sonore, se communiquer à toute chose et l'envelopper elle-même de ses ondes croissantes. Elle s'y fond, elle s'y noie ; soutenue par Brangienne elle retombe enfin lentement et sans vie sur le corps de son ami. Ce dernier chant d'Iseult est le chant du cygne de l'amour, la transfiguration de l'amant par l'amante, le mariage de deux âmes sœurs avec l'âme du monde.

> Dans cette mer que je me pâme,
> S'épanouisse enfin mon âme ;
> Dans les flots submergeants,
> Dans les sons grandissants,
> Dans ton souffle vivant, Univers !
> Je plonge, je m'abîme,
> Sans conscience, — suprême joie !

Dans *Tristan et Iseult* la poésie et la musique fondues en une seule puissance sont parvenues à exprimer la tragédie de l'amour avec une énergie de passion, une plénitude de sentiment, qui sont peut-être sans égales [1]. Les évènements

[1] Il n'y a que deux alternatives à l'audition de cette œuvre ; il faut la subir ou la repousser entièrement. Qu'elle vous saisisse au début, on la suivra jusqu'au bout ; sinon elle restera lettre close. J'ai assisté par hasard aux premières et mémorables représentations de *Tristan et Iseult* à Munich, en 1865. L'ineffaçable impression que j'en reçus m'amena plus tard à une étude approfondie des œuvres de Richard Wagner. Tout dans ces représentations portait un cachet exceptionnel : fermeté plastique dans le jeu des acteurs, puissance et naturel de la déclamation mélodique, fusion de la parole et du chant qui semblaient ici ne faire qu'une seule et même chose. Cette perfection avait été obtenue par l'étude minutieuse de l'œuvre sous la direction du maître lui-même. Les deux rôles principaux étaient remplis par M. et Mme Schnorr de Karolsfeld. Je n'ai jamais revu depuis une telle identification des acteurs avec leurs personnages. C'était un oubli

que le poëte a traduits en scènes si plastiques,
en accents si incisifs, sont tout intérieurs. Ni
intrigue, ni convention, ni hasard. Tous agissent
spontanément, fatalement. Le sentiment ici est
roi. Erôs, le dieu flamboyant et terrible, qui ailleurs n'apparaît que par éclairs, a rempli ce
drame de sa torche embrasée. On avait bien peint
les effets tragiques ou sublimes du grand amour,
on n'en avait pas exprimé l'essence avec cette
intensité, cette persévérance de passion. Roman-
ciers, moralistes, peintres, poëtes et musiciens
en ont décrit les ravissements, les dangers, les
péripéties et les catastrophes. Ce qu'on n'avait
jamais rendu au même degré, c'est ce mélange
complet de deux âmes, cette *fusion* de deux
êtres sous la magie du plus subtil attrait (sym-
bolisée dans le philtre). Si grand est leur désir
d'unité, que la loi de l'individualité leur est une
gêne, l'existence séparée un poids ; ils ne trou-

complet du monde réel qui se communiquait au spectateur. Les
deux héros semblaient subir leur situation avec une telle force,
ils jouaient avec un abandon si absolu qu'on pouvait craindre
par moments de les voir succomber à leurs émotions presque
surhumaines. Pendant quatre heures je restai suspendu au jeu
de l'orchestre, aux lèvres des acteurs, à leurs moindres mouvements. L'illusion était complète. Je ne philosophais pas, je ne criti-
quais pas, *je vivais* en moi-même le drame qui se passait sur la
scène. De telles représentations, il faut l'avouer, sont presque
aussi rares que les œuvres de génie qui les provoquent. Elles
ne sont possibles que par l'union de tous les exécutants en une
seule pensée, et, disons le mot, par la puissance de l'enthousiasme. Mais, objectent certains critiques, à quoi bon des œuvres
qui réclament tant d'efforts et qui d'ailleurs sont comprises de
si peu de gens ? A cela on peut répondre : Tout ce qui est grand
est difficile et rare ; ou mieux encore par ce mot de Berlioz : « Il
serait vraiment déplorable que certaines œuvres fussent admi-
rées par certaines gens. »

vent leur délivrance que dans la mort. Ainsi deux météores qui se rencontrent dans l'espace continuent leur course d'une force redoublée et se consument à belle flamme dans l'éther.

Pour rendre de tels sentiments, la musique de *Tristan* a dû à la fois soulever les dernières profondeurs de l'harmonie et pousser l'expression mélodique que renferme la parole humaine à son dernier degré d'intensité et d'amplitude. La musique de *Tristan* est la mélodie infinie, elle exprime l'âme dans son *éternel devenir*. « Tout coule » (πάντα ῥεῖ), disait Héraclite, des forces de l'univers, et cette fluidité éternelle est aussi l'essence de l'être humain. Dans *Lohengrin* déjà la trame harmonique et les motifs dominants décèlent les caractères ; ici leur tissu plus délié encore nous révèle l'organisme même des âmes, le travail incessant des sentiments et des pensées. Pendant tout ce drame, et surtout à certains moments, comme la scène du philtre, le spectateur attentif croit avoir, grâce à cette éloquence des sons, la vision magique de l'intérieur des personnages et ressentir les moindres pulsations de leur vie. Jamais ne s'arrête l'onde infatigable de cette mélodie, elle retentit et se prolonge jusque dans les silences et les accalmies des amants, mais nous sentons alors qu'elle peut en quelques mesures passer de ce frémissement imperceptible au déchaînement de toutes les tempêtes. Harmonie et mélodie ressemblent, dans cette musique, à un fleuve profond de passion, qui tantôt se redresse contre ses bords ou bouillonne en écumant sur des récifs, tantôt s'élargit en nappe immense, tantôt se précipite en cataractes mugissantes, pour se perdre avec le dernier chant d'Iseult dans le silence et la majesté de l'Océan. L'impression finale est celle d'un grand apaisement après les plus violents orages. Nous en gardons cette sérénité merveilleuse dans la tristesse qui nous élève au-dessus de nous-mêmes et qui est le secret de la vraie tragédie. Plus clairement alors nous apparaît le sens caché de ces vers du malheureux Leopardi : « Nés en même temps, l'Amour et la Mort sont frères ; le monde ici-bas, les étoiles là-haut ne possèdent rien de plus beau. »

VII

LES MAITRES CHANTEURS

Il y a dans le génie de la vraie tragédie un pouvoir qui nous détache de nous-mêmes, nous délivre du poids de notre destinée individuelle et nous transporte par delà cette vie jusqu'à cette divine unité des choses où tous les conflits s'harmonisent, où toutes les douleurs sont consolées. C'est par le chemin de la terreur et de la pitié, c'est par la mort du héros et le profond mystère de la sympathie qu'elle nous conduit à cette paix suprême. La vraie comédie, au contraire, nous ramène à la vie par le rire. Gaiement elle se joue à sa surface, en découvre les contradictions inoffensives et produit, par contre-coup, dans le spectateur, un sentiment d'équilibre qui dispose à une joyeuse activité.

Les Grecs avaient senti le besoin d'établir une transition entre le monde idéal où se mouvait leur tragédie, et le monde réel où le spectateur devait rentrer, en faisant suivre leurs trilogies par un « drame satirique ». Sans effacer les sublimes émotions de la tragédie, ce plaisant épilogue était en quelque sorte un retour familier à la vie. Tout en se riant des faiblesses humaines, il les tempérait par un personnage qui représentait la sagesse et la raison supérieure [1]. Car la comédie ne produit son effet bienfaisant que lorsque, à côté de la fausse vie, elle nous montre la vraie et son triomphe légitime. C'est ce qu'ont senti les grands comiques anciens et modernes, à commencer par Molière, le plus grand de tous.

Les Maîtres chanteurs prennent dans l'œuvre entière de Richard Wagner une place semblable à celle qu'occupait le drame satirique vis-à-vis de la tragédie, et c'est dans un sens analogue qu'ils furent conçus. Le sujet s'offrit vivement à l'auteur, après l'achèvement de *Tannhaüser*, comme une contre-partie comique de la lutte des chanteurs à la Wartbourg. Opposer le libre génie créateur au pédantisme de l'école stationnaire, représenté par les maîtres chanteurs allemands du moyen-âge, ce fut là l'idée première. Mais à ce moment le dramatiste musicien était trop engagé lui-même dans cette lutte pour la peindre avec impartialité. C'est bien plus tard, après une carrière remplie d'échecs et de victoires, marquée par des efforts prodigieux et un progrès incessant, qu'il reprit ce sujet comme pour se reposer de ses longs labeurs [2]. Il l'a-

---

[1] Tel est du moins le rôle d'Ulysse dans le *Cyclope*, d'Euripide, le seul drame satirique qui nous ait été conservé en entier.

[2] Les *Maîtres chanteurs* furent représentés pour la première fois à Munich en juin 1868.

borda alors avec une expérience consommée et une entière sérénité. Une des particularités de Richard Wagner, c'est la hauteur dont l'artiste en lui domine l'homme. Son esprit plane d'habitude au-dessus de sa passion comme l'air tranquille au-dessus d'une tempête perpétuelle. Parfois l'homme s'emporte, dans le feu de la polémique, à la violence, à l'exagération, à l'injustice ; mais l'artiste se garde de tels excès dans ses conceptions dramatiques, et se réserve une autre région. Là, nulle personnalité ; l'idée domine en maîtresse absolue ; hommes et choses n'apparaissent qu'au point de vue le plus général, *sub specie æterni*. Cela est vrai pour toutes ses œuvres, et particulièrement pour les *Maîtres chanteurs*, où sa propre cause était en jeu.

Les maîtres chanteurs n'ont joué qu'un rôle de troisième ordre dans la poésie du moyen âge ; mais leurs associations au xve et au xvie siècle sont très significatives pour l'histoire de la culture allemande. Après les brillants chevaliers poètes du xiie siècle, qui s'appellent les *Minnesinger*, et à côté de la naïve chanson populaire, qui éclate si puissamment au vi^e siècle, les poètes bourgeois des villes libres furent les vrais représentants du pédantisme scolastique. Leur rituel baroque, leur code barbare connu sous le nom de *tabulature*, leurs séances solennelles, offrent un tableau fort comique de l'école stationnaire, étroite, redoutant toute libre inspiration, faisant de la poésie un métier et du génie un apprentissage. Néanmoins, pour qui sait lire les sentiments sous la gaucherie de l'expression, la vie sous l'apparence, il y a un certain charme de bonhomie dans ces corporations de maîtres chanteurs qui se réunissaient bravement tous les dimanches dans la ferme intention de cultiver l'art sérieux. C'est le charme de cette vie intime, familiale et patriarcale sur laquelle Luther put élever l'édifice de sa réforme. La plus célèbre de ces écoles apparaît au xvi° siècle, dans la florissante Nuremberg, au temps d'Albert Durer. C'est dans ce cadre pittoresque que Richard Wagner a placé sa comédie. Il a imaginé de mettre en face de ces maîtres rigides un poète de race, plein de jeunesse et de flamme, qui chante comme l'oiseau sur la branche, parce qu'une voix intérieure lui commande; qui ne connaît d'autre prosodie que les battements de son cœur généreux, d'autre règle que son inspiration impétueuse et souveraine. Voilà donc l'enthousiasme et le génie aux prises avec des compteurs de notes et de syllabes. Cette lutte est le fond même du drame, où le noble, le beau et le vrai triomphent du petit, du ridicule et du faux par leur seule puissance d'expansion. L'idée se développe avec une grande variété de caractères sur un fond d'épisodes humoristiques et de scènes pittoresques qui donnent à tout le drame le caractère d'un riche tableau d'histoire.

Au lever du rideau, la scène représente l'intérieur de l'église Sainte-Catherine à Nuremberg. La grande nef se perd obliquement à gau-

che et ne laisse voir que les derniers bancs des
fidèles. L'orgue roule, et l'assemblée chante la
dernière strophe d'un choral à quatre voix,
dont l'harmonie pleine remplit la voûte sonore.
Comme dans tous les cantiques luthériens, la
mélodie grave et mesurée se repose un instant
après chaque vers, pour reprendre son essor.
Pendant ces courtes pauses, une pantomime
significative s'engage entre deux personnages.
Un jeune chevalier, vêtu d'un riche costume de
velours, est debout au premier plan, derrière un
pilier, et tient ses regards attachés sur une jeune
fille assise au dernier rang des fidèles. Il semble
vouloir lui parler, son geste ému exprime une
prière fervente, un désir profond contenu par le
respect. A ce mouvement passionné, la jeune
fille honteuse, hésitante, répond par des regards
mal assurés, mais pleins de confiance, puis soudain baisse la tête, rougit et reprend son cantique. La fin de l'office interrompt ce dialogue
muet, puissamment interprété par le chant expressif des violoncelles. Les fidèles s'acheminent
vers la sortie ; la jeune fille, accompagnée de sa
nourrice, fait quelques pas vers la porte ; mais
le chevalier fend la foule, va droit à elle et
l'aborde.

Le chevalier, disons-le tout de suite, c'est
Walther de Stolzing, jeune seigneur de Franco-
nie, qui vient d'arriver à Nuremberg. Reçu hospitalièrement dans la maison de l'orfèvre Pogner,
un des maîtres chanteurs les plus riches et les
plus respectés, il s'est passionnément épris de

sa fille, et s'en est venu jusqu'à l'église pour lui parler tête à tête. Eva, tremblante, émue, vaincue d'avance, ne sait que dire, et cherche un prétexte pour s'arrêter ainsi en pleine église; mais il n'est jeune fille si naïve que l'amour ne rende merveilleusement rusée. Eva sait bien pourquoi elle a oublié son mouchoir sur le banc et perdu son bracelet en route. — Va les chercher, ils y sont, dit-elle à sa cameriste. Et celle-ci de courir. Aussitôt un dialogue rapide s'engage. Walther presse Eva de questions. — « Ce seul mot, vous ne me le dites pas? La syllabe qui prononce mon arrêt? Oui ou non! — Rien qu'un murmure de votre bouche : mademoiselle, dites, êtes-vous fiancée? » — Qu'apprend-il? Son père l'a promise au maître chanteur qui sera couronné demain par toute la corporation. — « Et la fiancée; qui choisira-t-elle? — Vous ou personne! » s'écrie Eva en s'oubliant. — Madeleine, la sage nourrice, a beau s'interposer d'un air d'importance et de protection maternelle, le mot est dit, il tinte dans les oreilles de Walther, il brûle dans son cœur. Les fiancés se donnent rendez-vous pour le soir. Walther espère bien gagner le prix, et s'écrie avec feu dans un transport de joie :

> Je t'aime, belle enfant, mais n'ai point de science ;
> Aussi jeune est mon cœur que ma jeune espérance
> Je ne sens qu'un désir :
> T'enlever, te ravir,
> D'un effort de jeunesse,
> D'un élan d'allégresse

Faut-il combattre ? Eh bien ! mon glaive frappera
Faut-il chanter ? J'en suis ; ma voix te gagnera.
Déja le feu sacré me trouble et m'inquiète,
Pour toi s'allume le désir,
Le saint courage du poète !

La mélodie amoureuse, interrogative, impatiente, qui semblait hésiter et s'essayer dans les questions brèves de Walther, s'élance et s'élargit avec ce serment juvénile en accents pleins de fierté chevaleresque, et prend les contours hardis d'un air éclatant qui termine vivement cette première scène.

Eva s'éloigne, entraînée par Madeleine, et Walther reste seul avec David. C'est l'apprenti de l'illustre Hans Sachs, cordonnier poète. En partant, Madeleine, qui a un faible pour ce joli garçon toujours sautant et fredonnant, l'a prié d'enseigner à Walther les secrets de l'école, car pour obtenir Eva il s'agit de devenir maître à tout prix. — « Maître du premier coup ? Oh ! oh ! voilà du courage, » dit l'apprenti en toisant le chevalier des pieds à la tête. Il connaît les difficultés du métier, et les énumère avec un orgueil naïf.

Sur ce, d'autres apprentis sont entrés dans l'église, où va se tenir une séance solennelle des maîtres chanteurs [1]. Tout en lardant de cent brocards le camarade David, qui fait le savant avec le chevalier, ils apportent les bancs pour les

---

1. Au XVIᵉ siècle, ces séances solennelles avaient lieu, en effet, dans l'église Sainte-Catherine, à Nuremberg : on le sait par Wagenseil, historien des maîtres chanteurs.

maîtres, la chaise haute pour le chanteur et dressent au fond de la scène une estrade voilée d'un rideau noir nommée *Gemerk*. C'est dans cette cage de mauvais augure que s'enfermera, selon le rite établi, le marqueur (*Merker*), le critique désigné qui marque impitoyablement sur un tableau noir les fautes du chanteur suant sang et eau sur sa *sellette*. Les apprentis le savent bien, et raillent à qui mieux mieux ce cavalier sans façon, cet intrus naïf qui veut sauter à pieds joints toutes les difficultés et s'improviser « maître » du jour au lendemain. Leur besogne faite, les gamins en gaieté font la ronde autour de la tribune, et lancent à la tête du cheval de plus en plus dépaysé, ce refrain ironique qui se scande sur leur danse moqueuse :

> La couronne de fleurs, la couronne jolie,
> Le beau chevalier l'attrapera-t-il ?

Il y a une gaminerie folâtre dans cette chanson, la dernière note s'élance comme une fusée pétillante, mais l'entrée des graves maîtres chanteurs coupe court à cette espièglerie. L'école étant au grand complet, Pogner se hâte de présenter à l'assemblée son protégé Walther de Stolzing. A son aspect, un murmure d'étonnement s'élève dans la docte compagnie. Un chevalier dans l'école de simples bourgeois ! cela ne s'est jamais vu, c'est une innovation dangereuse, subversive. Et puis, demander du premier coup le grade de maître, quelle présomption juvénile, quelle audace cavalière ! Un auteur inconnu venant la plume sur l'oreille, du fond de sa province, se présenter à l'Académie française ne causerait pas une plus grande surprise à Paris que le jeune seigneur de Stolzing entrant bravement dans l'école des maîtres chanteurs de Nuremberg. Il faut toute l'éloquence de son protecteur et toute l'autorité du vieux et vaillant poète Hans Sachs, qui se moque des formalités et qui devine dans cet inconnu quelque chose de jeune et de puissant, pour le faire admettre à l'épreuve solennelle. Le président Kothner, raide comme un in-folio, bourru comme un juge à l'audience, image vivante du dogmatisme le plus inflexible, se lève et procède à l'interrogatoire du nouveau venu. « Quel est votre maître? dit-il, dans quelle école avez-vous appris le chant? » A cette question, Walther voit surgir dans son âme ses plus beaux souvenirs d'adolescence, il revoit comme en songe le château où, seul descendant de sa race, il a passé ses premières années dans une solitude austère, en douces rêveries, en longues méditations. Tout cela, la musique nous le fait pressentir vaguement dans un prélude d'une douceur infinie. Tel est le charme de cette mélodie où les notes rêveuses du cor se mêlent aux soupirs suaves des violons, qu'on oublie le lieu de la scène et qu'on se croit transporté tout à coup dans une vaste forêt de hêtres séculaires, où le soleil printanier jette ses traînées lumineuses et qu'agite seulement un léger murmure de la brise. Walther est resté un instant comme perdu dans ses

souvenirs, puis sa pensée se formule et s'é-
chappe d'elle-même dans un *lied* d'une mélodie
lente et large.

> En mon château calme et désert,
> Couvert de neige en plein hiver,
> J'ai rêvé, dans un long délire,
> Du printemps au divin sourire.
> Un vieux recueil de chants d'amour
> Me disait comment il soupire.
> Walther [1] l'antique troubadour,
> Fit vibrer mon cœur et ma lyre.
> — Et quand fondait le givre en pleurs,
> Quand sur mon front pleuvaient les fleurs.
> Les rêves de ma nuit discrète,
> Les voix de mon divin poète
> Résonnaient par monts et par vaux
> Dans la forêt resplendissante !
> Là-bas, avec les gais oiseaux,
> Là-bas j'appris comment on chante !

Il y a tant d'assurance dans son maintien,
tant de fierté valeureuse dans ses paroles, que
tout le monde s'accorde à l'écouter ; mais il faut
d'abord que le *marqueur*, le critique redoutable,
prenne place sur sa tribune. Le hasard veut que
ce soit le plus fieffé pédant de toute l'école, et,
chose plus grave, un prétendant à la main
d'Eva. Depuis longtemps, il grille sur son banc,
et sent sa bile s'échauffer contre le candidat,
dans lequel il flaire un rival. Maître Beckmesser,

---

[1] *Walther von der Vogelweide*, le plus grand des lyriques
allemands du moyen âge. Il vécut en *Minnesinger* ambulant
sous Frédéric II de Hohenstaufen. Au xvie siècle, il n'avait rien
perdu de sa renommée. Au xviie et au xviiie, il tomba dans l'oubli. Ressuscité de nos jours, il est plus célèbre que jamais. On
l'a traduit en langue moderne, et de grands musiciens (témoin
Schumann) ont recomposé les chants qu'il accompagnait, il y
six cents ans, de sa harpe rustique.

greffier de la ville, célibataire de cinquante ans en quête d'une belle dot, se croit le plus beau garçon et le plus irrésistible des chanteurs de Nuremberg. Son plus grand talent consiste à critiquer les autres; remplir cette fonction fait ses délices. Il est tellement versé dans la *tabulature*, que pas une faute ne lui échappe, il tressaille d'aise à chaque rime défendue, il frétille de joie à chaque fausse note. Pour lui, tout chanteur novice est un gâcheur, comme pour certains juges tout prévenu est un condamné. Quand ce novice est un rival, la critique devient le suprême de la volupté. Il s'avance vers Walther d'un air pimpant, s'incline avec une politesse affectée et lui dit d'un ton narquois : Je vous accorde sept fautes, et je vais les marquer là-bas à la craie. Si vous en faites plus de sept, vous aurez perdu, sire chevalier. » Là-dessus il monte sur l'estrade et disparaît derrière le rideau noir. Walther s'assied avec un malaise visible sur la chaise fatale qui se dresse en forme de chaire en face des maîtres. — Le chanteur est en place, dit Kothner de sa rude voix de basse, et du fond de sa cachette le greffier ajoute d'un ton de fausset le mot sacramentel : « Commencez! » Le poète ainsi sommé se recueille un moment, puis, saisi d'une inspiration subite, il se lève de toute sa hauteur, et, s'emparant de ce dernier mot, qu'on lui jette comme un défi, il le prend pour thème d'un hymne enthousiaste au printemps. « Commencez ! » reprend-il :

Commencez !
Dit le Printemps au cœur des bois
Avec sa grande et forte voix...
— Et la Forêt verte et vibrante
Tressaille dans ses profondeurs.
Comme une vague grandissante
S'approchent des sons précurseurs
Le flot plus fort
Se gonfle encor
De mille voix enchanteresses ;
Il monte aux cieux
En cris joyeux
Quels doux orages
Dans les feuillages,
Torrents de joie et d'allégresses !
Et les grands bois,
À cette voix,
Répondent par leur hymne immense.
Tout renaît à ses longs accents,
Et la Forêt commence
Le chant suave du Printemps !

Pendant cette fougueuse improvisation, des murmures d'impatience se sont échappés de la tribune du critique, on a entendu de forts coups de craie sur le tableau noir. Walther lui-même s'en est aperçu. Il s'interrompt et se retourne dans un mouvement d'indignation. La harpe de l'orchestre répond par un arpège rapide et frémissant qui s'élance comme un éclair et retombe sur un accord plein de mépris superbe. Walther, trop plein d'enthousiasme pour se laisser déconcerter, saisit l'incident au vol. Se tournant à demi vers le critique impuissant, il continue :

Tout grelottant de rage,
De haine et de dépit,

> Dans un buisson sauvage
> L'hiver s'est accroupi.
> Caché sous le bois mort,
> Le lâche raille encor
> Pour imposer silence
> Au cri de l'espérance

> Mais : commencez !
> Ce cri m'a traversé le cœur,
> Et l'Amour l'envahit vainqueur...
> Il frémit comme un arbre en sève,
> Ah ! comme il bondit en sursaut.
> Il s'ouvre au sortir d'un long rêve,
> Il chante comme un jeune oiseau !
> Le sang joyeux
> Coule orageux ;
> Gonflé de volupté fougueuse
> Et les soupirs,
> Et les désirs,
> Et les pensées
> S'enflent, bercées
> Comme une mer mélodieuse.
> Je sens jaillir
> Et tressaillir
> Dans ma poitrine un hymne immense.
> Adieu la nuit, voici le jour !
> Et l'âme enfin commence
> L'hymne sublime de l'Amour !

La mélodie de ce chant dithyrambique est d'un élan majestueux ; ivre de lumière, de parfums et de vie, elle raconte et plane de zone en zone dans le ciel bleu, soutenue par un accompagnement à plein orchestre, où les mille voix de la forêt se prolongent et se fondent en une symphonie éclatante.

Le *marqueur* a perdu patience. Furieux, il sort de sa cachette en brandissant son tableau

noir tout criblé de traits. « C'est fini, crie-t-il,
il n'y a plus de place. » Walther veut achever,
c'est en vain; l'assemblée se lève en tumulte,
les maîtres font cercle autour du greffier, qui
leur démontre tous les crimes de *lèse-tabula-
ture* de son rival. « Ni pause, ni fioriture, et
pas trace de mélodie! » dit le critique triomphant.
L'avis est unanime, le chant d'essai de Walther
est déclaré absurde, fou, incompréhensible. Un
seul regarde le vaillant improvisateur avec une
admiration mêlée de stupeur. C'est le vieux
Hans Sachs, le poète aimé de Nuremberg, un
vrai poète à sa manière, fort élevé au dessus
des préjugés de l'école. Il prend hautement la
défense du chevalier, le conjurant d'achever
quand même, au mépris des pédants qui refu-
sent de l'écouter. Walther, fièrement dressé sur
sa chaire, achève son hymne au milieu des pro-
testations et du bruit. Ce finale du premier acte
est d'un effet très puissant. Le chant audacieux
de Walther domine le tumulte des maîtres de
toute la hauteur dont l'enthousiasme domine
l'impuissance. Il célèbre l'oiseau au plumage
resplendissant qui prend son vol au milieu d'un
essaim de hiboux et de chouettes, s'élance bien
au-dessus, et déploie ses ailes dans l'azur tranquille, puis va rejoindre à travers les libres
espaces sa montagne natale. Cet aigle, c'est lui,
c'est son chant, c'est sa fière mélodie qui déploie
dans cette troisième strophe toute sa puissance
d'envergure. « Adieu, les maîtres, pour toujours! » dit Walther avec dédain en descendant

de son siège, et il sort précipitamment. Le vacarme des maîtres scandalisés est au comble .Au milieu de cette agitation, Sachs, immobile et fasciné, a suivi le chant du chevalier avec un intérêt croissant. « Quel courage ! s'écrie-t-il, quelle flamme ! Silence, maîtres, écoutez donc ! C'est un cœur de héros, un fier poëte celui-là !» Peine perdue, le verdict est prononcé, tous se pressent pêle-mêle vers la porte, et grâce à la confusion générale, les apprentis renouent leur ronde folâtre autour de la tribune et répètent en gambadant :

> La couronne de fleurs, la couronne jolie,
> Le beau chevalier l'attrappera-t-il ?

Le second acte nous transporte au beau milieu de la pittoresque ville de Nuremberg. Une rue étroite se présente en perspective ; deux maisons bordent le devant de la scène. A gauche, c'est la modeste maisonnette du cordonnier Hans Sachs ; un lilas enlace et protège la paisible demeure de ses feuilles touffues, et les grappes de fleurs odorantes encadrent familièrement les petites fenêtres à carreaux du vieux poète. A droite, c'est la maison plus imposante de maître Pogner, ombragée d'un beau tilleul, ornée d'un escalier de pierre et d'une porte à niches. Deux enfilades de toits pointus vont se perdre au fond avec leurs pignons aériens à flèches gracieuses qui se pressent comme une forêt de mâts, et par-dessus la ville bourdonnante les dernières lueurs d'un soir d'été se jouent dans le ciel pur.

Le couvre-feu a sonné, les apprentis quittent leur travail en sautant de joie, aux cris : « Demain c'est la Saint-Jean ! c'est la Saint-Jean ! où l'on ne voit que fleurs et rubans ! » David et Madeleine, qui se risquent un instant dans ce groupe espiègle, essuient au passage ses couplets railleurs. « A la Saint-Jean, tout le monde se marie. Les vieux épousent les fillettes, la vieille fille épouse le jeune garçon. » Bientôt la nuit tombe, tout se disperse, et la rue devient déserte. Hans Sachs [1] ouvre la petite porte de son atelier,

[1] Hans Sachs (né en 1494, mort en 1576), le poète le plus populaire de l'Allemagne au xvi° siècle, fut un des types vigoureux et originaux de cette époque si féconde en caractères bien trempés. Il n'a pas cessé de vivre dans le souvenir du peuple, et l'on montre encore sa maison à Nuremberg. Ce cordonnier avait lu tout ce qu'on pouvait lire de son temps en allemand, Histoire sainte et profane, mythologie grecque et romaine, légende d'Arthur et de Charlemagne, il savait tout. Il comptait au nombre de ses amis Wilibald Pirkheimer, Albert Dürer et Luther, qu'il appelait « le rossignol de Wittemberg ». Rimeur infatigable, conteur jovial et cordial, poète à ses heures, il écrivit une quantité innombrable de farces, de tragédies, de poèmes, de cantiques, qui remplissent plusieurs in-folio. Il excelle dans le récit populaire. Gœthe a imité parfois sa manière, et lui a consacré un monument dans la pièce intitulée *Hans Sachsen's poetische Sendung*. Le fils illustre du patricien de Francfort salue comme un de ses ancêtres intellectuels le pauvre et joyeux cordonnier de Nuremberg. Après avoir décrit l'atelier de l'artisan, où la muse, « belle à voir comme une image de notre chère dame », vient visiter le poète dans un rayon de soleil, il s'écrie : « Comme il vit heureux dans sa douce retraite ! Là-haut dans les nuages, flotte pour lui une couronne de chêne éternellement jeune et verdissante ; la postérité en ceindra son front. Honneur à lui et honte à tous ceux qui méconnaîtraient leur maître ! » La prédiction de Gœthe se réalise de plus en plus. Le drame de Richard Wagner est le plus beau monument qu'on ait jamais élevé à la gloire du poète nurembergeois.

allume sa lampe, s'assied sur un escabeau et se remet au travail.

Mais la soirée est trop belle, le calme trop profond, le parfum des lilas trop enivrant, la besogne n'avance pas, et, posant son marteau, il se met à rêver. Le chant de Walther résonne encore à son oreille et l'obsède étrangement. « Je le sens et ne puis le comprendre, je ne puis le retenir ni l'oublier non plus. J'essaye de l'embrasser, et la mesure me manque. Comment embrasserais-je ce qui était infini? Ces accents me semblaient si connus et pourtant si nouveaux, nouveaux comme un chant d'oiseau pendant le doux mois de mai. » Il cherche, il songe, il cherche encore sans pouvoir trouver, pendant que le hautbois et le cor se renvoient la phrase la plus mélodieuse et la plus pénétrante du chant d'essai de Walther. Par quoi l'a-t-il donc saisi si fortement? De quelle terre vient-il? De quel monde débordant de jeunesse et de force? *L'hymne au printemps* a profondément retenti dans l'âme naïve du vieux poète; on dirait qu'il y a réveillé la verve rimeuse et la fait chanter à son tour, comme le cri du rossignol éveille dans les arbres d'alentour mille échos passionnés. La musique qui accompagne ce monologue est d'une magie printanière : susurrements légers des violes, sons expirants de la flûte, longs appels sans réponse des cors, ces harmonies étranges où surnagent les motifs enchanteurs de Walther nous initient par degrés à tout ce travail intérieur, à cette germination mystérieuse des pensees, à ce renouveau qui bourdonne dans la tête du vieux maître.

Une visite inattendue et charmante le tire de sa rêverie. Eva s'est glissée hors de la maison paternelle, elle traverse la rue sur la pointe des pieds et s'approche, furtive et légère comme un chevreuil, de l'atelier du cordonnier. Elle est en proie à une vive inquiétude. Walther est-il sorti triomphant de l'épreuve? pourra-t-il concourir demain? voilà ce qui l'amène. Sachs, agréablement surpris par l'aimable visiteuse, se lève, Eva s'assied au dehors sur le banc de pierre qui tient à la maison; le maître, resté en dedans, s'appuie sur le rebord de la fenêtre, et se penche vers la jeune fille. Les lilas en fleur encadrent ce tableau, et la lune le caresse d'un rayon.

Eva. Bonsoir maître ! Toujours au travail !

Sachs. Comment, c'est toi, mon enfant ! Ève ma mignonne ? Mais je devine pourquoi tu viens. Les nouveaux souliers n'est-ce pas ?

Eva. Mal deviné ! Je ne les ai pas encore essayés. Ils sont si beaux, si magnifiquement ornés, que j'hésite à les mettre.

Sachs. Et demain pourtant tu les porteras comme fiancée.

Eva. Et qui sera le fiancé ?

Sachs. Le sais-je moi ?

Eva. Et qui vous a dit que je suis fiancée ?

Sachs. Eh quoi ! toute la ville le sait.

Eva. Si toute la ville le sait, l'ami Sachs n'est pas sorcier pour me l'apprendre. Je croyais qu'il en saurait plus long

Sachs. Que puis-je savoir ?

Eva. Eh ! voyez donc ! Faut-il vous le dire ? Je suis bien sotte, n'est-ce pas ?

Sachs. Je ne dis pas cela.

Eva. Alors vous êtes bien rusé ?

Sachs. Je n'en sais rien.

Eva. Vous ne savez rien ? Vous ne dites rien ? Ah ! l'ami

Sachs, je commence à m'en apercevoir, la poix est moins flexible que la cire. Je vous aurais cru plus fin.

Sachs. Enfant ! Cire et poix sont choses également précieuses dans mon métier. J'ai pris la cire la plus exquise pour faire reluire les fils de soie qui enlacent tes souliers coquets : mais aujourd'hui je fais de gros souliers. Il me faut de la poix pour un rude manant.

Eva. Qui donc ? Un grand personnage peut-être ?

Sachs. Je crois bien ! Un maître chanteur, un fier prétendant, qui pense l'emporter demain sur tous ses rivaux. Je travaille aux souliers de maître Beckmesser.

Eva. Oh ! alors, mettez-y de la poix, et hardiment ! Qu'il y reste collé et me laisse en paix !

Sachs. Il espère te gagner sans faute par son chant.

Eva. Lui ? Comment donc ?

Sachs. Un célibataire ! Ils sont rares parmi les maîtres.

Eva. Un veuf ne pourrait-il réussir ?

Sachs. Mon enfant, il serait trop vieux pour toi.

Eva. Trop vieux ? Pourquoi ? C'est l'art qui doit vaincre, et non pas la jeunesse. Quiconque s'y entend brigue ma main !

Sachs. Ève, ma mignonne, tu me fais des contes bleus.

Eva. Pas moi ! C'est vous qui me contez sornette. Avouez que vous êtes changeant. Dieu sait qui vient d'emménager dans votre cœur. Moi qui croyais y régner depuis tant d'années !

On le voit, toute la coquetterie enfantine, toute la grâce insinuante d'Eva échouent devant la malice paternelle du cordonnier. Elle parvient cependant à faire tomber la conversation sur la séance à l'école de chant. Sachs laisse échapper comme par hasard le mot de « présentation ». Eva tressaille et s'écrie naïvement :

Eva. Ah ! maître Sachs, vous auriez dû me le dire tout de suite, et je ne vous aurais pas tourmenté de questions superflues. Eh bien ! vite ! dites-moi qui s'est présenté à l'école des maîtres chanteurs ?

Sachs. Un jeune seigneur, mon enfant, un ignorant.

Eva. Un jeune seigneur ? j'espère ! — A-t-il été reçu ?

Sachs. Du tout mon enfant, il y a eu grande bataille.

Eva. Alors parlez donc ! Racontez-moi ce qui s'est passé. Si cela vous tourmente, comment resterais-je tranquille ? A-t-il mal subi son épreuve ? a-t-il perdu ?

Sachs. Perdu sans grâce, le sire chevalier.

Madeleine (sur l'escalier). Pst !

Eva. Sans grâce ? Comment ? Rien ne peut le sauver ? A-t-il si mal chanté qu'il ne puisse devenir un maître ?

Sachs. Pour celui-là, mon enfant, tout est perdu. Il ne sera maître dans aucun pays. Car, sache-le, mon enfant, quiconque est né maître, parmi les maîtres ne fera point fortune.

Madeleine (de l'autre côté de la rue). Le père demande après toi.

Eva. De grâce ! une dernière question. N'a-t-il pas trouvé dans toute l'école un seul ami pour le défendre ?

Sachs. Un ami ? Voilà qui serait plaisant ! Laissons courir ce hobereau à plume de paon. Nous voulons dormir tranquilles sur les règles que nous avons apprises à la sueur de notre front. Qu'il nous baille la paix, ce trouble-fête, et qu'il cherche ailleurs son bonheur !

Eva (se lève en colère). Oui ! il le trouvera ailleurs que chez vous, pédants envieux que vous êtes ! Il le trouvera là où les cœurs brûlent encore d'un feu généreux, en dépit de tous les maîtres sournois !

On le devine aisément, maître Sachs n'a médit du chevalier que pour mieux sonder le cœur d'Eva. Il est vrai que sous ses cheveux grisonnants, le poète, encore plein de verdeur, cache un faible pour la ravissante enfant, la perle de Nuremberg. Toute petite, il la portait dans ses bras, il l'a vue grandir, il lui a enseigné tout ce qu'il savait de bon et de beau, et l'a toujours aimée, choyée, gâtée comme une fille adoptive. C'est une de ces affections de père qui renferment un grain de passion ; mais le vaillant maître ne songe même pas à se l'avouer, et maintenant qu'il sait où souffle le vent, il se décide gaiement à prendre en main la cause de Walther.

12

L'aventure menace toutefois de prendre une tournure plus grave. Walther s'avance dans la rue; Eva, fidèle au rendez-vous, s'élance vers lui. Las de tergiversations et de compromis, exaspéré contre les maîtres, le jeune homme a pris un parti énergique; il veut enlever sa fiancée loin de cette ville de pédants et l'épouser dans son château. Eva se jette dans ses bras sans hésiter. Ils vont fuir; mais les amants ont compté sans maître Sachs. Le cordonnier a tout vu; il entr'ouvre légèrement son volet et fait tomber un rayon de lumière sur les fugitifs, qui reculent effrayés. Au même instant, Beckmesser arrive du fond de la rue et fait entendre le son de sa guitare. Le greffier se flatte de gagner le cœur d'Eva par une sérénade nocturne. A la vue du malencontreux critique, Walther tire son épée et veut s'élancer sur lui. Eva, qui craint un scandale, ne parvient qu'à grand'peine à calmer son ravisseur impatient. Enfin elle l'entraîne sous le tilleul sombre, où ils attendent l'issue de la scène.

En apercevant Beckmesser, Sachs, saisi d'une idée subite, rouvre sa porte et place son escabeau dans la rue. Au moment où le greffier s'apprête à chanter, Sachs frappe à grands coups de marteau sur une paire de souliers qu'il est en train d'achever, et entonne d'une voix de stentor une chanson humoristique de sa façon. Alors le greffier, piqué, hors de lui, trépignant de colère, chante à tue-tête sa prosaïque et lourde sérénade.

Cette cacophonie burlesque met aux fenêtres les voisins, qui, furieux d'être troublés dans leur sommeil, accablent d'injures le chanteur importun. David l'apprenti est descendu, il s'imagine que le greffier en veut à Madeleine, tombe sur lui à bras raccourcis, et d'un solide gourdin fait voler sa guitare en éclats. Les voilà aux prises. Les voisins accourent et veulent les séparer. — Est-ce que ça vous regarde? — crient de nouveaux arrivants, et les voisins eux-mêmes tombent les uns sur les autres. Après les voisins viennent les apprentis, après les apprentis les compagnons, tous criant, frappant à qui mieux mieux. La jalousie des corporations s'en mêle. Charpentiers, tailleurs, serruriers tombent les uns sur les autres; les maîtres eux-mêmes, qui voulaient se poser en arbitres, finissent par jouer des poings; enfin c'est une mêlée inextricable. Walther, resté à l'écart avec Eva, veut profiter de la confusion pour se frayer un chemin l'épée à la main ; mais Sachs, qui les observe, s'élance sur eux, saisit Walther d'une main et de l'autre pousse Eva dans les bras de son père, puis il entraîne le chevalier dans sa maison et ferme la porte derrière lui. Au même même moment, on entend la trompe du veilleur de nuit; le cor d'Obéron ne produirait pas d'effet plus instantané. Aussitôt la bataille cesse comme par enchantement; apprentis, compagnons, bourgeois, prennent la fuite, tout se disperse, toutes les fenêtres se ferment précipitamment, et la pleine lune éclaire de ses paisibles rayons la rue silencieuse. Le veilleur de nuit arrive trop tard, se frotte les yeux, regarde autour de lui d'un air ébahi, et, croyant avoir entendu des spectres, il entonne d'une voix tremblante son verset solennel : « Ecoutez, bonnes gens, prêtez l'oreille, — la cloche a sonné onze heures. — Gardez-vous des spectres et des lutins, — qu'aucun mauvais esprit n'ensorcelle votre âme. — Louez Dieu le Seigneur ! »

Le finale de cet acte est un tour de force d'orchestration et de verve comique. Le *crescendo* qui accompagne la mêlée se développe tout entier en fugue sur la ritournelle bizarre de la sérénade, et gagnant tout l'orchestre par bonds rapides, éclate avec une furie étourdissante. Cet air drolatique qui, dans l'idée du grand greffier, devait attendrir la belle Eva, ne fait qu'ameuter les voisins. Comme un lutin moqueur, il se multiplie, se centuple en pirouettes fantasques, s'élance de toutes les portes, et légion formidable, revient assaillir le chanteur effaré. Le pédant est puni par son péché, rossé par sa propre sérénade, qui semble prendre mille corps et fourmille autour de lui : idée originale d'un comique très gai. Un autre compositeur eût sans doute fait tomber la toile sur cet éclat de rire shakspearien. Par une intention fine et heureuse, le poëte a voulu ramener l'auditeur à une disposition plus contemplative. Un coup de trompe, et tout s'enfuit, le veilleur de nuit chante au milieu du silence son grave couplet, moitié comique, moitié sérieux, la lune monte entre les

pignons grêles de la ville endormie, et d'un coup
de baguette on se dirait enlevé dans le royaume
aérien des esprits, qui se sont amusés à semer
la discorde parmi les braves bourgeois pour
mieux préparer le triomphe de leurs favoris.
Les flûtes reprennent *staccato scherzando* le
motif endiablé qui va se perdre dans les profondeurs de la basse, tandis que le cor répète deux
fois comme une douce question trois notes rêveuses du prélude de Walther. On croit voir s'es-
quiver en serpentant la ronde folâtre de lutins et
de fées, et s'évanouir sa trace lumineuse comme
un essaim de lucioles, pendant qu'un sylphe
attardé se penche sur Eva, et murmure le nom
mystérieux du bien-aimé à la jeune fille qui s'endort. La musique a de ces magies; seize mesures
lui suffisent pour faire passer sous nos yeux
toutes les féeries d'Obéron et de Titania.

A cette nuit bruyante et fantastique succède
un jour radieux. Au troisième acte, nous sommes
dans l'intérieur de Sachs. L'atelier a pris un air
de fête, tout est en ordre, la table reluit, les
modestes fenêtres garnies de pots de fleurs tami-
sent le soleil du matin. Le maître est assis dans
un grand fauteuil, il tient un in-folio ouvert sur
ses genoux et paraît plongé dans sa lecture.
David, qui entre en frétillant de joie parce que
Madeleine lui a donné fleurs et rubans, a beau
tourner autour de lui, l'interpeller par son nom,
à voix basse, à haute voix, il ne bouge pas, si
bien que l'apprenti inquiet se croit en disgrâce
et demande d'une voix suppliante le pardon de

ses méfaits nocturnes. Pour toute réponse, le maître ferme son in-folio à grand bruit, et l'apprenti effrayé tombe à genoux. « Le sermon va venir et la courroie par-dessus le marché », pense David; mais le maître a l'air de revenir d'un autre monde, son front est serein, sa voix amicale, il fait réciter à son élève le verset du matin, et l'envoie s'habiller pour la fête. Maître Sachs est un vrai philosophe. Quand il vient de lire dans la *Chronique du monde* (*Weltchronik*), quand il a médité sur les destinées humaines, il est doux comme un agneau, il comprend tout et ne se fâche de rien. Resté seul, il achève sa méditation, qui nous ouvre une échappée sur le fond de cette âme mâle et placide. Repassant dans sa mémoire les évènements de la nuit, il se demande quel démon a excité les uns contre les autres les paisibles citoyens de sa chère ville de Nuremberg. — C'est l'antique folie, dit-il, c'est l'éternelle illusion, sans laquelle rien ne réussit, qu'il ne s'agit que de maîtriser. Après la folle nuit vient le jour ! Voyons comment Hans Sachs s'y prendra pour faire sortir de la grande folie quelque chose de grand ! »

A ce moment, Walther entre dans l'atelier. — « Prenez courage, lui dit Sachs, et composez-moi un chant de maître ! » Walther sourit; il ne croit pas à une réconciliation avec l'école, et n'en veut plus entendre parler. Sachs n'est pas de cet avis, et lui promet la victoire pourvu qu'il plie son inspiration à une forme plus sévère. « Comment m'y prendrais-je ? — Racon-

tez-moi votre rêve du matin. » Ce rêve, comme
tous les rêves, est une vision vague mais d'autant plus délicieuse. Walther s'est vu transporté
dans un jardin resplendissant de fleurs et de
rosée où une femme divine, une Ève enchanteresse, l'appelait sous l'arbre de vie et l'invitait à
cueillir le fruit savoureux. Fasciné, il s'est
assoupi sous les regards de la séductrice. La
nuit est tombée, et à travers le feuillage sombre
il a vu scintiller une couronne d'étoiles qui semblait vouloir se poser sur le front de la femme
aux yeux rayonnants. Dans la bouche de Walther, cette vision se formule tout naturellement
en deux strophes mélodieuses d'un flot suave et
noble. Le maître est ravi. Dans la joie de son
cœur, il a écrit les paroles sur une feuille de
papier. « Et maintenant, dit-il, il s'agit d'oser.
Allons nous préparer pour la fête. »

A peine sont-ils sortis qu'on voit apparaître le
greffier, qui rôdait dans la rue. Il entre en boi-
tant, car ses jambes n'ont pas oublié la sérénade
de la veille et son accompagnement varié. Ses
yeux rencontrent la feuille de papier oubliée sur
la table. Il reconnaît l'écriture de Sachs; un
chant d'amour de lui ? Le vieux cordonnier
aurait-il l'audace de briguer la main d'Eva ? Cette
pensée lui vient comme un éclair. Le maître
rentre au même instant en habit de fête, Beckmesser l'accable de reproches et de sarcasmes.
« Je n'ai jamais songé à concourir, lui répond
Sachs en riant, à preuve que je vous fais cadeau
de ces vers. Faites-en ce qu'il vous plaira. » Le

greffier tombe tête baissée dans le piège qu'on lui tend et emporte triomphalement la feuille, croyant tenir la victoire dans sa poche.

Survient Eva en robe blanche, richement parée pour la fête. Sachs lui fait compliment sur sa beauté; mais elle lui reproche d'un air triste et boudeur de ne pas savoir *où le soulier la blesse* [1]. Le cordonnier la prend au mot, lui fait poser le pied sur un tabouret et tâte le méchant soulier. Trop large ici, trop mince là, Eva lui trouve tous les défauts du monde. Tout à coup Walther paraît sous la porte, en face d'Eva, et reste cloué sur place devant l'éblouissante apparition. La couronne étoilée qu'il a vue flotter en songe sur la tête de son Ève idéale brille maintenant dans les cheveux d'Eva, et c'est une couronne de fiancée. Le rêve s'est accompli, la vision poétique est devenue réalité vivante. Dans le ravissement que lui cause cette vue, il laisse échapper la troisième strophe de son chant qui résonne aux sons de la harpe comme l'hosanna des fiançailles. Eva l'écoute immobile, les bras étendus, pétrifiée d'étonnement. « Eh bien! dit Sachs en lui remettant le soulier, est-il réussi? Essaye, marche! Te gêne-t-il encore? » Eva reconnaît enfin dans le vieux maître son plus généreux ami et se jette à son cou. Après un instant d'effusion paternelle, Sachs, s'arrachant à cette étreinte, fait retomber la jeune fille palpitante de bonheur sur l'épaule de

[1] Proverbe allemand qui équivaut à la locution : *où le bât la blesse.*

Walther, qui la reçoit dans ses bras. David et Madeleine sont entrés comme par hasard, et la scène finit par un grand quintette, où tous ces cœurs émus se fondent en un hymne de joie et d'espérance.

Le rideau s'abaisse un instant et se relève bientôt après sur une grande scène populaire. Une vaste prairie s'étend au bord de la Pegnitz. Nuremberg dessine au fond ses tours et sa citadelle; une estrade flanquée de banderoles se dresse à gauche. Bourgeois et bourgeoises arrivent en nacelles et sont reçus par les apprentis, qui, vêtus en hérauts, brandissent gaiement leurs sceptres enrubannés. Les corporations se succèdent et arborent leurs bannières sur la tribune des maîtres chanteurs. Les tailleurs, les cordonniers et les boulangers chantent un couplet en l'honneur de leur patron, les trompettes de la ville sonnent leurs fanfares et le peuple applaudit. La joie est au comble, quand arrive un bateau tout rempli de paysannes. Aussitôt les apprentis courent s'en emparer, les fifres attaquent un motif piquant et rustique, les couples se forment en un clin d'œil, et voilà la danse en branle. Un cri qui s'élève dans la foule coupe court à ce bal improvisé. Les paysannes, lâchées subitement, volent aux quatre coins de la place, les apprentis se rangent respectueusement, et les cuivres, reprenant la marche solennelle de l'ouverture, annoncent l'arrivée des maîtres chanteurs. Ils se rangent sur la tribune, Pogner conduit sa fille, qui tient la couronne destinée au vainqueur. Hans Sachs arrive le dernier. En apercevant son favori, le peuple ne contient plus sa joie, et, d'une inspiration spontanée, unanime, entonne le beau cantique de Sachs sur la réformation :

> Debout ! voici venir le Jour !
> J'entends aux vallons d'alentour
> Un rossignol à la voix claire [1].
> Sa voix réveille ciel et terre !
> La nuit s'enfuit à l'Occident,
> Le jour se lève en Orient,
> Le ciel livide se colore.
> Salut, ardente, immense Aurore !

Ce cantique, entonné à pleine poitrine par une foule enthousiaste, produit un effet grandiose, irrésistible. Il y a dans ces *pianissimo* suaves, qui s'enflent de note en note jusqu'au *fortissimo* le plus retentissant, un sentiment à la fois doux et fort qui pénètre jusqu'à la moelle des os. On dirait tout un peuple qui se replie dans les profondeurs de son âme avec un attendrissement religieux, et puis laisse éclater sa joie dans un cri de liberté. Un sourd roulement de tambours vient appuyer par deux fois ces voix éclatantes, comme un fracas d'armes lointain ; on y sent gronder toute une révolution. C'est la réforme qui respire dans ce cantique, non pas la réforme étroite et confessionnelle, mais la grande, l'éternelle réforme qui a pour devise : affranchissement de l'homme, libre épanouissement de

---

[1] Allusion à Luther. Cette poésie se trouve dans les œuvres de Hans Sachs.

l'âme, fraternité humaine. Cela est d'un grand artiste d'avoir su conserver la couleur protestante à ce cantique en le remplissant d'un sentiment si large. Quoique d'un caractère bien moins universel, cet effet rappelle l'*Hymne à la joie* de Schiller, placé par Beethoven à la fin de sa neuvième symphonie.

Sachs reçoit cet hommage avec calme et dignité. Debout, immobile au bord de la tribune, il regarde par-dessus la foule à l'horizon, comme si son regard plongeait dans l'avenir. Le concours commence. Beckmesser entre d'abord dans l'arène. Sa démarche provoque déjà l'hilarité de la foule; son chant fait le reste. L'infortuné greffier n'a vu que du feu à la poésie de Walther, il a lu les mots de travers et débite ce galimatias sur l'air de sa propre sérénade avec force ritournelles et fioritures. Après la première strophe, les maîtres se regardent entre eux ; après la seconde, le peuple murmure ; après la troisième, tout part d'un immense éclat de rire.

Alors Walther sort de la foule et se présente d'un front intrépide. Un murmure d'approbation accueille le jeune homme, et c'est au milieu d'un profond silence qu'il reprend la première strophe de son chant. La noble mélodie répand ses ondes majestueuses sur la foule captivée, un frisson sympathique parcourt les auditeurs. Sûr désormais de sa victoire, Walther cède au démon de l'improvisation; sa pensée hardie prend un nouvel essor. Pour la première fois il a senti sa puissance sur les hommes, il a surpris les échos ravissants de sa voix inspirée dans les voix émues de la foule, il a entendu la vibration magnétique des cœurs. A ce moment unique de son existence, le secret de sa destinée se révèle à lui, le mystère de sa vision gracieuse se dévoile à ses yeux. Ce n'est plus l'Ève du paradis qu'il croit voir devant lui, ce n'est plus la simple jeune fille de Nuremberg ; une fiancée plus sublime se montre, la Muse elle-même, la Muse de son peuple lui apparaît. Chaste et souriante, elle l'appelle à la source sacrée, l'inonde de ses regards comme d'un baptême de feu. C'est elle qu'il cherchait, c'est elle qu'il trouve enfin et qu'il salue d'un audacieux chant d'amour. Le peuple est saisi par ces accents inouïs qui le transportent dans un autre monde sur les ailes de la poésie ; les maîtres chanteurs, touchés et vaincus, trahissent malgré eux leur admiration. Walther s'avance vers la tribune et plie un genou devant Eva, qui pose sur sa tête la couronne de myrte et de lauriers. Ainsi s'achève la victoire du vrai poète. Les apprentis battent des mains, le peuple agite chapeaux et bannières, et la toile tombe aux cris répétés de : Vive Hans Sachs !

De l'entente finale des deux poètes ressort la pensée maîtresse du drame. Ce dénouement est en même temps la victoire d'une idée. C'est par l'alliance du poète de race noble avec le poète populaire que s'achève le triomphe de la poésie.

elle-même. Ils viennent de régions opposées pour se rencontrer au même point. Le chevalier Walther a grandi dans l'isolement de son château féodal. Son âme s'est éveillée aux frissonnements de l'antique forêt, dans l'éternelle jeunesse de la nature. Durant les longues veilles, il a lu « les vieux livres légués par l'aïeul », et les grands inspirés des âges héroïques lui sont apparus. Alors surgirent en lui des rêves larges comme les grands bois, des pensées hautes comme le ciel ; mais pour qui coulera-t-elle, cette source qu'il sent déborder de son cœur ? Il voudrait la prodiguer à des êtres aussi nobles que lui. Où vivent-ils ? Il faut qu'il les trouve, et voilà ce qui le pousse dans le vaste monde ; il voudrait s'y élancer comme un aigle du haut de son aire, le cœur gonflé et les ailes ouvertes.

Sachs, au contraire, n'est qu'un pauvre artisan : sorti du peuple, pétri de sa chair, nourri de ses labeurs, il a vécu de sa vie. Ah ! comme jour et nuit il a manié le marteau et le poinçon dans son petit atelier au cœur de la cité travailleuse ! Pendant ce temps, son esprit infatigable ne chômait pas. Le peuple qu'il aimait tant, lui a soufflé sa verve et sa bonne humeur. Il chante avec lui, pour lui, soir et matin. Il scande sa chanson à coups de marteau ; qu'importe, si elle est gaie ? L'humanité lui apparaît de loin comme une lanterne magique où paysans, seigneurs, rois et peuples dansent une folle sarabande. Il regarde ce monde étrange d'un œil calme. Il est fort et ferme sur le terrain où il marche, il sent qu'il est la voix des simples. Ainsi nous voyons le vieux travailleur au déclin de sa vie, toujours jeune d'âme et franc de cœur, saluer d'un mâle cantique l'aurore du grand jour de la Réforme. Ce Hans Sachs est à la fois une résurrection et une création. L'artisan poète du xvi° siècle apparaît ici avec sa vraie physionomie transfigurée d'un rayon d'idéal. C'est bien là le type de l'esprit inventif, de l'imagination infatigable du peuple. Avec cela, nature saine et riche. Au dehors la rudesse, la bonhomie, la fine malice de l'artisan ; mais, sous cette forte écorce qu'il oppose comme une cuirasse infrangible aux sots et aux méchants, il y a des trésors de douceur, de poésie, de résignation, et tout au fond on trouve un sage plein de force et de joie [1]. Si différents qu'il soient, Hans Sachs et Walther sont faits pour se comprendre et se compléter. L'un arrive des hauteurs sublimes du rêve et de la pensée, l'au-

[1] Dans son très pénétrant livre : *Das Drama Richard Wagners* (1892) M. Houston Stewart Chamberlain a fait ressortir très justement l'héroïsme silencieux de Hans Sachs, la profondeur de son renoncement et combien dans sa grandeur d'âme il demeure seul. Car personne ne comprend le fond de son cœur, ni les maîtres rigides, ni Walther lui-même. La seule Eva, avec sa divination féminine, y jette un regard furtif. Un instant, le cœur de la jeune fille se fend devant la solitude effrayante et le tourment secret du maître. Mais bientôt elle oublie ; car le bonheur est aveugle et ingrat ; la souffrance seule est clairvoyante et sympathise avec la souffrance. Sachs accomplit son sacrifice avec une aimable bonhomie, *il ne permet pas même à sa plainte d'élever la voix devant lui-même*, il l'étouffe en souriant. La musique seule la trahit dans l'admirable thème des violoncelles, au commencement du 3me acte, d'une si poignante mélancolie, d'une si virile résignation, qui aboutit au cantique rédempteur. Ainsi, par la musique, Wagner pénètre souvent dans ces tréfonds de l'âme, que la parole ne peut rendre.

tre sort du fin fond du peuple ; l'un aspire à descendre et à se communiquer, l'autre à monter et à se retremper dans un air plus pur. Le chevalier met fièrement sa main dans la rude main de l'artisan : ainsi se conclut l'alliance de l'art élevé avec l'art naïf.

Unis, ils peuvent rajeunir et féconder l'école elle-même. Car, dans la pensée de l'auteur, l'école n'est pas une simple entrave. Elle aussi est nécessaire, le pédantisme seul est persiflé. L'école sérieuse représente la tradition, la règle, la persévérance. Sans elle point de continuité, point d'art durable. Mais la vie ne peut lui venir que de ces deux sources : du fécond instinct populaire, qui, dans son demi-rêve, ébauche le vrai, et du génie créateur, qui l'exprime avec hardiesse et trouve sa délivrance intime, sa confirmation éclatante dans l'âme naïve du peuple.

VIII

LA TÉTRALOGIE DES NIBELUNGEN

> Erda ! Erda ! j'entonne ton chant de réveil.
>
> WOTAN (Odin).

> Si je devais vivre en peur et sans amour, je jetterais la vie loin derrière moi comme cette motte de terre.
>
> SIEGFRIED.

> Finis en paix, race des Dieux.....
> L'étoile de l'Amour me luit !
>
> BRUNEHILDE.

Nous touchons enfin à la création, sinon la plus parfaite, du moins la plus surprenante et la plus colossale du poëte musicien. Tout y est extraordinaire et hors cadre ; le sujet, l'idée, la forme, les proportions même de l'ensemble. Son étrangeté défie les comparaisons et son audace rompt en visière avec toutes les habitudes du théâtre contemporain. Entrevu au sortir de la jeunesse, ébauché dans la force virile, continué en exil, abandonné, repris, achevé enfin vingt ans environ après sa conception première, ce drame gigantesque occupe une place capitale dans le développement de l'artiste. Il a plané sur sa vie orageuse et obsédé sa pensée comme

le génie à la fois sombre et lumineux de sa destinée, ce génie qui lui commandait, semble-t-il,
d'oser toujours davantage et de couronner son
œuvre par une tentative unique dans les temps
modernes.

Après *Lohengrin*, Richard Wagner, plongé
dès lors dans l'étude des traditions anciennes,
eut l'idée d'un drame sur la mort de Siegfried
en qui lui apparut le type de la jeunesse et de
l'insouciance héroïque. Il en traça l'esquisse;
mais plus tard il découvrit que cette tragédie en
supposait plusieurs autres, qui s'enchaînaient et
englobaient dans leur succession les parties
essentielles du vieux mythe germanique. Ainsi
naquit sa tétralogie. Il en publia le texte sans
musique en 1863. *L'Anneau du Nibelung, fête
scénique pour trois jours et une soirée comme
prologue*, tel était le titre de ce poème si original et si remarquable en lui-même. Le croirait-
on? il passa complètement inaperçu. La critique
allemande est ainsi faite; elle ne juge guère par
impression spontanée, mais selon des catégories
immuables. Il ne lui suffit pas qu'une œuvre
frappe l'imagination pour s'y intéresser, il lui
faut d'abord trouver un nouveau système qui
la justifie. Comme poème, l'œuvre était rangée
dans la catégorie des *libretti*, des choses non
littéraires; comme texte de musique on n'y
trouva que le projet extravagant d'un opéra
impossible; c'est à peine si on en parla. Longtemps après, Richard Wagner parvint à faire
bâtir à Bayreuth un théâtre construit sur un

modèle entièrement nouveau et conforme à ses vues, théâtre destiné à des représentations exceptionnelles et qu'il inaugura par l'exécution des *Nibelungen*. Depuis lors l'intérêt du public, excité par une entreprise si nouvelle s'est porté sur le poème, et sa curiosité a fini par éveiller celle de la critique. Aujourd'hui la tétralogie de Richard Wagner est devenue un poème national, et une littérature variée s'est déjà produite aux alentours. L'action hardie a entraîné la pensée paresseuse.

De quoi s'agit-il dans ce drame auquel l'auteur a rattaché la fondation d'un nouveau théâtre conçu dans un esprit diamétralement opposé aux théâtres existants, et qui forme comme le couronnement de son œuvre entière? Ressusciter l'ancien mythe et la légende héroïque des Germains en ses couleurs fortes et primitives, les fondre en un seul tout par le souffle d'une inspiration nouvelle sous la maîtrise d'une grande pensée, et représenter ce vaste ensemble en quatre *journées* ou drames successifs [1], à la manière des trilogies antiques, avec toute la splendeur décorative et l'exécution parfaite que réclame un sujet aussi riche : tel était le projet. Lorsqu'il fut annoncé, le grand nombre se récria, les critiques haussèrent les épaules, les sages se contentèrent de sourire. Aujourd'hui que le fait est accompli, personne ne songe à s'en étonner. On ne se souvient plus qu'on a cou-

---

[1] Chacun d'eux a les proportions d'un de nos opéras.

vert de risées ce qu'on acclame avec enthousiasme, et peu s'en faut que princes allemands,
public et critiques ne s'imaginent avoir inventé
la tétralogie. Les hommes sont ainsi faits. Ils ne
croient pas aux pyramides avant qu'elles ne
soient bâties, mais lorsqu'elles profilent leur
triangle colossal sur le désert, ils pensent qu'elles ont toujours existé et ont vite fait d'oublier
la science et l'art merveilleux qui les ont cons-
truites. Quant à nous, qui avons suivi le développement progressif de ce créateur énergique à
travers ses œuvres, nous regarderons celle-ci
comme les autres, c'est-à-dire en elle-même, et
nous l'aborderons de front par son côté le plus
général et le plus humain. Mais avant d'en
venir au drame de Richard Wagner nous devons
jeter un regard sur les éléments mythiques
dont le poète s'est servi, sur ce double monde
de la mythologie scandinave et de l'épopée germanique, où il a taillé ses personnages et choisi
les pierres angulaires de son édifice.

Nous ne connaissons la mythologie des Germains que par les *sagas* des Scandinaves. Ils
eurent en commun les mêmes dieux, qui se rat-
tachent à la grande famille des dieux aryens.
Mais dans leur long voyage à travers les forêts
de la Scythie et les mers du Nord, ils perdirent
ce rayon de lumière qui leur vient du ciel de la
haute Asie, et dont ils resplendirent en Inde,
en Perse et en Grèce, brillante aurore de l'humanité. Sombres, informes et barbares, ces

dieux nous sont revenus de l'Islande par l'*Edda*, cosmogonie chaotique, limbe ténébreux d'une mythologie en formation. On y reconnaît cependant les types principaux de la famille olympienne : Jupiter dans Odin, Junon dans Fricka, Vulcain dans Thor, Vénus dans Freia, et comme un pâle et triste fantôme d'Apollon dans ce Baldour qui s'évanouit, ombre lumineuse, dans la brume fuyante des forêts vierges. Zeus de cet Olympe septentrional, Odin règne en maître sur les Ases. C'est un dieu de tempête et de combat, inspirateur du courage viril et des amours hardis. Autour de lui chevauchent dans le vent et l'orage ses neuf filles les Walkyries. Animées de son esprit, elles excitent le cœur des guerriers et cueillent leurs âmes sur le champ de bataille. Mais cet Odin est un dieu très singulier, mystérieux coureur de forêts et de rivages, rôdeur et questionneur. Il est fort mêlé à la nature, hante ses voies les plus secrètes, se confond avec ses énergies les plus cachées. Parfois il évoque une antique déesse, Wala, qui en sait plus long que lui-même. Il est peu sûr de sa puissance ; lui et les siens sont perpétuellement en guerre avec les Géants et la race maligne des Nains. Bien plus, toute la race des dieux est menacée de mort, la fin du monde viendra, les monstres de l'abîme se déchaîneront, le feu montera jusqu'aux voûtes du ciel, et les dieux périront dans l'incendie du monde. Il est vrai qu'au delà de cet immense cataclysme, l'Edda laisse entrevoir une renaissance des dieux et des hommes, un nouvel âge d'or. Mais la catastrophe est certaine, les plus vieilles Sagas le disent, et la Vœluspa, la prophétesse légendaire, l'affirme mystérieusement de son doigt levé, de ses yeux visionnaires et hagards.

Comme une aurore boréale dans une nuit du Nord, reluit dans cette sombre mythologie la légende de Sigurd ou Siegfried aux cheveux d'or, aux yeux rayonnants, tueur du dragon Fafnir, et qui éveilla Brunehilde la Walkyrie, la fille d'Odin endormie sur une montagne entourée par son père d'un rempart de feu. Sous les contours informes des Sagas perce en Sigurd la jeunesse héroïque et victorieuse, et en Brunehilde la fille d'Odin, le plus haut type de la femme du Nord, divinatrice, prophétesse, en qui réside quelque chose du souffle divin, selon les anciennes croyances. Ainsi, dans le mythe germanique, la radiance solaire des dieux aryens s'est concentrée sur Siegfried, ancien dieu du printemps, éveilleur de la vie, devenu héros, et sur Brunehilde, fille des dieux, devenue femme. Devant ce couple brillant, les dieux eux-mêmes pâlissent, rentrent dans le crépuscule de leur nuit sombre [1].

---

[1] On sait que ce même Siegfried est le personnage saillant de l'épopée germanique, mais combien transformé et déjà christianisé ! Dans le poème universellement connu aujourd'hui, mais beaucoup trop surfait par les Allemands, *la Détresse des Nibelungen*, nous voyons des mœurs païennes, dans un cadre à demi chrétien et des personnages mythiques transportés sur le terrain de l'histoire. Les anciens dieux ont complètement disparu. Tout ce qui en reste sont les Nixes, qui raillent les Burgondes à leur passage du Danube. Brunehilde la Walkyrie est

Le dessein extrêmement hardi du poète était de renouer la tradition héroïque des Germains, qui se groupe autour du personnage de Siegfried, au mythe des dieux germaniques et scandinaves, dont Odin (en allemand Wotan) est le chef[1]. La grande originalité de cette création, c'est d'avoir ressuscité sous une forme à la fois très primitive et très personnelle ces deux mondes, de les avoir fondus en un seul tout et d'avoir fait de Brunehilde la Valkyrie, l'héroïne consciente qui les relie. Ces deux figures, Siegfried et Brunehilde, singulièrement rajeunies et grandies, se détachent lumineusement sur le fond mythologique étrange, parfois sombre et sauvage du drame. Celle du dieu Wotan, à laquelle Richard Wagner a donné une physionomie très indivi-

devenue une reine du Nord, personnage secondaire, vague et souvent incompréhensible. Tout l'intérêt s'est porté sur Siegfried et sur Krimhilde, pour laquelle il trahit Brunehilde comme dans les Sagas scandinaves. Mais sans qu'on sache rien de leurs relations précédentes, Brunehilde se venge comme dans l'Edda, en faisant tuer Siegfried par Hagen. Après sa mort, le poème continue, Krimhilde épouse le roi des Huns et venge la mort de Siegfried sur Hagen, sur ses propres frères et sur toute la race des Burgondes, en les enveloppant dans une immense catastrophe, reflet légendaire des luttes des Germains et d'Attila. — La tétralogie de Richard Wagner n'a rien de commun avec cette dernière partie des Nibelungen. Elle se termine par la mort de Siegfried, qui clôt la première partie du poème. Cadre, mise en scène, caractères, tout diffère chez lui, tout porte un cachet plus païen. Ici, comme dans ses autres tragédies, il s'est tenu en dehors de l'histoire, dans la région du mythe pur.

[1] Ce projet, quoique très audacieux, n'a rien d'arbitraire ; il est dans l'esprit même des Sagas anciennes. Car la *Velsungasaga*, qui représente Sigurd comme un fils d'Odin, est le lien naturel et primitif entre la *Goettersaga* (mythe des dieux) et la *Siegfriedsaga* (mythe de Siegfried).

duelle, domine puissamment l'ensemble. Nous assistons ici à une sorte de théogonie aboutissant à une tragédie humaine, double drame parallèle. Les héros, nés de la pensée divine, enveloppent les dieux eux-mêmes dans leur catastrophe.

C'est la première fois qu'on a tenté de mettre sur une scène moderne cette mythologie, à laquelle le christianisme a coupé court, et que la science moderne a seule tirée de ses ténèbres. L'auteur de la tétralogie a voulu lui donner à la fois une vie nouvelle et un sens symbolique. Il ne s'agit point ici d'un drame ordinaire. Pour en faire accepter le merveilleux et vaste symbolisme, la magie de la musique et la splendeur plastique de la représentation sont indispensables. — Nous ne pouvons ici qu'en donner une image lointaine et une idée sommaire.

PROLOGUE

L'OR DU RHIN.

Trois races de divinités se partagent le monde et se disputent son empire. — Dans les profondeurs ténébreuses, dans le royaume de Nibelheim, ont germé les Nibelungen, les Nains, fils de la nuit. Faibles et rusés, dévorés d'une ardeur fiévreuse, ils fouillent les entrailles de la terre, ils fondent et forgent les métaux. — Sur la face rugueuse et inculte de la terre habitent les Géants, race dure et bornée ; ils dominent par la force. Mais au sommet des montagnes, dans la lumière éthérée règnent les dieux heureux. Ils possèdent la foudre et le feu, ils savent les lois immuables, et parmi eux fleurit Freia, la belle et la libre, qui leur verse l'éternelle jeunesse.

La lutte doit naître entre ces trois races dont chacune aspire à l'omnipotence. Elle naîtra pour l'or, auquel une inéluctable fatalité attache la possession du monde. Jusqu'ici rien n'a troublé la primitive innocence des êtres, aucun crime n'a été commis, une fraîcheur matinale baigne le front des dieux adolescents. L'or fatal est encore répandu dans les veines de la terre et coule dans les fleuves en poussière scintillante, jouet des Nixes rieuses. Wotan [1], le maître des dieux, a confié la garde de l'or du Rhin à trois ondines : Voguelinde, Velgonde et Flosshilde. Le métal demi-vivant dort caché sous les flots, amassé sur la pointe d'un récif. Il fait le bonheur des folles ondines, et, quand la lumière le caresse, il s'allume comme l'astre brillant de l'abîme liquide. Mais Albéric, le plus puissant des Nibelungen, va le ravir. C'est la scène qui ouvre le drame.

Nous sommes au fond même du Rhin, hérissé de roches pointues dans le crépuscule verdâtre des ondes. Un sourd bourdonnement d'eau enveloppe notre oreille et s'accroit jusqu'au plein

---

[1] Prononcez Wothano (forme germanique d'Odin).

ondoiement du fleuve, si bien que nous nous croyons immergés dans ses vagues. Les trois filles du Rhin nagent autour du récif. Albéric le roi des Gnomes, monte du fond de Nibelheim et observe d'un œil lubrique le jeu des belles ondines. Toutes trois tour à tour descendent vers lui et font semblant d'écouter ses lascives gentillesses. De leurs voix charmeuses, de leurs seins de neige, de leurs corps blancs et fluides elles allument ses désirs, puis s'échappent plus lestes que des anguilles en raillant sa laideur. Albéric se met à leur chasse; convoitise et fureur lui brûlent la moelle des os. Il escalade récif sur récif, saute de rocaille en rocaille, cherche à saisir l'une ou l'autre des nageuses, mais en vain; elles s'esquivent comme flèches. Enfin il s'arrête écumant de rage et les menace du poing. A ce moment le fleuve s'éclaire d'une lumière jaune; l'or s'enflamme comme un soleil sur le récif du milieu.

Voguelinde.   Sœurs, voyez :
          L'éveilleuse de l'or, la lumière amoureuse,
               Rit dans l'abîme.

Velgonde.   Sous les vertes effluves
          La joyeuse salue le dormeur en extase.

Flosshilde.   Elle baise son œil
               Pour qu'il l'entr'ouvre,
               Et, voyez, il sourit,
               Lumineux et paisible;
               Sous la vague limpide
               Il flotte, radieuse étoile !

Les trois.   Haïa ! haïa !
               Or du Rhin

Or splendide !
Feu rayonnant,
Tu ris clair et tranquille !
Fier tu flamboies
Par tes berceuses caressé.
Veille, ami, veille ou rêve !
O Jouvence éternelle ;
Nous jouons dans ta joie ;
Quand le fleuve s'embrase,
Quand le flot flambe et brille,
Nous fuyons à la nage,
Nous jouons à la plonge,
Nous rions de plaisir,
Nous chantons d'allégresse,
Bienheureuses autour de ta couche divine !

Le fleuve scintille d'une poussière métallique, ruisselle en torrent de lumière, et les ondines tournoient avec furie autour de l'Or, aux sons de cette berceuse étourdissante. Albéric, fasciné par l'éclat du métal, assoiffé de vengeance, les épie. Dans leur babil devenu sérieux tout à coup, il surprend ce dialogue.

Velgonde.   Il sera l'héritier du monde
Quiconque avec cet Or splendide
Saura forger l'anneau magique,
L'Anneau qui donne
Force terrible et puissance sans bornes.

Voguelinde.   Celui qui renonce
A la joie d'aimer,
Celui qui maudit
L'Amour et sa puissance,
Celui-là seul par sa sombre magie
Pourra forger le cercle terrible.

Les filles du Rhin croient l'or à l'abri d'Albéric parce qu'il est épris d'elles, et rient de sa

fureur amoureuse aux éclats d'une gaieté extra-
vagante. Mais lui, en quelques sauts, grimpe sur
le récif du milieu et s'écrie :

> Ah ! vous riez toujours, ô folles !
> Eh bien, riez dans les ténèbres,
>   Race froide et menteuse !
> J'éteins le jour qui vous éclaire,
> J'arrache l'Or à son récif.
> Je forgerai l'Anneau vengeur.
>   Que le fleuve l'entende !
>   Maudit soit l'Amour !

Il arrache le monceau d'or, se précipite avec
lui dans les profondeurs et disparaît.

Dans les cavernes de Nibelheim, Albéric forge
son anneau, il le forge avec le génie de la haine
et de l'oppression. Par lui il est devenu un
Démon redoutable et s'asservit la race trem-
bleuse des Nibelungen. Doué par l'essence de
l'or d'une puissance merveilleuse, il traque, il
dompte à coups de fouet le peuple des Nains,
les force de fouiller la terre, d'amasser un immense trésor. Déjà du fond de Nibelheim il
aspire à la toute-puissance, déjà il menace les
dieux.

Cependant les jeunes dieux s'éveillent au sommet des montagnes, les yeux remplis de l'aurore du monde et la poitrine gonflée des souffles du ciel. Wotan est leur maître avec Fricka
sa femme, Froh le joyeux et Tonnerre le hardi
sont leurs aides, Freia la noble est leur joie et
leur vie ; l'Amour brille comme une étoile incertaine dans l'aube éclatante de la Beauté au

vague sourire. Wotan, qui aspire à la toute-puissance, a conçu un projet audacieux. Il a traité avec les Géants pour la construction d'un château fort qui serve d'asile aux dieux, d'où ils puissent régner en sécurité sur le monde et l'ordonner. Mais, pour obtenir cette forteresse qui couronne le sommet d'une montagne, il a dû promettre aux Géants Freia la douce, qui dispense la jeunesse éternelle. Les rudes manieurs de rochers, entassant quartiers sur quartiers et blocs sur blocs, ont fait l'ouvrage énorme. Sur une montagne escarpée, le Walhalla se dresse glorieusement avec sa forêt de tours blanches et sa ceinture de remparts infrangibles. Les Géants réclament leur salaire. A la pensée de perdre Freia, tous les dieux pâlissent d'épouvante. A une seule condition les Géants consentent à y renoncer : si Wotan parvient à leur procurer l'immense trésor de Nibelungen, qu'Albéric leur roi fait amasser par eux dans les profondeurs de la terre. Car la jalousie des Géants contre les Nains est plus forte encore que leur désir de Freia. Alors Wotan, aidé de Loge, dieu subtil du feu et du mensonge, descend dans l'abîme de Nibelheim, se saisit d'Albéric par ruse, l'amène garotté dans son empire lumineux et le force de livrer le trésor. A l'appel lugubre du captif, les Nains montent d'en bas, sortent par une fente caverneuse et entassent devant lui des parures, des coupes, des ustensiles en masse, une montagne d'or. Non content d'avoir extorqué à Albéric son trésor, Wotan lui arrache encore l'Anneau magique auquel des Runes immémoriales attachent la domination du monde. Quand Albéric se voit privé de son seul bien, œuvre désespérée de sa haine et de son âpre envie, il pousse un cri strident et charge l'Anneau d'une effroyable malédiction :

> En maudissant j'ai forgé cet Anneau.
> Qu'il soit maudit à jamais dans le monde !
> Son Or donnait la puissance sans bornes ;
>   Que sa sombre magie
> Donne la mort à celui qui le porte !
> Que jamais cœur joyeux ne s'en puisse repaître,
>   Qui le possède, le souci le dévore,
>   Qui ne l'a point, le ronge l'envie !
> Que chacun le convoite et que nul n'en jouisse !
>   Qu'il n'apporte que haine à son maître !
>   Qu'il attire sur lui l'égorgeur !

Après avoir proféré cette malédiction, Albéric disparaît dans la caverne, tandis que Wotan met tranquillement l'anneau à son doigt. La lutte pour Freia n'est pas terminée encore. Ébloui de son charme, Fasolt ne consent à s'en séparer que si le trésor des Nibelungen empilé leur cache la déesse tout entière. Aidé de Loge, ils l'entassent en pyramide ; silencieuse et triste, la déesse captive se tient au fond. Déjà la femme a disparu derrière le monceau d'or. — « Je vois encore sa chevelure ! dit Fasolt, cache-la-moi ! » — Loge jette un heaume sur le trésor. — « Je vois encore briller son œil à travers les interstices ! — Le trésor est épuisé. — Non pas. L'anneau au doigt de Wotan, je le veux pour cacher le regard de Freia. » — Wotan refuse. Volontiers il laisse le trésor, mais il ne veut lâcher l'anneau qui contient la puissance. Déjà les Géants ont saisi la déesse; le dieu reste impassible. Alors apparaît dans une caverne latérale, comme sortant de l'abîme, la déesse Erda [1], la prophétesse des choses éternelles, l'aînée des dieux, et d'une voix solennelle qui fait trembler les Dieux eux-mêmes, elle prononce ces paroles :

> *Erda.* La grande songeuse Ourwala [2]
> Erda vient parler à ton âme !
> Ecoute ! écoute ! écoute !
> Tout ce qui est — finira.
> Un jour lugubre menace les dieux.
> Ma voix te dit : Évite cet Anneau !

(Erda s'enfonce lentement et disparaît jusqu'à la poitrine; la lueur bleuâtre pâlit).

> *Wotan.* Mystérieuses et sublimes
> Résonnent tes paroles.
> Oh ! reste, que j'en sache davantage !
> *Erda.* Je t'ai dit vrai ; tu sais assez.
> Songe en peur et en souci ! (Elle disparaît).

Telle est l'impression de cette voix des profondeurs sur le dieu, tel est le frisson mêlé de révolte et de désir innommé qu'elle jette dans son cœur, qu'il veut s'élancer à la suite de la déesse pour la saisir et en savoir davantage. Les autres ont peine à le retenir; il reste les yeux fixés sur la caverne, abîmé dans ses pensées. Mais soudain il brandit sa lance et s'écrie avec une joyeuse résolution :

[1] *Erda, Erde*, la terre, déesse de l'Edda.
[2] *Urwala*, celle qui choisit originairement.

> À moi, Freia ! Sois libre enfin,
>   Rachetée pour toujours !
> Reviens à nous, Jeunesse éternelle,
> Et vous, Géants, prenez votre Anneau !

Il jette l'anneau sur le trésor, les Géants lâchent Freia. Joyeuse elle s'élance vers les dieux, qui la reçoivent avec transport au milieu d'eux. Il semble à ce moment que la nature entière, alourdie par la malédiction d'Albéric et par le trésor qui est monté du gouffre nocturne jusqu'au parvis des Immortels, soit délivrée d'une longue oppression, tressaille de joie en reprenant dans son sein la Beauté chassée par les basses passions, et pousse des sanglots de joie qui se perdent en un murmure de félicité.

La malédiction d'Albéric produit son effet; déjà l'or est maudit. Fasolt et Fafner se disputent l'anneau; Fasolt tombe mort frappé d'un coup d'épieu par son frère, qui emporte seul le trésor. Wotan est saisi à cette vue et comprend que, par sa propre violence, il a jeté le malheur dans le monde. C'est à ce prix qu'il a conquis le Walhalla. — Cependant les dieux sont maîtres. Tonnerre a purifié l'atmosphère de ses miasmes; un brillant arc-en-ciel franchit la vallée comme une arche de lumière et va toucher de l'autre côté la forteresse des dieux, dont les tours rougissent, au soleil couchant, dans l'azur sans tache. Sur ce pont aérien et léger, sentier vertigineux mais ferme aux pieds des dieux, ils traversent le gouffre et s'avancent vers leur demeure. Aux accords graves et majestueux de la marche du Walhalla se mêle, faible soupir, le chant des ondines qui s'élève comme une plainte du fond du fleuve :

> Or pur et limpide,
> Oh ! reviens rayonner,
> Clair jouet aux abimes de l'onde !
> Fidèles et calmes
> Sont les eaux profondes,
> Mais faux et perfides
> Sont tous ceux qui font fête là haut !

PREMIÈRE JOURNEE

LA WALKYRIE

Les paroles d'Erda ont laissé le dard du souci dans le cœur audacieux de Wotan. A son esprit enivré de puissance et de fougue créatrice elle a montré la loi d'airain qui limite le plus fort des dieux. Elle lui a prédit la fin, et le pressentiment d'un crépuscule futur jette son ombre noire sur sa gloire naissante. Il se sent coupable aussi ; il a touché l'or fatidique. Fafner garde l'anneau et ne sait s'en servir ; mais Albéric l'épie, et, s'il parvenait à s'en emparer, le génie de la haine et des ténèbres serait le maître du monde. Comment dompter ce souci ? En osant le sonder, en le bravant en face. Il voulait tout conquérir, maintenant il veut tout savoir. Il descend dans le sein de la terre, il va chercher dans son antre

Erda, qui rêve, d'ombre enveloppée, le rêve
immémorial des êtres, du monde éternel conscience dormante. La volonté puissante dompte
la grande Songeuse par un charme. Alors seulement celle qui sait tout lui apprend les mystères
sur l'origine et la fin des choses. Vaincue par le
dieu, aimée de lui, elle lui donne neuf filles, les
Walkyries, les vierges guerrières, dont l'aînée
Brunehilde, sera l'exécutrice de ses plus chères
pensées. Elle tient de sa mère la prescience des
choses, de son père l'élan du courage.

Wotan, instruit dans la sagesse, lie les êtres
par des traités, leur impose des lois et des limites que protège sa lance de frêne. Mais il y a
dans son être quelque chose qui dépasse toutes
les limites, qui cherche le nouveau, qui demande
l'inouï et veut l'impossible. La grande espérance
du dieu repose désormais sur l'humanité. Jusqu'ici les hommes avaient marché courbés sous
le joug de la peur. Les Walkyries de leur souffle
enflamment leur courage, en font des héros et
lorsqu'ils tombent sur le champ de bataille, les
amènent dans le Walhalla. Avec ces armées,
Wotan veut combattre les puissances ténébreuses. Mais son désir va plus loin; il veut transfé-
rer aux hommes l'étincelle de sa divinité, leur
donner la plus haute conscience de leur propre
force. Il les éprouve et les exerce par la souffrance et la lutte. De sa descendance terrestre
seulement, Erda le lui a dit, naîtra un héros qui
pourra faire ce qui lui est interdit à lui-même :
libérer le monde de la malédiction dont il est

chargé par la faute même des dieux. Wotan descend sur la terre sous le nom de Velse et engendre un couple de jumeaux : Siegmound et Sieglinde. Rude est la destinée de ces deux enfants. En l'absence du père et du fils, la mère est tuée par une horde d'ennemis, la fille toute jeune emportée, la salle de bois brûlée jusqu'à la souche du chêne qui lui servait de centre. Sous la figure de Velse, Wotan erre en proscrit dans les forêts avec son fils et l'excite à la révolte contre les hommes et leurs dures lois. Bientôt le dieu disparaît sans trace et Siegmound resté seul continue sa vie errante. Un jour il prend la défense d'une vierge qu'un essaim de parents veut unir de force à un homme qu'elle déteste. Un combat s'engage sur le seuil même de l'habitation. Après s'être défendu avec les frères de la victime contre une nuée d'assaillants, Siegmound est forcé de fuir. Ses armes sont en pièces, il court à travers les taillis, traqué par ses adversaires, et arrive enfin à une habitation inconnue. Il entre épuisé, et, ne voyant personne, se jette sur une peau de bête près du foyer. — C'est ici que commence la première journée 1.

La demeure où se passe cette scène est d'une rusticité primitive telle qu'on l'imagine en des temps barbares : une salle construite en bois, un large foyer d'un côté, et au milieu le tronc d'un gros frêne puissamment planté dans le sol et

1 Nous apprenons les évènements qui remplissent l'intervalle entre l'*Or du Rhin* et la *Walkure* par les conversations entre Siegmound et Sieglinde, entre Wotan et Brunehilde

dont le branchage verdoyant se perd dans la charpente supérieure. Cette maison où Siegmound a cherché un refuge, est celle de son ennemi Hounding, proche parent de la famille qui le poursuit. Mais c'est aussi celle de sa sœur jumelle Sieglinde, qu'il croit morte depuis longtemps, qu'il ne connaît pas. Vendue comme esclave dans son enfance, elle est devenue par force la femme du sombre et rude chef de tribu qui la tient sous un joug de fer. Sieglinde, en trouvant un étranger harassé près du foyer, lui offre l'eau fraîche et l'hydromel. Survient Hounding ; lorsqu'il apprend la race et le nom de son hôte, il le provoque au combat, mais afin de ne point blesser les lois de l'hospitalité, il lui accorde asile à son foyer jusqu'au lendemain.

Hounding s'est retiré et dort d'un sommeil léthargique dans une salle contiguë. Sa femme lui a versé une boisson somnifère. Siegmound est couché à terre dans la salle sombre près du foyer dont la braise jette seule sa lueur lugubre dans les ténèbres. Soudain une forme blanche se penche sur lui dans la nuit noire ; c'est Sieglinde qui vient pour le sauver. Elle lui montre à la lueur du foyer la poignée luisante d'une épée qui brille dans le tronc du frêne. Elle lui raconte que, lors de son mariage avec Hounding, un haut vieillard (Wotan) apparut au milieu du festin, et, menaçant tous les convives du regard, il enfonça dans le frêne une épée jusqu'à la garde, promettant qu'elle serait une épée de victoire pour celui qui saurait l'arracher. Tous l'essayèrent, nul ne réussit. Le vieillard mystérieux avait disparu avec un regard de consolation pour Sieglinde. Siegmound alors se souvient que son père Velse lui avait promis une épée de victoire au plus fort de la détresse. Cette épée il l'a trouvée ; elle sera son salut et la délivrance de la femme opprimée.

Au même moment la porte du fond s'ouvre comme par un coup de vent. Un étang entouré de forêts apparaît dans toute la magie du clair de lune. Le Printemps lui-même semble entrer et rire dans la salle avec ses mille parfums et ses tièdes effluves. Siegmound et Sieglinde se regardent avec ravissement sous un rayon de lune qui enveloppe le couple surpris de sa blanche lumière. Leurs regards en plongeant l'un dans l'autre y trouvent un monde de vagues réminiscences, l'abîme de leur double malheur, de leur longue solitude se rouvre à leurs yeux, les voix de l'enfance chantent à leur oreille. Ils se reconnaissent comme les enfants de Velse et devinent la pensée du dieu qui leur a promis la délivrance. Tout semble les protéger : le silence d'une nuit magique ; la lune d'amour qui vague dans les halliers, tissant merveilles et mystères ; l'espérance triomphante qui s'éveille dans leur cœur. D'autant plus vive est la passion qui les rapproche que sa flamme inquiète et subite jaillit de la détresse. Le malheur les unit, le Printemps les fiance, la liberté les appelle hors de la maison maudite. Siegmound s'élance et saisit la garde de l'épée dans le tronc du frêne :

Urgence ! Urgence ![1]
De ce nom je t'appelle,
Mon épée de détresse ;
Urgence ! Urgence !
Lame vierge et splendide,
Sors enfin nue et belle
De ta forte prison !
Montre-moi ton tranchant,
Fais briller ton éclair !
Hors du fourreau, te dis-je, à moi

D'un effort véhément il l'arrache aux yeux de Sieglinde émerveillée, et, saisissant avec transport sa sœur-fiancée pour l'enlever, il s'écrie

Fleurisse donc le sang des Velsoungs ![2]

Au deuxième acte, autre tableau. Dans une gorge de montagnes, Brunehilde, armée du casque, de la cuirasse et du bouclier, est debout devant Wotan. Le dieu dit à sa fille : « Or saisis ton cheval, ma vierge de guerre ; fervente

[1] Je traduis ainsi le mot *Nothung*, qui signifie épée trouvée dans la détresse.

[2] L'amour entre frère et sœur est fréquent dans les vieux mythes. La parenté de Siegmound et de Sieglinde est d'ailleurs d'un caractère très particulier et quasi symbolique, puisqu'elle remonte à un dieu. Ils nous apparaissent d'abord comme étrangers l'un à l'autre ; et leur commune origine est si mystérieuse et si haute qu'elle ne peut choquer. — Cette scène est une des plus entrainantes de la tétralogie, tant au point de vue musical qu'au point de vue dramatique. Elle se développe naturellement par une progression et une tension croissante depuis le premier regard déjà chargé d'amoureuse électricité jusqu'au transport de détresse, de passion et de courage dans lequel Siegmound arrache l'épée au tronc et en fait resplendir l'éclair. — On peut dire aussi que tout ce dialogue est une des inspirations mélodiques les plus réussies du compositeur.

bataille bientôt va brûler ; qu'au combat Brunehilde s'élance ! Qu'elle jette au Vëlsoung la victoire ! » Et la Walkyrie monte, en poussant des
cris de joie, sur le col de la montagne pour
attendre les deux guerriers. Car Hounding poursuit le ravisseur et la rencontre est imminente.
Mais voici venir Fricka, l'épouse du dieu, Fricka
qui, comme Junon, défend les lois du mariage et
déteste les amours illégitimes. Hautaine, impérieuse, elle se pose devant Wotan et demande
la victoire du mari outragé et la mort de Siegmound. À ses plaintes contre « le couple sacrilège » le dieu répond d'abord avec calme :
« L'amoureuse magie les possède et les charme.
Qui punira l'amour et sa puissance ? » Comme
elle fait appel au droit conjugal outragé, Wotan
reprend : « Il n'est pas sacré le serment qui
joint les époux sans amour. Quand hardiment
les forces tressaillent au cœur des humains,
ouvertement je conseille la guerre. » A ces mots
Fricka éclate en fureur, lui reproche de se faire
un jeu des lois éternelles, de sacrifier les dieux
aux hommes, de les livrer à la risée du monde,
de les perdre sans retour. Elle céderait peut-
être à un égal, mais non pas à un esclave. Car
Siegmound n'est que la créature du dieu, c'est
par sa ruse qu'il a trouvé l'épée. Par ce dernier
trait Fricka a frappé juste. Wotan est forcé de
reconnaître en lui-même que Siegmound n'est pas
le libre héros qu'il avait rêvé et qui pourrait se
passer des dieux. Il sent que, malgré son amour
pour son fils, il ne peut plus le soutenir. Navré,

humilié, plein de sourde colère, il cède à la déesse, qui s'en va triomphante.

Quand Brunehilde revient, Wotan confie son impuissance et son désespoir à sa fille, qui est comme sa propre conscience. Mais il l'a reconnu, il le faut : Siegmound doit périr. Brunehilde, assise aux pieds de son père, les mains posées sur ses genoux, le regarde dans les yeux : « Tu m'as appris à l'aimer, dit-elle, tu l'as mis au plus haut de mon cœur, ta parole infidèle à ton âme, non, jamais contre lui ne pourra m'exciter. » Mais le dieu lui répond : « Oses-tu me braver? Qu'es-tu, sinon l'aveugle messagère de ma royale volonté? Exécute mes ordres! Que Siegmound succombe! » Il s'éloigne en colère. Brunehilde reste consternée, interdite; ses armes lui pèsent, elle redoute sa mission.

Voici le couple des fugitifs. Sieglinde s'est affaissée à terre dans les bras de Siegmound et s'est endormie de fatigue, la tête posée sur ses genoux. Brunehilde s'avance solennellement vers lui : Regarde-moi! dit la Walkure, lève tes yeux, c'est moi que tu suivras bientôt. — Qui donc es-tu, toi qui m'apparais si belle et sérieuse? — Ma vue ne sied qu'aux hommes voués au prompt trépas. Sur le champ de bataille aux plus nobles guerriers j'apparais dans la lutte; celui que je salue je l'ai choisi pour qu'il me suive. » Siegmound lui demande tranquillement si Sieglinde, sa fiancée, le suivra dans Walhall. Brunehilde répond que non. « Alors, adieu Walhall, adieu Wotan superbe, adieu tous les héros et vous les gracieuses, ô vierges du désir ; je ne te suivrai pas ! — Il le faut, ta mort est résolue et ton épée sans force. » Siegmound désespéré menace de tuer sa femme dans son sommeil plutôt que d'exposer la malheureuse à lui survivre dans l'abandon. Devant cette horrible détresse, la fille des dieux se sent envahie comme d'un torrent par toute l'immensité de la douleur humaine. Pour la première fois, par la puissance de la sympathie, Brunehilde a compris l'amour. Dans l'élan d'une orageuse compassion elle saisit le bras du malheureux : « Arrête ! s'écrie-t-elle, vous vivrez tous les deux. C'est résolu ! Au revoir sur le champ du combat. « Elle s'en va libre et joyeuse ; son sourire a promis la victoire.

Déjà le cri de guerre de Hounding s'entend derrière les rochers, et Siegmound se jette à sa rencontre. Ils se défient sans se voir. La lutte a lieu sur le col de la montagne, dans une nuée d'orage où les deux combattants disparaissent et reparaissent tour à tour. Brunehilde flotte au-dessus de Siegmound, le protégeant de son bouclier. Mais au moment où celui-ci va frapper son adversaire, Wotan apparaît à la lueur d'un éclair entre les deux combattants. A l'épée de Siegmound il oppose sa lance toute-puissante ; l'épée se brise en deux. Siegmound désarmé est transpercé par Hounding. Brunehilde, épouvantée à la vue de son père, n'a que le temps de ramasser les fragments de l'épée, de s'enfuir et d'emmener avec elle Sieglinde demi-morte

Au troisième acte éclate la vengeance du dieu contre sa fille désobéissante. La scène est étrange, d'une beauté sauvage. Le sommet d'une montagne couronnée par une pointe de rochers se dresse dans le ciel; c'est le rendez-vous des Walkyries après la bataille. Le vent siffle, des volées de nuages chassés par l'ouragan traversent les airs et rasent la crête des monts. Dans leurs plis apparaissent une à une les filles de Wotan chevauchant leurs coursiers sur les ailes de la tempête. On les voit se précipiter à droite dans une forêt de sapins, elles y laissent leurs folles montures et viennent se camper l'une après l'autre sur le roc abrupt. De là haut, les premières venues appellent les autres en poussant leur cri de guerre et de ralliement. Et d'en haut, d'en bas, de l'air et de l'abîme se répondent leurs clameurs. Elles accourent bride abattue, les sœurs belliqueuses, ivres de vent et de joie. Déjà elles sont toutes au rocher : Guerrehilde et Berceheaume, Ortlinde et Bonne-fiance, Rudegarde et Blanchecrine, Grondevic-toire et Conduirépée. Brunehilde, l'aînée, est la seule qui manque encore. — Enfin elle arrive hors d'haleine, amenant Sieglinde ; son père, irrité, la poursuit. Elle ne songe d'abord qu'à sauver la femme qu'elle protège, lui ordonne de vivre pour l'amour du héros qu'elle porte dans son sein, et lui indique comme refuge une forêt voisine.

A peine Sieglinde a-t-elle disparu qu'on entend gronder la voix de Wotan dans une sombre nuée qui enveloppe la cime. Il entre à pas violents dans une colère véhémente. Les Walkyries, affolées de terreur, ont caché leur sœur au milieu d'elles et se serrent devant leur père en un groupe suppliant. A son appel répété, Brunehilde sort du groupe d'un pas ferme et se place devant lui dans une attitude modeste et résignée. Le dieu irrité lui reproche ce qui est un crime à ses yeux : « Le souffle de ta vie, ce fut ma volonté ; et contre moi tu bondis en révolte ! Le guide de ton bras fut mon commandement ; et contre moi tu commandes les hommes ! Mon cœur voyait en toi la vierge de mon désir ; et contre moi ton désir s'est levé !...Je ne t'enverrai plus des portes de Walhall au cœur des batailles quérir mes fiers héros. Tu ne reviendras plus dans l'éclatante salle, rieuse, m'amenant les radieux vainqueurs. Tu ne me tendras plus au doux banquet des dieux la coupe débordante de l'hydromel divin. Je ne baiserai plus ta bouche épanouie de grâces infantines et d'innocent délire. Te voilà séparée des divines phalanges, retranchée à jamais du tronc des Éternels. Ton visage est banni de ma face !... femme tu obéiras à l'homme tyrannique, et la fille des dieux, devant l'âtre accroupie, filera sa quenouille, risée des femmes et des enfants ! » Sous ce châtiment terrible, Brunehilde tombe brisée de douleur aux pieds de Wotan, et comme une nuée de corneilles épouvantées par la voix du chasseur, les Walkyries s'enfuient en gémissant de leur sœur condamnée.

La tempête s'est apaisée, les lueurs du soir
dorent la cime. Toujours Brunehilde est étendue
sans mouvement aux pieds du maître des dieux
qui demeure immobile et sombre, appuyé sur sa
lance. Lentement elle se relève et se justifie avec
douceur et noblesse : elle n'a fait qu'accomplir
le désir secret du dieu; il a vu par les yeux
d'un autre, elle a vu par les yeux de son cœur.
Elle a écouté la plainte navrante de l'amour,
elle s'est abandonnée à l'impétueuse compassion.
Mais le dieu lui reproche amèrement de n'avoir
su se vaincre, d'avoir préféré l'ivresse de la
sympathie humaine à la nécessité divine dont il
souffre lui-même, mais qu'il doit maintenir. Voilà
qui les sépare à jamais; il l'endormira sur le
rocher; elle sera à celui qui la trouvera. « Alors
du moins, dit-elle, ne me livre pas au premier
venu, au lâche ! » Longtemps il reste insensible,
longtemps il résiste à la meilleure partie de lui-
même. Mais l'émotion le gagne à mesure que
Brunehilde s'anime. Lorsque enfin elle se jette à
genoux et lui demande avec la flamme de la
Walkyrie dans les yeux, dans le geste et dans la
voix, de l'entourer d'un feu qui la défende, Wotan
est vaincu, il a reconnu son sang dans sa fille.
Il la relève en s'écriant : « Adieu donc, intrépide, superbe enfant ! orgueil sacré de mon
cœur ! Adieu ! Adieu !... Autour de toi je ferai
flamboyer un feu virginal plus splendide qu'autour d'une vierge jamais il en brûla. Qu'un seul
puisse éveiller la fière fiancée : un homme plus
libre que moi le dieu ! » Brunehilde tombe émue,

enthousiasmée dans les bras de son père. Longtemps il la tient serrée et la regarde avec une douloureuse tendresse ; puis il presse ses lèvres sur les yeux rayonnants qu'il ne doit plus revoir. Ils se ferment aussitôt ; le baiser du dieu l'a plongée dans un profond sommeil. Doucement endormie il la couche sur la mousse sous un large sapin.

De sa lance Wotan frappe le roc ; le feu en jaillit et s'étend à son commandement impérieux en cercle immense, en mer de flammes agiles tout autour de la montagne. Paisible, la Walkyrie dort au milieu. Le dieu disparaît dans les flammes après un dernier et long regard sur sa fille [1].

SECONDE JOURNÉE

SIEGFRIED

Sieglinde a mis au monde Siegfried au fond d'une forêt et est morte après sa délivrance. Elle a été secourue par Mime, le frère chétif du roi des Nibelungen, Albéric. Le nain peureux et

[1] Poétiquement et musicalement cette scène est la plus belle, la plus émouvante de l'œuvre. — Cette transformation intérieure de la déesse en femme par la conscience radieuse de l'Amour, ces adieux éternels entre le père et la fille suivis de l'évocation du Feu, tout cela enveloppé dans les ondes magnétiques d'un sommeil enchanteur, d'où surgit le rêve du héros futur, éveilleur de la vierge ; cet ensemble merveilleux transporte en des horizons supra-terrestres.

rusé, subtil et tortueux, élève l'enfant, non par affection, mais parce qu'il sait que ce futur héros peut seul tuer le dragon Fafner ; le géant a pris cette forme pour garder le trésor. Le nain faux et trembleur veut se servir de l'enfant héroïque pour s'approprier le fameux anneau. Il l'élève donc dans sa caverne, qui est en même temps une forge. Siegfried n'est que gaieté, espièglerie, exubérance de force, spontanéité bondissante. Il ne sait rien du monde, mais il sait d'avance qu'il lui appartient. Il chante avec l'oiseau, dompte l'ours et apprivoise le chevreuil. Entre ses mains tout devient vie, mouvement, action. Pour égayer les hôtes silvestres il invente une fanfare allègre sur son cor d'argent. Au nain effrayé qui veut modérer son impatience il lance à la tête sa chanson : « Sortir de la forêt, courir de par le monde, ne jamais retourner ! Être libre, quelle joie, rien ne me lie, rien ne me dompte ! Le lointain est mon chez moi. Comme le poisson gai nage dans le flot, comme le pinson franc prend son essor, ainsi je m'envole, ainsi je m'échappe. Je m'en vais comme le vent qui souffle par-dessus les bois ! » Mais ce n'est là que le prélude de l'instinct héroïque qui va se réveiller. Un jour Siegfried trouve entre les mains de Mime les fragments de l'épée paternelle, que celui-ci tient de Sieglinde, qui elle-même les avait reçus de Brunehilde. Aussitôt Siegfried s'en saisit, les fond dans un creuset et se reforge lui-même son épée. Debout près de la fournaise, l'adolescent devenu héros

tient la lame rougie sur l'enclume et en fait jaillir des gerbes d'étincelles devant Mime ébahi.
Au rythme du marteau il chante à son arme un
chant de bienvenue. « Urgence! Urgence! ma
claire épée, dans ta poignée tiens ferme de nouveau! Tu étais en deux, je t'ai fait une, nul
coup ne doit plus te briser!»

Mime, le nain rusé, avait appris bien des choses à Siegfried sauf une seule : la peur. Le
jeune Velsoung ne sait ce que c'est; il brûle de
l'apprendre, se figurant que c'est une sensation
agréable. Le nain pense la lui enseigner en le
conduisant dans la partie la plus sombre de la
forêt vers l'antre de Fafner. Mais Siegfried tue
le monstre sans perdre l'entrain de sa gaieté.
Dans la caverne il voit le trésor accumulé; il le
dédaigne, et ne prend que le heaume magique
et l'anneau dont il ignore complètement le pouvoir. Quelques gouttes du sang du dragon étant
tombées sur sa main, il en ressent comme une
brûlure, et porte vivement le doigt à ses lèvres.
Aussitôt il lui semble comprendre le langage des
oiseaux. Étendu au pied d'un tilleul, les yeux
perdus dans la mer verdoyante des feuillages,
il prête l'oreille au vague et immense murmure
des forêts. Il songe à sa mère qu'il n'a jamais
vue, il voudrait la voir, il rêve ses yeux! Un
désir sans nom gonfle sa poitrine, le désir de la
compagne, de la femme. Parmi les mille voix qui
gazouillent ensemble en plein midi, un petit
oiseau semble lui parler particulièrement de sa

mélodie sautillante et fascinatrice. Enfin, dans cette mélodie il saisit des paroles : « Hé, Siegfried, je saurais pour toi la plus superbe des femmes. Elle dort sur un haut rocher, un feu brûle autour de la montagne. Qui saurait traverser la fournaise éveillerait la fiancée, Brunehilde serait à lui ! » Siegfried bondit de sa place avec ravissement : « Qu'est-ce qui traverse mon cœur et mes sens ? s'écrie-t-il, dis-le-moi doux ami ! » De sa voix flûtée l'oiseau répond : « Gaiement dans la peine je chante d'amour ; de joie et de douleur je tisse mon chant. Ceux-là seuls qui désirent en comprennent le sens. » L'oiseau vient voltiger autour de sa tête ; puis il prend son essor de branche en branche ; Siegfried émerveillé le suit.

Le troisième acte débute sombrement par la grandiose évocation d'Erda. Depuis que Wotan s'est séparé de sa fille bien-aimée, depuis que Brunehilde dort sur son rocher, l'âme du dieu s'est rembrunie. Il a cessé de voler sur les champs de bataille avec ses Walkyries, il mène une vie errante et mystérieuse. Wotan est devenu le voyageur (*Wanderer*). Vêtu d'un long manteau bleu et d'un large chapeau, il erre de par le monde. Il tient encore la lance où sont marquées les runes sacrées et par laquelle il gouverne le monde, mais il est comme fatigué du poids de sa divinité. Il ne crée plus, il contemple. Inconnu, il s'assied au foyer des hommes, laissant l'épouvante aux méchants, la consolation aux malheureux. Quelquefois seulement, quand le bout de sa lance heurte le sol, un tonnerre souterrain révèle la présence du maître de Walhalla. Il a voulu dominer le monde, vaincre la crainte; mais il est emporté par le torrent de ses propres créations, dépassé, combattu par ses propres enfants. Une fois encore il veut essayer de savoir le dernier mot de tout. Il faut qu'il interroge la mère de l'abîme, Erda, qu'il a aimée jadis, Erda qui lui a donné Brunehilde! Au pied de la montagne où dort la Walkure dans son cercle de feu, il y a une caverne insondable, de forme sépulcrale. Debout devant l'abîme, au milieu de la nuit, Wotan évoque la déesse d'une voix qui ébranle les profondeurs de la terre : « Erda! Erda! ô Femme éternelle! De ton gouffre natal émerge aux hauteurs, j'entonne ton chant de réveil. De ton sommeil songeur je t'éveille en chantant, toi qui sais toute chose, sagesse originaire! Erda! Erda! Surgis, réveille-toi! »

Pendant cette évocation formidable où éclate toute la force du dieu, la tempête mugit, le tonnerre roule et les éclairs illuminent les profondeurs caverneuses de la montagne. Il semble que la force créatrice déchaînée veuille faire sortir encore une fois la terre du chaos et lui arracher son secret. Erda paraît enfin comme sortant d'un long rêve, son vêtement et ses cheveux semblent couverts de givre. Mais l'antique déesse n'a plus rien à dire au dieu. Elle le renvoie à Brunehilde sa fille, « qui est courageuse et sage ». Tu n'es pas celui que tu crois » lui dit-elle enfin. « Tu n'es pas celle que tu rêves, lui répond le dieu avec une résolution suprême, ta science pâlit devant ma volonté. Sais-tu ce que Wotan veut ? La fin ! » Les dieux vont s'effacer devant les hommes. De même qu'Erda a donné sa sagesse à Brunehilde, de même que Wotan laisse son héritage à Siegfried le radieux enfant, qui, libre d'envie et de crainte, s'abandonne à la joie de vivre et d'aimer. Erda replonge pour un éternel sommeil dans son gouffre et Wotan attend son fils.

Mais la lutte qui est au fond de lui-même, entre la volonté de rester dieu et le désir de se voir renaître dans un rejeton humain plus libre et plus heureux, divise son être jusqu'au dernier moment. Il essaye d'arrêter Siegfried, qui ne le connaît pas, au moment où celui-ci guidé toujours par l'oiseau chanteur, arrive au pied de la montagne. Mais cette fois-ci l'épée du héros forgée par lui-même fait voler en éclat la lance du dieu. « Je ne puis te retenir. Va ton chemin », dit Wotan en disparaissant.

Aussitôt la mer de flammes légères et vivaces qui ceint le haut de la montagne se roule vers le bas et envahit la scène. Siegfried s'y jette avec délices : « Dans la mer flamboyante le chemin s'est ouvert. Me baigner dans le feu, quelle joie ! Dans la flamme trouver la fiancée ! » Il s'élance à travers en jouant sur son cor sa fanfare hardie. Les flammes se dissipent, la scène change. Le haut de la montagne, le rocher des Walkyries apparaît en plein jour; Siegfried vient de la gravir. — Bienheureux désert sur la cime ensoleillée ! » dit-il en regardant autour de lui. Il aperçoit Brunehilde endormie sous le sapin, vêtue de l'acier luisant, et la prend pour un guerrier. S'approchant avec précaution, il lui ôte son casque. La chevelure de la vierge se répand en boucles abondantes sur ses épaules. Il coupe délicatement les anneaux de la cuirasse, l'enlève et aperçoit le sein d'une femme : « Ceci n'est pas un homme ! Un trait de feu traverse mon cœur ; mes yeux brûlent ; je chancelle, j'ai le vertige !... Ma mère ! ma mère ! une femme endormie m'a appris la peur ! » Après l'avoir contemplée, il se penche sur elle et pose ses lèvres sur celles de la Walkyrie. Brunehilde ouvre les yeux ; ils se regardent étonnés :

Brunehilde (se lève lentement sur son séant). Gloire au soleil ! Gloire à la lumière ! Gloire au jour rayonnant ! Long fut mon sommeil. Quel est le héros qui m'a réveillée ?

Siegfried (saisi par son regard et sa voix). J'ai traversé le feu, j'ai rompu l'armure solide. Celui qui t'a réveillée s'appelle Siegfried.

Brunehilde. Gloire aux dieux ! Gloire au monde ! Gloire à la terre resplendissante, puisque c'est Siegfried qui m'a réveillée.

Siegfried (avec ravissement). Bénie soit la mère qui m'a enfanté, bénie la terre qui m'a nourri, puisque j'ai vu les yeux qui maintenant me rayonnent !

Brunehilde. O Siegfried ! Bienheureux héros ! Eveilleur de la vie ! Lumière victorieuse ! Si tu savais, joie du monde, comme je t'ai toujours aimé, comme tu étais mon songe et mon souci !

Siegfried (d'une voix timide). Ma mère n'est donc pas morte ! Elle dormait seulement ?

Brunehilde. Enfant radieux, ta mère ne te reviendra pas. Si tu m'aimes, bienheureuse je serai comme toi-même. Ce que tu ne sais pas, je le sais pour toi ; mais je ne suis sachante que parce que je t'aime. Car à moi seul apparut la pensée de Wotan, cette pensée que je n'osais nommer, que je *sentais* seulement. Pour elle j'ai lutté, pour elle j'ai tout bravé, pour elle j'ai pâti ; et cette pensée n'était qu'amour pour toi !

Une majesté sereine, une solennité sublime a présidé au réveil de la Walkyrie. Réveil dans la lumière, la joie, à la face des dieux émus eux-mêmes. Les harmonies triomphales du Walhalla roulent magnifiquement autour d'eux et leur chantent l'hymne des fiançailles, la mélodie de la tendresse humaine, émergeant de leurs propre cœurs, s'y marie vibrante et ravie de son écho instantané.

Mais Siegfried ne comprend pas toutes les merveilles divines dont lui parle Brunehilde. Il ne voit qu'elle, ne sent que son propre trouble qui va jusqu'à l'angoisse. « Tu m'as pris mon courage, lui dit-il, rends-le moi ! »

Elle cherche à détourner son attention en lui montrant la cuirasse délacée et le heaume qui ne la défendent plus. Mais le feu des sens s'allume impétueusement en Siegfried.

Il veut la saisir. La Walkyrie bondit de sa place, s'arrache avec force et fuit de l'autre côté.

« Nul dieu, dit-elle, ne m'approcha jamais. Devant la vierge s'inclinaient les héros. Malheur et honte, celui qui m'a réveillée m'a blessée. Je ne suis plus Brunehilde ! » Elle comprend ce qu'elle a perdu, sent sa faiblesse. La sagesse l'abandonne, les ténèbres l'enveloppent, la détresse la saisit.

Alors elle se tourne vers lui dans la plénitude

de son adoration, dans toute la noblesse de son
amour. C'est le chant du cygne de la vierge :

Brunehilde. O Siegfried ! vois mon angoisse !
J'étais de tout temps, je serai toujours dans un doux désir,
éternellement pour ton salut ! O Siegfried rayonnant, trésor du
monde, vie de la terre, héros souriant ! Laisse, oh ! laisse-moi
Ne m'approche pas ainsi ! Ne brise pas ta chérie ! — Vis-tu ton
image dans le clair ruisseau ? Si tu agites l'onde de ta main, le
miroir transparent disparaît et ton image s'efface, tu ne vois
plus que l'ondoiement de la vague. Ne me touche donc pas, ne
me trouble point, alors je te renverrai à jamais ta propre image
lumineuse. O Siegfried, aime-toi toi-même, épargne-moi ; c'est
toi-même que tu anéantirais !
Siegfried. C'est toi que j'aime : que ne m'aimes-tu, toi ! Je ne
me possède plus : que ne t'ai-je toi ! Une eau superbe ondoie
devant mes yeux. Je vois se jouer ses vagues délicieuses et je
frémis. Ah ! si mon image s'est brisée, moi-même je brûle. Ces
vagues que ne peuvent-elles me dévorer ! Cette flamme ne peut-
elle s'éteindre dans le flot ? Réveille-toi, Brunehilde ! Réveille-
toi, vierge ! Vis et ris, la plus douce des joies ! Sois à moi ! à
moi !
Brunehilde. O Siegfried ! à toi je fus toujours !
Siegfried. Si tu l'étais toujours, sois-le maintenant.
Brunehilde. A toi je serai éternellement !

Ainsi la femme sachante et aimante oppose à
l'impétuosité de l'homme la conscience d'un sentiment bien autrement vaste que le désir aveugle du moment et bien élevé au-dessus de lui,
parce qu'il se sait éternel. Flot d'une tendresse
infinie, qui renferme tous les sacrifices.

Cependant peu à peu la flamme terrestre a
gagné la fille de Wotan. Que peut-elle retenir,
elle qui s'est donnée d'avance et sans réserve ?
Elle sait ce qu'elle perd, elle sait ce qu'elle
donne : l'héritage de sa divinité pour le droit

d'aimer. Mais c'est sa destinée, son choix. Joyeuse elle peut jeter sa couronne immortelle sur le bûcher de l'amour. Et soudain la Walkyrie se retrouve avec le pétillement de sa flamme belliqueuse ; c'est elle qui défie maintenant, qui terrifie presque le héros enfant :

Brunehilde. Si maintenant je suis à toi ? — Le calme des dieux se change en orage ; la chaste lumière en flamme terrible ; ma science divine la tempête l'emporte, l'allégresse d'amour la chasse à jamais. Si maintenant je suis à toi ? Ne me vois-tu donc pas ? Mon regard qui te consume et mon sang qui bouillonne ne t'effrayent-ils pas ? Sens-tu ce feu sauvage ? N'as-tu pas peur, Siegfried, de la Walkure en furie ?

Siegfried. Feu dans le sang, feu dans les yeux ! Est-ce mon courage qui me revient ? Et la peur, hélas ! que je n'avais jamais apprise, la peur que tu venais de m'apprendre, l'ai-je donc oubliée de nouveau ? (A ces derniers mots il lâche involontairement Brunehilde).

Brunehilde (dans l'exaltation de la joie). O héros oublieux ! Superbe enfant ! De sublimes actions gardien insensé. En riant il me faut t'aimer, en riant m'aveugler ; en riant nous perdre ensemble ! — Adieu monde rayonnant du Walhalla ! Tombe en poussière, fière forteresse ! Adieu splendeur des dieux ! Finis en joie, race éternelle ; déchirez, Nornes, le câble des runes ! Crépuscule des dieux, sors de l'abime ; nuit du néant, ennuage le monde ! Pour l'heure me reluit l'étoile de Siegfried ; à jamais il est mon patrimoine, il est mon héritage, l'unique et le tout : amour rayonnant, mort souriante !

TROISIÈME JOURNEE

LE CRÉPUSCULE DES DIEUX.

Siegfried et Brunehilde sont devenus époux par la loi d'amour. La salle naturelle qui s'étend sous le rocher des Walkyries leur offre son abri. Elle lui a donné sa science divine sans rien garder pour elle, lui a révélé les runes sacrées, n'ayant plus qu'une ambition : de vivre en lui, *d'être l'âme de ses actions.* Mais il ne sait s'en servir, et il n'en veut garder qu'un seul enseignement : c'est que Brunehilde est à lui. Le héros doit la quitter pour un temps, chercher de nouvelles actions. En gage de sa fidélité il lui laisse son anneau. Ils se jurent les grands serments, et Siegfried, par une matinée splendide, dit adieu à Brunehilde, la laissant sur sa montagne sous la garde du feu que lui seul peut franchir.

Dans sa course fougueuse à travers le monde il arrive à la demeure de Gounther, chef puissant des bords du Rhin. Gounther est bon, mais faible ; il règne sur ses vassaux pour ainsi dire de pair avec Hagen, son frère bâtard, fils illégi-

---

* Cette expression est de l'*Edda.* Elle y désigne la catastrophe finale qui menace les dieux. Le poète a donné ce titre à la troisième journée de sa tétralogie, quoique les dieux n'y paraissent plus, parce que dans sa pensée la fin de leur règne se rattache à la mort de Siegfried et de Brunehilde.

time de Grimhild et d'Albéric le Nibelung. En renonçant à l'amour, Albéric n'avait pas renoncé au plaisir ; il a séduit Grimhild par l'attrait de l'or ; le démon de Nibelheim a engendré le démon humain, qui le surpassera. En Hagen revit plus forte, plus froide, plus concentrée, la haine de son père contre tout ce qui est jeune, noble, lumineux. Son teint est blafard, jamais il ne rit et ses traits endurcis le font paraître plus vieux qu'il n'est. De même que les dieux de lumière ont placé leur enjeu sur Siegfried, de même le roi de Nibelheim compte sur son fils pour regagner l'anneau fatidique et la puissance qui s'y attache. Instruit par son père, qui de temps à autre se glisse auprès de son fils dans les ténèbres, Hagen épie l'occasion et d'avance ourdit la trame qui doit perdre les deux favoris des dieux.

Le bâtard toujours écouté a dit à son frère que Brunehilde est la plus désirable des femmes. Il lui peint la vierge qui dort dans les flammes, mais il se garde de lui dire que Siegfried l'a réveillée et qu'elle est devenue sa femme. Déjà Gounther la convoite, quand Siegfried accourt chez lui par le Rhin. « Lutte avec moi ou sois mon ami ! dit le joyeux héros à Gounther en entrant sous *le vaste portique aux arcades massives* qui sert d'entrée à sa demeure. Gounther lui donne la bienvenue et Siegfried met dans cette amitié brusquement conclue la gaieté sans mesure qu'il met à toute chose. Aussitôt, sur le conseil de Hagen, Goutroune, la sœur de Gounther, présente au nouveau venu un breuvage d'oubli, dont l'effet étourdissant est d'effacer de la mémoire le souvenir de toute une partie de sa vie passée. Siegfried boit et se retourne vers Gourtoune, qui se tient devant lui rougissante, confuse, baissant voluptueusement les yeux et les relevant tour à tour. Du premier regard il s'enflamme violemment pour elle. Gounther lui promet sa sœur à condition qu'il lui aide à conquérir pour luimême la femme qu'il désire. Et qu'elle est cette femme ? « Sur un haut rocher son siège... un feu environne la salle... Quiconque traversera le feu... épousera Brunehilde.... » Gounthe lui murmure d'une voix mystérieuse ces paroles qu'il a entendues de Hagen. Siegfried les répète machinalement d'un air étonné, comme s'il cherchait dans ses souvenirs à se rappeler une chose depuis longtemps oubliée. Au nom même de Brunehilde, le dernier souvenir de la Walkyrie semble s'évanouir dans sa mémoire. Hagen se tient derrière eux couvant sa proie. L'incantation est complète, l'oubli total instantané [1].

---

[1] La trahison de Siegfried, origine de la catastrophe, est empruntée au mythe scandinave. Le sens du *Breuvage d'oubli* est évident. L'imagination populaire se représentait ainsi l'effet foudroyant d'une passion nouvelle sur une nature naïve, impressionnable, toute d'impulsion, et qui ne vit que dans le présent. L'intensité de la sensation nouvelle transforme pour un temps plus ou moins long jusqu'en sa racine la nature première de l'homme, efface toute une page de sa mémoire. C'est ainsi que le dramatiste l'a sans doute entendu. L'image de Goutroune s'interpose entre Siegfried et l'image de Brunehilde comme une hallucination qui empêcherait l'œil de voir un autre personnage en projetant une vision devant lui. De nombreuses observations constatent que le pouvoir magnétique d'une volonté sur une

Siegfried aveuglé par sa passion présente jusqu'à l'oubli complet de celle qui ne vit que pour lui, dompté par un charme étourdissant qui a effacé jusqu'à la dernière trace de ses souvenirs, consent à conquérir Brunehilde pour son ami. Il se sert alors pour la première et la dernière fois de son pouvoir comme maître des Nibelungen en employant le heaume magique qu'il a pris dans le trésor. Par lui il se donne l'extérieur de Gounther. Vêtement, armure et stature, tout en lui de la tête aux pieds ressemble à son frère d'armes. La visière du heaume recouvre son image. Sous ce masque il franchit le feu et monte sur le rocher. Brunehilde, qui avait entendu la fanfare du héros, s'élance au-devant de lui pour se jeter dans ses bras, — et se trouve en face d'un étranger. Elle recule épouvantée. Changeant sa voix, il déclare se nommer Gounther et demande à Brunehilde d'être sa femme, parce qu'il a franchi le feu. Elle refuse avec horreur et montre comme sa défense l'anneau qu'elle porte au doigt, l'anneau de Siegfried! Mais lui, luttant avec elle, le lui arrache; l'ayant domptée ainsi, il la force de le suivre et l'amène stupéfaite et

personne tombée en sa puissance a pu effectuer l'oubli total d'une partie de la vie passée. Ce phénomène est donc fondé dans la nature. — Wagner a représenté ici par d'incisives et démoniaques harmonies un double phénomène physiologique et psychique : D'abord la suggestion maligne, opérée par Hagen sur l'esprit de Siegfried avec l'aide du narcotique, y efface l'image de Brunehilde. Le désir nouveau et purement sensuel excité par Goutroune fait le reste. Suggestion mentale, désir voluptueux et philtre d'oubli agissent comme un triple poison, qui submerge entièrement la conscience du grand amour et obscurcit l'âme supérieure du héros.

brisée à Gounther, qui caché derrière un buisson, prend sa place sans que Brunehilde ait remarqué la substitution [1].

Quand Gounther amène Brunehilde silencieuse et sombre à sa demeure, elle se trouve face à face avec l'autre couple : Siegfried (qui a repris sa forme naturelle) et Goutroune couronnés de fleurs et suivis d'un cortège d'hommes et de femmes. Surprise, interdite, elle marche sur Siegfried et le regarde fixement. Il s'avance amicalement vers elle, mais sans la reconnaître, et la soutenant à demi évanouie, lui montre Gounther son époux. A sa main levée Brunehilde voit l'anneau. Un horrible trait de lumière traverse son esprit. Elle comprend que c'est lui, non Gounther, qui l'a vaincue, qu'elle est la victime d'un stratagème et que Siegfried en est l'exécuteur. S'adressant alors à Gounther : « Traître ! dit-elle à haute voix, et trompé toi-même ! Ecoutez tous, ce n'est pas à lui, c'est à cet homme là-bas que j'appartiens et que j'ai tout donné ! » Au milieu de l'agitation extrême que cette révélation provoque dans l'assistance, Siegfried, toujours sans souvenir du passé, jure tranquillement et gaiement sur la lance de Hagen qu'il n'a pas rompu son serment de fraternité à Goun-

---

[1] Tout contribue à donner à cette scène un caractère de sinistre magie : le crépuscule qui enveloppe les rochers sauvages, la visière baissée de Siegfried masqué sous l'armure de Gounther, l'affolement de Brunehilde. Enfin, la musique ténébreuse, où le motif haineux de Hagen se mêle à la mélodie molle et lascive de Goutroune, nous font comprendre que le héros n'est pas seulement changé extérieurement. Il agit sous le pouvoir d'une formidable obsession qui embrume son âme et jette un voile impénétrable entre lui et le souvenir de Brunehilde.

ther. Brunehilde alors s'élance dans le cercle et arrache avec fureur la main de Siegfried du fer de la lance, et en saisissant la pointe à son tour, elle s'écrie : « Cet homme a rompu tous ses serments et maintenant il se parjure. J'en jure par cette pointe ; qu'elle l'abatte ! » Gounther est troublé, rouge de honte : les hommes vocifèrent, mais Siegfried ne voyant en tout ceci qu'un caprice et qu'une querelle de femme passe son bras autour de la taille de Goutroune et l'entraîne avec le plus naïf enjouement.

Aussi sublime qu'était l'amour de Brunehilde, aussi terrible est la soif de vengeance qui s'allume maintenant dans son cœur. En perdant Siegfried elle va se détruire elle-même, mais elle n'a plus d'autre désir. La fille des dieux a quitté son ciel pour un homme et cet homme l'a trahie, livrée à un autre. Le héros radieux qu'elle a connu et auquel elle s'est donnée dans toute la splendeur de sa divinité, n'est plus. Celui dont la vue déchire maintenant ses yeux, n'est que son horrible fantôme, mensonge vivant qui transperce le cœur de Brunehilde et insulte l'amour éternel de chaque geste, de chaque regard. Son sang répandu à torrents peut seul expier ce crime et ce n'est que par la mort qu'elle peut le reconquérir. Ce n'est qu'ainsi qu'elle frappera Goutroune, Goutroune !... qui le lui a dérobé ! Hagen la soutient, Gounther est entraîné et la mort de Siegfried résolue par tous les trois.

Le lendemain, Gounther, Hagen, Siegfried et leurs hommes partent en chasse. Siegfried s'est lancé par monts et par vaux sur la trace d'un sanglier. Egaré loin de ses compagnons, il arrive aux bords du Rhin. Les trois ondines Voguelinde, Velgonde et Flosshilde se jouent à la surface du fleuve. Elles raillent le chasseur insouciant et lui redemandent l'anneau : « Evite ! évite la malédiction ! lui chantent-elles, des Nornes l'ont entrelacée nocturnement dans le câble éternel de la loi originaire. » L'aventurier prodigue était sur le point de jeter son anneau, dont il ne se sert pas et dont il méprise le pouvoir, aux ondines séduisantes. Mais la menace du destin provoque le défi du héros. Il répond : « Mon épée a rompu une lance : si les Nornes ont entrelacé des malédictions sauvages dans le câble de la loi originaire, Urgence mon épée mettra en morceau le câble des Nornes ! » Les ondines s'en vont en le raillant de son aveuglement et de son outrecuidance.

Cependant des appels retentissent, Gounther et Hagen arrivent avec leurs hommes. On entasse le butin de chasse en un grand trophée, on se campe autour et l'on se verse à boire dans les cornes. Comme toujours, Siegfried déborde de gaieté, Gounther est pensif et silencieux. Son frère d'armes pour l'égayer, lui raconte les aventures de sa jeunesse. Hagen l'y engage en exprimant dans sa coupe une herbe qui, dit-il, réveille les souvenirs. Siegfried raconte son enfance auprès de Mime, le nain envieux ; il raconte comment il se forgea lui-même son épée et sa grande joie quand il s'élança dans le monde avec son arme toute neuve ; il raconte comment le nain trembleur voulut lui apprendre la peur et l'amena à l'antre du dragon. A mesure qu'il parle et reprend le fil de sa vie, Siegfried s'anime et lorsqu'il vient à parler de l'oiseau merveilleux et de ses amoureuses révélations, le souvenir de Brunehilde surgit à ses yeux dans sa beauté éblouissante ; il dit le réveil de la vierge sous son baiser, et leur ardente étreinte sur la cime environnée de la mer des flammes. — Gounther écoute stupéfait. — A ce moment deux corbeaux viennent tournoyer sur la tête de Siegfried. Hagen lui demande : « Que te disent ces corbeaux ? » Siegfried se lève en sursaut et les suit du regard. « Ils me crient : Vengeance ! » dit Hagen, et il enfonce sa lance dans le dos de Siegfried. Celui-ci se retourne et lève son bras sur le meurtrier, mais la force l'abandonne et il retombe avec fracas sur son bouclier. Encore une fois le héros expirant ouvre ses yeux lumineux, d'une voix mourante il appelle Brunehilde sa fiancée sacrée, il croit la réveiller de nouveau, il croit voir ses yeux ouverts pour toujours sur lui, se sent évanouir sous son haleine et entend son salut d'éternel revoir. Dans sa vision suprême, sous ce frisson divin, il rend le dernier soupir.

La nuit noire règne sous les portiques silencieux de la demeure de Gounther ; derrière leurs arcades ténébreuses roule le fleuve et la lune se joue sur les flots. Goutroune inquiète épie les bruits lointains. Des voix confuses résonnent.

une foule armée de torches et de flambeaux arrive et l'on apporte couché sur son bouclier, le cadavre de Siegfried qu'on dépose au milieu de la scène. Goutroune se jette dessus en poussant des cris et accuse son frère de meurtre. Celui-ci rejette la faute sur Hagen, qui l'avoue effrontément et réclame, comme droit de butin, l'anneau que Siegfried porte à son doigt. « Arrière, bâtard ! » lui dit son frère. Ils se battent, Gounther tombe. Mais une nouvelle apparition met fin aux cris de la foule et aux gémissements des femmes, impose silence et respect à tous, c'est Brunehilde, qui s'avance lentement et solennellement du fond. « J'ai entendu des enfants pleurer après leur mère, dit-elle, je n'ai pas encore entendu de plainte digne du héros. » Du geste elle écarte Goutroune qui recule devant elle comme devant la véritable épouse.

Sombre et tragique est le tableau que présente cette scène nocturne à la lueur des torches. D'un côté Goutroune agenouillée devant le corps de son frère, penchée sur lui et comme sans connaissance, Hagen de l'autre, appuyé sur sa lance, pétrifié dans sa haine et son défi ; la foule stupéfaite en cercle immense sous le vaste portique ; Brunehilde, seule au milieu, contemple en silence le visage de Siegfried sous le coup d'une indicible émotion. Cependant elle se relève d'une résolution suprême avec une résignation héroïque. Dans la mort elle a retrouvé le rayonnement de Siegfried, sa lumière l'enveloppe de nouveau. Elle ordonne aux hommes d'élever un large bûcher au fond de la scène, au bord du fleuve, et d'y placer le corps du héros. Puis s'adressant aux dieux : « O vous, gardiens des serments sacrés, dirigez vos regards sur la moisson de ma douleur, contemplez votre faute éternelle ! Écoute ma plainte, ô maître des dieux. Par son action courageuse, de toi tant désirée, tu vouais celui qui devait l'accomplir au sombre malheur. Le plus pur a dû me trahir pour qu'une femme devînt sachante. Maintenant je sais tout, tout m'est révélé. » Elle prend l'anneau du doigt de Siegfried et le met au sien : « Je prends mon héritage Maudit anneau ! Cercle terrible ! je saisis ton or et je l'abandonne, je le rends aux sages sœurs du Rhin. Je vous rends ce que vous demandez. Que le feu qui me brûlera purifie l'anneau de la malédiction. Dissolvez-le dans l'onde et conservez l'astre brillant qui vous fut ravi pour le malheur. »

Arrachant ensuite une torche allumée à un homme, elle la lance dans le bûcher, qui s'enflamme aussitôt. « La fin des dieux approche ; ainsi je jette l'incendie dans la demeure splendide de Walhall ! Écoutez, vous tous, rejetons durables de la vie florissante. Si la race des dieux s'évanouit comme un souffle, si je laisse le monde sans maître, je vous lègue le trésor le plus sacré de mon savoir : ni bien, ni or, ni splendeur divine, ni magnificence seigneuriale, ni le lien trompeur de tristes traités, ni la dure loi de mœurs hypocrites ne donnent le bonheur.

Félicité dans la joie et la peine — nous vient de l'amour seul ! »

Elle s'est fait amener son cheval de Walkyrie, le saisit par les rênes, s'élance dessus et, d'un seul bond, le fait sauter dans le bûcher flamboyant de Siegfried. La flamme immense monte au ciel en crépitant et semble vouloir gagner le portique lui-même. Lorsqu'elle s'affaisse, les ondes du fleuve se roulent par-dessus bords et recouvrent le bûcher en cendres. Dessus nagent les ondines. A leur aspect Hagen, qui n'avait cessé de suivre Brunehilde du regard, est saisi d'effroi. Jetant sa lance et son bouclier, il se précipite sur elles en s'écriant : « Ne touchez pas à l'anneau ! « Voguelinde et Velgonde l'entourent de leurs bras et l'entraînent dans les profondeurs, tandis que Flosshilde élève en jubilant l'anneau dans les airs. — Au ciel, on voit monter une lueur semblable à l'aurore boréale. Elle dénonce l'incendie de Walhall et la fin des dieux.

Revenons sur la pensée de ce poème, l'un des plus étranges, des plus complexes et des plus puissants qu'ont ait conçus. Cette pensée réside en Wotan, elle se développe avec lui et s'épanouit enfin dans les deux héros humains Siegfried et Brunehilde. Comme dans toutes les mythologies anciennes, le Dieu suprême n'apparaît nullement ici comme un Dieu tout-puissant, mais comme un Dieu limité. C'est bien la personnification de la force créatrice de la nature dans son énergie sans frein, dans sa fougue inventive et novatrice. Mais cette force ne se joue que dans les limites des lois éternelles.

Le grand mythe de Prométhée a exprimé d'une manière incomparable l'immortelle opposition entre la dure nature et l'audacieux génie humain, entre le dieu tyran et l'homme créateur. Là le contraste entre les deux est net et bien tranché; entre eux, point de lien; ils luttent de puissance à puissance, en égaux. Ici au contraire, et en cela le poète a bien suivi l'esprit de la mythologie germanique, c'est en quelque sorte la nature elle-même qui a soif de l'homme, c'est le dieu qui cherche à s'achever, à se sauver par lui. Nous assistons à son enfantement, nous voyons la lignée humaine sortir de la lignée divine. Fatigué du labeur qui toujours recommence, écrasé sous le poids de la nécessité, Wotan rêve l'homme libre, sans crainte, sans barrière, n'obéissant qu'à lui-même et qui se crée sa vie du jet hardi de son courage. Ce qu'il ne sait pas, c'est que cet homme mettra fin à sa propre puissance. Car, en le voulant, il a rompu le réseau de ses propres lois, il a créé un autre infini qui éclipsera le sien. Fatalement, et contre lui-même, il marche à cette catastrophe qui sera sa délivrance. Siegmound l'impétueux et l'infortuné déjà plein de son souffle n'était cependant que sa créature, ne pouvant lui résister. Mais le rejeton de Siegmound et de Sieglinde, conçu dans l'ivresse printanière de la vie, est le fils de la force impétueuse et de l'espérance exaltée, double étincelle du père et de la mère qui rejaillit en lui en flamme brillante, indomptable. Il sera le héros libre, sans peur. Devant lui, finalement, le dieu recule résigné. « Je cède dit-il à Erda avec une superbe résolution, je cède joyeux devant ceux qui sont éternellement jeunes »

Mais le dieu dans son élan n'aspirait pas seulement à l'homme héroïque et libre, il cherchait aussi à tout savoir pour ne plus rien craindre. De là sa descente vers Erda, la sage déesse, son union avec elle. Le charme dont il l'enveloppe est l'œuvre de son désir le plus profond et le plus sacré. Elle lui révèle de grands mystères ; mais le mot suprême ce n'est ni lui ni elle qui le dira, c'est le fruit de leurs amours, c'est leur fille Brunehilde, celle qu'il nomme la fille de son désir. Elle le trouve et l'accomplit contre le gré du dieu. Ce dernier mot c'est la sympathie humaine, c'est l'enthousiasme de l'amour, qui, à travers la souffrance et le sacrifice, atteint une rédemption suprême. Ce qui fait la force de Brunehilde, ce n'est pas seulement la puissance de cette sympathie désintéressée que fait naître en elle la douleur d'êtres nobles, c'est aussi la *pleine conscience* qu'elle a de la *divinité de ce sentiment* et de sa force victorieuse. La vague pensée du dieu devient en elle force active, le sang de sa vie, sublime et tragique accomplissement. De là sa puissance d'affirmation, son héroïsme qui brave son père et de si haut le domine.

Brunehilde, réveillée par Siegfried, s'unit à lui

comme l'Amour seul peut s'unir à la vraie Vie,
riche et florissante. Par là même la Walkyrie
s'est vouée à la redoutable destinée terrestre.
Elle a préféré au calme divin le dévouement à un
seul. Tant qu'il demeure avec elle, le héros s'é-
lève à sa hauteur d'un naïf élan ; mais, hors de
son cercle éthéré, il tombe en proie à ses fougueux instincts et la trahit. Car il n'est pas
sachant comme elle. Il est sincère, mais naïvement égoïste ; généreux et prodigue de sa vie,
mais incapable de se maîtriser, en proie à l'illusion prodigieuse des sens ; sans peur, mais sans
prévoyance. Livré tout entier à l'heure présente,
il en est le jouet. En un mot, il n'a pas comme
elle la conscience du Divin et de l'Éternel. Après
l'oubli de Siegfried, que reste-t-il à Brunehilde ?
Sa sublime folie est maudite ; c'est bien plus que
son bonheur, c'est sa foi qui est frappée au cœur,
c'est l'Amour même qui est outragé en elle,
foulé aux pieds, démenti. Voilà le désespoir
déchirant entre tous, qui est réservé à la fille
des dieux. C'est pourquoi elle peut dire à Gounther : « Vous m'avez trahie, tous ! Si j'étais juste,
tout le sang de la terre ne me suffirait pas pour
expier votre faute. » De là sa vengeance aussi
terrible que sa douleur. Mais Siegfried une fois
tombé, la pleine lumière lui vient définitive dans
la suprême douleur, avec elle sa foi victorieuse.
Elle a tout compris, elle a ressaisi son héros pur,
radieux. Tandis que l'être vulgaire ou faible
perd sa foi dans le naufrage de son bonheur,
Brunehilde l'affirme à sa dernière heure et lègue

aux survivants son testament d'Amour. La flamme qui la consume avec son héros les purifie.

Sacrifice volontaire, grande rédemption, feu puissant qui allume le Walhalla désormais inutile. Car, pour régner, les dieux ont pactisé avec les puissances ténébreuses. En rendant aux filles du fleuve, aux génies élémentaires de la nature l'anneau fatal, symbole des biens et des maux terrestres (puissance, richesse, force brutale), et en affirmant la loi d'amour, l'humanité parlant par la bouche de la femme inspirée crée un ordre divin au-dessus de la nature. C'est le but de toute grande tragédie de nous consoler de la mort des héros par les vérités qu'ils affirment. La flamme qui consume Brunehilde éveille en nous le rêve d'une renaissance éthérée, et il serait conforme à l'esprit symbolique du mythe de nous montrer au-dessus de ses cendres, comme dans une vision magnifique, la Walkyrie amenant son héros, transfiguré, aux dieux transfigurés eux-mêmes. Car la nature elle-même renaît par l'humanité idéale.

Une aussi vaste conception poétique exigeait, dans la composition musicale, une force inventive, une énergie d'expression, une subtilité de nuances, une puissance d'expansion et de concentration extraordinaires. L'œuvre entière accuse, dans toute sa hardiesse, la troisième manière du compositeur. Malgré les longueurs et les surcharges dans certains récits, on peut dire que le dessin mélodique est plus simple que dans

Tristan, où la nature du sujet exigeait une fluidité extrême. Quant à la charpente harmonique de l'accompagnement orchestral qui soutient ce prodigieux édifice, il est à la fois d'une solidité et d'une finesse singulières. Nulle part Richard Wagner n'a déployé un aussi vaste réseau de motifs plastiques. Ce réseau part des dieux et s'étend aux héros du drame. Dans le prologue Wotan, Albéric, Freia, Loge, Erda, les Nains et les Ondines accentuent, par leurs motifs largement caractérisés, *les harmonies et les mélodies mères*, qui sont les sentiments primordiaux, les forces génératrices de tout le drame. Les motifs individuels et humains qui dérivent de ces mélodies génériques, se développent dans la suite avec une richesse et une variété qui ne se démentent jamais. La structure musicale est ainsi l'image de la structure intime et, si j'ose dire, métaphysique du poème. Car la filiation des motifs est la filiation même des caractères et des sentiments d'Albéric à Hagen, d'Erda à Brunehilde, de Wotan à Siegmund et Sieglinde et de ceux-ci à Siegfried. Le réveil de la Walkyrie offre le comble de cette floraison mélodieuse. Cette scène, qui forme un si lumineux contraste avec la sombre évocation d'Erda, est comme le point culminant du poème, son foyer incandescent. De la rencontre des deux favoris du dieu se dégage une telle abondance de sentiments profonds et naïfs, solennels et impétueux, tendres et passionnés, qu'ils jaillissent successivement en prières ferventes, en hymnes sacrés, en rires d'allégresse avec une incomparable richesse mélodique, au milieu de laquelle la pensée divine de l'Amour vainqueur des ténèbres monte triomphalement.

Qu'on se demande maintenant quelle est la portée de cette œuvre, sa signification pour notre temps, beaucoup de gens, de ceux-là mêmes qui en auront été saisis, diront : quel rapport y a-t-il entre cette résurrection mythologique et notre époque ? A nos yeux, la force et le mérite de cette création consistent justement en ce qu'elle contredit si énergiquement notre siècle. J'accorde, il est vrai, que le caractère éminemment philosophique de l'ensemble la rend peu accessible au grand nombre ; j'accorde aussi que sa couleur fortement germanique, jointe à la difficulté et à la rareté nécessaire, des représentations, l'empêchera longtemps, d'être complètement appréciée à l'étranger. Mais ce qui saute aux yeux non prévenus, c'est la merveilleuse originalité de la conception, la vie puissante qui anime tous les personnages, et jusqu'aux moindres détails, c'est enfin l'idéalisme grandiose qui préside au tout. Il est douteux que l'esprit humain trouve dans le poème de Richard Wagner, des symboles aussi clairs, aussi convaincants que dans le *Prométhée* d'Eschyle ou dans le *Faust* de Gœthe ; mais, plus il sera connu, et plus il saisira par ses côtés saillants. Quand l'homme moderne, accablé aujourd'hui par le labeur des sciences, par le réalisme des arts, le matérialisme vide et prétentieux de

notre âge, secouera son joug pour se chercher
lui-même, il aura soif d'idéal, il reviendra aux
grands types de la nature humaine, capables de
l'élever au-dessus des conventions qui l'étrei-
gnent et de la mode qui l'étouffe. Alors cette
œuvre exercera sur lui une double attraction.
Car de l'habitude paralysante de la réflexion, de
sa sagesse pénible et parfois écrasante, il aspire
à la spontanéité de la vie, à cette fontaine de
Jouvence qui ne jaillit que des cœurs libres, des
âmes sans barrière. Le type juvénile de Siegfried répond à ce besoin. Mais l'homme moderne
cherche aussi l'apaisement de ses doutes, de ses
tortures, de sa soif de connaître dans le sentiment profond et immédiat des vérités éternelles
qui dominent la vie. A cet élan, répond en plus
d'un sens Brunehilde, la femme héroïque, dont
l'âme aimante et consciente est la révélatrice
des plus hauts mystères. Quel que soit le jugement de l'avenir sur cette œuvre, elle vivra par
ces deux types qu'elle élève au rang de la poésie universelle.

IX

PARSIFAL

> Voyant par la Pitie,
> Le Simple et le Pur,
> Espère en Lui,
> C'est mon Elu.

Quoique les drames de Richard Wagner s'expliquent suffisamment par eux-mêmes, nous comprendrons mieux le sens et la portée de sa dernière œuvre en donnant un coup d'œil à sa nature d'homme et à tout son développement.

R. Wagner impose à la psychologie un des problèmes les plus curieux et les plus difficiles par le grand contraste entre son caractère et son génie, entre son tempérament d'homme et ses aspirations d'artiste. Ce contraste est, à vrai dire, la clef de sa nature et de son évolution. — Au premier abord, on sentait en lui comme un insaisissable mélange de tous ses héros : la profondeur et la grandeur de Wotan ; la spontanéité ravissante et l'égoïsme naïf d'un Siegfried, parfois la bonhomie familière de Hans Sachs, un humour étincelant, des tendresses d'enfant, des élans de générosité, de silencieuses mélancolies, suivies de violences superbes, de fiertés tyranniques, pareilles aux éclairs d'un Lucifer indompté.

Essayons maintenant de résumer les deux traits essentiels de cette nature unique en son genre. D'une part un fonds illimité de désir, d'orgueil et de domination; de l'autre un vaste intellect, doué des plus merveilleuses facultés esthétiques et d'un idéalisme transcendant. — Entre ces deux extrêmes se débattait incertaine la divine Psyché, ce que nous appelons : l'*âme*; et avec elle cette aspiration de l'être spirituel à la pureté, à la bonté, à la perfection, qui seule peut ennoblir la nature inférieure, l'attirer peu à peu vers les hauteurs de la spiritualité et de l'intelligence divine.

L'homme avec ses passions déchaînées et l'intellect avec ses pouvoirs supérieurs furent donc en Wagner comme deux natures opposées cherchant leur trait d'union. Ses œuvres furent ainsi une série de tentatives pour joindre et réconcilier ces deux éléments contraires. Comme artiste, Wagner ressemblait à un puissant magicien capable d'évoquer toutes les passions humaines par les incantations de la musique et le ressort du drame. Comme penseur, il avait quelque chose du démon qui cherche à concevoir l'ange par la force de l'intellect, et qui, malgré ses étonnantes facultés, souffre sous le poids de sa nature et aspire à la délivrance. Ce désir est le fil qui relie ses œuvres.

Le premier type qu'il invente est celui du Hollandais, du marin désespéré, maudit par son orgueil et que sauve le dévouement d'une femme. — Tannhaüser aspire des profondeurs de la sensualité à l'amour vrai, et c'est encore l'amour et le sacrifice d'une femme qui le sauve de la damnation du *Venusberg*. — Dans *Lohengrin*, inspiration merveilleuse, le monde divin apparaît, l'ange se révèle dans le héros. Mais il n'est pas compris de celle-là même qui l'avait pressenti et appelé. L'ange se retire dans son inaccessible solitude; Elsa, l'âme malheureuse expire; et nous restons sous l'impression navrante que l'idéal n'est qu'un rêve. — Après avoir achevé cette œuvre, Wagner tomba sous l'influence de la philosophie pessimiste de Schopenhauer, et cette influence se combine curieusement avec la phase la plus païenne de sa vie et de sa pensée. Malgré la splendeur des œuvres que créa sa forte virilité, on trouve au fond de ces tableaux débordants de vie et ruisselants de lumière, les teintes crépusculaires d'un pessimisme assombrissant. *Tristan et Iseult* est une peinture admirable de l'amour-passion; mais c'est un amour qui aspire à l'anéantissement plus qu'à la renaissance. — La tétralogie des Nibelungen est un essai de cosmogonie; mais ce qu'il y a de caractéristique, c'est que le dieu Wotan, qui a conçu le monde, abdique de guerre lassé et que le génie de l'Amour, représenté par Brunehilde, meurt trahi et sans espoir.

Après avoir parcouru ainsi sa phase païenne, Wagner parvenu au seuil de la vieillesse, changea encore une fois de direction et résolut d'aborder face à face le problème du christianisme par la légende du Saint-Graal. Ce n'est pas qu'il eut changé le fond pessimiste assez noir de sa philosophie. Mais en lui l'Inspiré, le génie intuitif et créateur, qui est le moi occulte et divin, surpassait de beaucoup le philosophe spéculatif. Parvenu à la vieillesse, au seuil solennel du mystérieux *Au-delà*, il prêta une oreille plus attentive à la Psyché profonde de son être. Son esprit se tourna de plus en plus vers cette régénération spirituelle, tourment secret de sa vie, but suprême de l'homme et de l'humanité. C'est sous l'empire de cette pensée qu'il écrivit le poème et la musique *de Parsifal*. Il donna ses dernières forces à cette composition qui couronne noblement et magnifiquement son œuvre.

Il avait déjà touché au Saint-Graal dans *Lohengrin* [1], conception transcendante par la beauté de l'inspiration comme par l'harmonie de l'ensemble. Mais là, il ne nous avait montré le temple des élus que de loin, dans une sorte de vision intérieure, et sous l'image brillante d'un de ses messagers.

Dans *Parsifal* il a voulu nous faire assister à la conquête du Graal, nous introduire dans le sanctuaire, nous dévoiler son secret. Résumons sa conception dans ses traits essentiels.

Parsifal a été élevé par sa mère dans un pays perdu. La pauvre femme a ses raisons pour cela. Le père de l'enfant, Gamuret, a été tué dans un combat, et Douloureuse (c'est le nom français dont *Herzeleide* est la traduction libre), ne veut

---

[1] Voir le chapitre IV pour l'origine et le développement de la légende du Saint-Graal.

pas que son fils unique ait le même sort. Elle se retire donc dans une grande solitude pour que Parsifal ne sache rien du monde et de la chevalerie. Mais l'instinct guerrier est très vivace dans l'enfant. Il s'est fabriqué un arc et court les bois en chassant. Un jour l'adolescent rencontre trois hommes à cheval, qui lui semblent plus beaux que des soleils, tant leurs armures reluisent dans la forêt. Il leur demande qui ils sont. Ceux-ci éclatent de rire et partent au galop. Il se met à courir pour les rattraper; mais impossible de les suivre. Alors Parsifal oublie sa chaumière natale, sa mère, le monde entier pour une seule pensée : revoir les chevaliers et se faire chevalier lui-même. Depuis ce jour, il court le monde, l'arc en main, vivant de chasse, dans un accoutrement misérable.

Après bien des aventures, le naïf ignorant arrive dans le domaine du Saint-Graal. C'est ici que Wagner fait commencer son drame ou plutôt son *mystère*.

Parsifal pénètre sous de beaux ombrages et voit des hommes graves en manteaux blancs qui se promènent. Leur aspect l'étonne et l'intimide. Soudain un beau cygne passe à grand vol sur un étang. Instinctivement Parsifal tend son arc et lui décoche une flèche. Mais aussitôt des jeunes gens saisissent le profanateur et le mènent devant un homme âgé, une sorte d'écuyer à barbe grise. Celui-ci, au lieu de frapper le coupable, lui reproche sa cruauté; puis il ramasse l'oiseau taché de sang et montre au meurtrier le regard

brisé du cygne mourant. Parsifal, ému d'un nouveau genre d'émotion, brise son arc en deux et
le jette par terre.

Au même instant, une solennelle sonnerie de
cloches retentit au loin. L'homme âgé prend
Parsifal par le bras et l'emmène. Il semble au
jeune homme qu'il marche comme dans un rêve
ou, plutôt que le paysage marche à sa rencontre.
Car insensiblement les voûtes de la forêt se changent en masses montagneuses. Ils passent par
d'énormes couloirs à colonnes massives taillées
dans le roc. Le son des cloches devient toujours
plus fort. Enfin Parsifal se trouve dans une basilique romane. La lumière tombe d'une coupole
byzantine sur un autel vide. Des chevaliers
entrent deux à deux en longue file, casque en
tête, habillés d'une chemise blanche et d'un manteau rouge. Des adolescents les suivent vêtus de
bleu et de blanc. Tous ces hommes chantent à
haute voix; ils célèbrent le dernier repas et le
martyre du Seigneur. Puis tous se rangent dans
un ordre majestueux; les chevaliers font cercle
autour de l'autel. On y dépose une arche et tous
se mettent à crier : « — Amfortas! Amfortas!
Montre-nous le Saint-Graal! » Alors un homme
qui semble le roi des chevaliers, répond : « — Je
ne peux pas. j'en suis indigne. Pécheur, j'ai aimé
la pécheresse; j'ai succombé à la tentation. Je
souffre de mon désir, et dans la souffrance je
désire toujours!... » En même temps, il montre
une blessure qui saigne à sa poitrine, avec les
signes d'une douleur affreuse. Alors une voix

terrible sort du fond de la basilique comme d'un tombeau et s'écrie : « — Amfortas ! mon fils Amfortas ! malheureux pécheur, pour ton châtiment, fais ton office ! » Malgré lui, Amfortas, pâle comme un mort, va prendre au fond de l'arche un vase de cristal et l'élève dans les airs. Aussitôt le liquide qui remplit le vase, se met à reluire d'une couleur pourprée. Sous ses rayons tout le temple se teint de rouge, pendant que les chevaliers murmurent à voix basse : « Ceci est le sang du Christ ! » Alors il semble à Parsifal que de ce vase sort une voix plaintive, mystérieuse, une voix sans paroles, comme une mélodie de tendresse et de souffrance ineffable. Il porte violemment la main à son cœur comme sous le coup d'une douleur subite. Cependant le roi malade est retombé sur sa litière, les chevaliers s'éloignent, l'église est vide. Parsifal est toujours là, cloué en terre, l'air stupide. Tout cela lui semble un rêve, il n'a rien compris à ce qu'il a vu. Le vieillard à barbe grise, le serviteur fâché, croyant qu'il a affaire à un sot, le pousse hors de l'église d'un ton bourru. Mais dans le silence du sanctuaire, une voix céleste répète la promesse mystique :

> Un pur, une âme simple,
> Rendue voyante par la pitié,
> T'apportera la délivrance.

Or, ce que Parsifal ne sait pas, le voici. Le vase merveilleux est celui dans lequel le Christ a célébré son dernier repas avec ses disciples et

dans lequel Joseph d'Arimathie a recueilli son
sang. Après la mort du Sauveur le vase disparut. Des anges le rapportèrent du ciel avec la
lance qui perça les flancs du Rédempteur. Ils
confièrent ces saintes reliques, source des plus
hautes vertus chevaleresques, à un pieux chevalier du nom de Titurel. Celui-ci fonda pour la
garde du trésor l'ordre des chevaliers du Saint-
Graal. A sa mort, son fils Amfortas lui succéda.
Mais déjà un ennemi redoutable méditait la perte
de la communauté. Le païen Klingsor avait
ambitionné les honneurs de l'ordre, dont la première condition est la chasteté. Ne sachant se
vaincre, il n'avait rien trouvé de mieux pour se
rendre digne du Graal que le moyen d'Origène [1].
La communauté indignée repoussa un homme qu'
avait cru parvenir à la sainteté par la mutila-
tion. Cependant Klingsor, versé dans les sciences
occultes, était un grand magicien. Il fit sortir de
terre un château de perdition rempli de filles
charmantes, qui attirèrent les chevaliers dans
leurs filets. Une fois séduits, amollis, ils sont
perdus pour le Graal et ses hautes missions. A
mesure que la forteresse des purs se dépeuple,
le château de perdition se remplit. Amfortas a
voulu combattre l'ennemi avec la lance sacrée
qui donne la victoire. Mais Klingsor lui oppose
une femme d'une beauté irrésistible ; Amfortas,
lui aussi, a succombé à la tentation. Pendant

---

[1] Cette idée est toute de Wagner. On n'en trouve aucune trace
ni dans les *Perceval* français, ni dans le *Parcival* de Wolfram
d'Eschenbach.

qu'il s'oubliait aux bras de l'enchanteresse, Klingsor s'est emparé de la lance, en a frappé le roi et lui a fait une blessure incurable. La lance est au pouvoir de l'ennemi, l'ordre est compromis, le Graal menacé. De là l'effroi des chevaliers et la douleur du roi malade.

Ce dont Parsifal se doute bien moins encore, c'est que lui-même est destiné à remplacer Amfortas dans sa royauté spirituelle. Mais pour cela il faut qu'il subisse à son tour la tentation et qu'il résiste à la puissante magicienne. Tel est l'objet du deuxième acte.

Qui est cette femme étrange et dangereuse? Elle se nomme Kundry, et a comme deux âmes, deux existences diverses qui alternent l'une avec l'autre. Dans sa phase voluptueuse, rien n'égale l'âpreté de ses désirs triomphants. Elle possède pour les satisfaire toutes les langueurs d'une séduction profonde. Quand son but est atteint, quand l'homme séduit sort de ses bras, elle le méprise et le quitte avec un rire de démon et de damnée. — Dans sa phase de repentir, elle éprouve un besoin fiévreux de s'humilier, de servir les bons. Elle s'habille misérablement, s'enlaidit à plaisir et sert les chevaliers du Graal, leur apporte des baumes dans son costume de sorcière sauvage. Mais cela ne sert à rien; ce demi-repentir est impuissant. Vient l'heure où un sommeil lourd et léthargique s'empare de tous ses membres; et le magicien, j'allais dire le magnétiseur Klingsor, qui de loin la guette et l'endort, a seul le pouvoir de la réveiller pour l'asservir de nouveau à sa vie de luxure et de damnation.

On assiste au commencement du *deuxième acte* à l'un de ces réveils terribles. Nous sommes au château de perdition, dans l'intérieur d'une tour ouverte par le haut. En bas tout est sombre, à gauche une sorte d'abîme noir. Klingsor s'approche du trou, y jette de l'encens qui ressort en vapeurs bleuâtres. Puis avec de grands gestes, il commence son évocation. « Sors du gouffre ! Arrive ! A moi ! ton maître t'appelle, toi l'innommable : diablesse originaire ! Rose de l'enfer ! Jadis Hérodiade, aujourd'hui Kundry ! Stryge, charmeuse, vampire de volupté ! à moi ! à moi ! » Une femme superbe sort lentement du gouffre. Une lumière magique caresse et moule les formes luxuriantes de son corps de neige. Sous l'évocation, elle pousse des gémissements et des cris de détresse comme dans un cauchemar. Elle résiste, a horreur d'elle-même, elle ne veut pas, elle injurie le démon. Mais le magicien lui montre en perspective une victime attrayante sous forme d'un jeune homme vierge. Un dangereux sourire effleure les lèvres de Kundry. La voilà réveillée tout à fait. « Il est beau l'enfant, le voici qui vient », dit Klingsor, et la femme a disparu. Déjà elle se prépare à son ministère de séduction.

Sur un signe de Klingsor, la tour s'enfonce sous terre avec le magicien. A sa place surgit un jardin aux plantes tropicales. Une trentaine de jeunes filles, dont les vêtements ressemblent à de grandes fleurs, accourent affolées. Ce sont les belles qui ont vu leurs chevaliers blessés et renversés par un farouche envahisseur. Courant çà et là, elles jettent des cris d'épouvante. Car le vainqueur accourt, et c'est Parsifal. Voyant que le beau naïf ne leur fait ni mal ni injure, elles rient de leur peur et passent de la gaieté à la coquetterie. Elles entourent l'innocent de leur troupe enjôleuse, le pressent de naïves agaceries, de caresses enfantines. C'est à qui lui touchera le menton, lui jettera les bras autour des épaules. « Il est à moi ! à moi ! non, à moi ! » Parsifal à demi impatienté se défend comme un homme envahi par une végétation gênante et capiteuse. Mais la voix de Kundry, douce et tentatrice, sort d'un bosquet et appelle Parsifal par son nom. Aussitôt les filles fleurs s'arrêtent. Aussi promptes à l'effroi qu'au plaisir, aussi vite fanées qu'écloses, elles cèdent le pas à la puissante magicienne. « Grand fou ! » c'est leur dernier mot et elles s'enfuient d'un rire ironique et perlé.

Kundry apparaît demi-couchée sur un lit de fleurs. Parsifal étonné, lui demande comment elle sait son nom. « Je t'attendais et je sais bien des choses que tu ignores, » dit-elle d'une voix alanguie de rêve. Et elle se met à parler à Parsifal de son enfance, de sa mère. Car elle sait sa vie mieux que lui-même. Elle lui rappelle les folles caresses de Douloureuse lorsqu'elle retrouvait son enfant égaré dans les bois. « Dis-moi, ajoute-t-elle en souriant, ces baisers là ne te

faisaient-ils pas peur ? » Avec le charme de ces
souvenirs, la palpitation du cœur féminin s'insinue au cœur du jeune homme comme une
mélodie triste et suave. Mais lorsque Parsifal
apprend de la bouche de Kundry que sa mère
est morte de chagrin après la fuite de son fils,
il tombe à genoux, submergé de remords et de
douleur. Il commence à comprendre qu'il a vécu
jusqu'à ce jour comme un fou sans mémoire et
sans conscience. Kundry profite de ce moment,
enlace doucement le cou de l'orphelin et lui
promet la fin de ses peines par la révélation de
l'amour qui donne le bonheur avec la connaissance. Elle se penche sur lui. Parsifal attendri se
prête innocemment à ce long baiser; mais son
feu inattendu le pénètre d'une douleur terrible.
Tout à coup, il s'arrache, se lève avec tous les
signes de l'épouvante et porte la main à sa poitrine. Il sent comme un fer chaud à son cœur;
c'est la blessure d'Amfortas qui le brûle lui
aussi; il a compris son mal. Les flèches du désir
qui l'ont traversé lui révèlent instantanément la
profondeur du mal dont souffre le roi déchu du
Graal. La Volupté mère des douleurs lui révèle
toute la Douleur humaine. Tous ces êtres qui
croient jouir, comme ils souffrent, comme ils
crient après la rédemption ! Et par-dessus leurs
voix, il entend la voix ineffable mais navrante
du Sauveur profané par des mains indignes.
C'est la révolution d'une âme dans l'orage de la
sympathie. Il devine, il voit, il sait — et voici qu'il
prie !

A partir de ce moment, les rôles changent. Kundry va de l'étonnement à l'admiration. Elle s'enflamme à mesure que Parsifal se refroidit en s'affermissant dans sa résolution. La sympathie voyante est plus forte que la passion aveugle. Elle a beau s'approcher de lui, caressante, audacieuse et plonger dans ses yeux son regard qui darde une flamme inquiète. Il la repousse : « Arrière corruptrice ! loin de moi ! à jamais ! » Alors Kundry s'exaspère, sa passion devient de la folie. Elle est sûre maintenant que l'amour de cet homme étanchera sa soif, la sauvera pour toujours. Mais Parsifal a compris que pour mettre fin à la souffrance, il faut en tarir la source. Hors d'elle, la femme dépossédée bondit de fureur et appelle Klingsor au secours. Le magicien se montre sur une terrasse et jette la lance sacrée contre le téméraire qui le brave. Mais celle-ci, reconnaissant un maître demeure suspendue sur la tête d'un Pur et d'un Fort. Parsifal la saisit et trace dans l'air le signe de la croix. Aussitôt jardin, castel et magicien s'effondrent avec un immense fracas comme par un tremblement de terre. Kundry pousse un grand cri et tombe sur le sol changé en désert aride.

Après cette lutte victorieuse contre l'enfer du magicien, le *troisième acte* s'ouvre comme une idylle de paix et de rédemption. Nous sommes dans un paysage printanier, au milieu d'une prairie parsemée des premières fleurs, à la lisière d'une forêt ombreuse, d'où s'échappe une source claire. Le vieil écuyer de Titurel, Gurnémanz, s'est fait anachorète. Il sort de sa hutte ; car il a entendu un profond gémissement, un soupir d'angoisse derrière le buisson. Il approche ; et voit Kundry endormie là d'un sommeil léthargique. Il la relève inerte comme un cadavre, lui frotte les mains et l'asperge d'eau. Enfin elle ouvre les yeux. Gurnémanz, qui l'a souvent retrouvée ainsi et qui ne sait rien de sa vie de péché, remarque cette fois-ci une différence. Rien de sauvage ni de fiévreux ; elle est humble et triste. Elle porte la robe brune des pénitentes, une corde en guise de ceinture et arrange soigneusement ses cheveux épars. Aux questions paternelles de Gurnémanz, elle répond par un geste de soumission, en disant : « Servir… je veux servir. » Puis elle prend une cruche et va puiser de l'eau à la fontaine comme la dernière des servantes. A ce moment, un chevalier vêtu d'une armure noire, entre à pas lents, visière abattue et lance baissée. Sa démarche sévère annonce la tristesse. Gurnémanz lui demande s'il est égaré ; l'inconnu s'assied comme un homme épuisé de fatigue et hoche la tête. A toutes les questions, il répond par le silence. « — Sais-tu bien, lui dit enfin le vieillard, que tu viens d'entrer dans le domaine du Saint-Graal et que ce jour est le vendredi saint ? » A ces mots, le chevalier noir se lève ; découvre son visage et plante sa lance en terre, puis il s'agenouille dans une prière fervente, les yeux levés sur la pointe de l'arme. — Gurnémanz a reconnu Parsifal ; il comprend que cette lance est la lance merveilleuse enfin reconquise, que le simple d'autrefois est devenu par de longues épreuves l'élu d'aujourd'hui et s'abandonne à un transport d'admiration. Kundry détourne la tête.

Parsifal, ému de joie et de reconnaissance, — car pendant des années il avait vainement cherché à retrouver le chemin du Saint-Graal, — s'est rassis au bord de la source. Avant de remonter au temple, le vieil ami de Titurel veut consacrer son nouveau maître comme roi du Saint-Graal. Il lui ôte le casque et l'armure noire ; Parsifal se laisse faire et se présente à nous, tête nue, dans la tunique blanche des chevaliers sans tache. Tandis que Gurnémanz oint la tête de l'initié du Christ, Kundry en nouvelle Madeleine, s'agenouille, lui lave les pieds, les arrose d'une huile précieuse et les essuie de ses longs cheveux. Il la regarde avec surprise, et après quelques paroles consolantes, verse sur sa tête l'eau purifiante du baptême puisée à la source. Une paix profonde, une douceur inconnue inonde l'âme de la femme repentie. Elle courbe la tête jusqu'à terre et paraît sangloter ; mais ces larmes sont le premier instant de bonheur de sa vie. — Parsifal lui aussi paraît transfiguré. Il regarde aux alentours : la prairie brille de rosée, les herbes et les bourgeons rayonnent d'un éclat insolite, les fleurs lui parlent avec une grâce enfantine. Il s'étonne de tant de joie un jour de tristesse ; il trouve que la nature devrait pleurer et non sourire à l'anniversaire de la mort du Seigneur. Mais Gurnémanz lui répond : Ce sont les larmes du repentir qui couvrent la pelouse, et sous cette rosée, l'herbe et la fleur relèvent la tête. Toute créature aspire au Rédempteur et tressaille de joie devant l'Homme purifié. » Une mélodie large, d'une suavité insinuante, connue sous le nom de *charme du vendredi saint*, accompagne ce dialogue et va mourir dans un sanglot de félicité.

Parsifal venu en pénitent, se lève maintenant en roi du Graal, dans la plénitude de sa force et de sa sérénité. Il brandit la lance et fait signe au vieillard et à la femme de le suivre. Tous trois montent au sanctuaire... La scène se transforme comme au premier acte. Les cloches byzantines retentissent de nouveau, au haut de la montagne. Nous montons, nous montons à travers les entrailles du roc; et nous revoilà dans la basilique, au milieu de l'assemblée solennelle des chevaliers. Parsifal entre, suivi de Gurnémanz et de Kundry. Il trouve Amfortas, le roi déchu, en proie à un accès de désespoir et demandant la mort à ses compagnons. Mais Parsifal touche sa blessure avec la pointe de la lance merveilleuse, et Amfortas est guéri. Alors le nouveau roi monte les marches de l'autel et saisit le vase de cristal. Pendant qu'il l'élève au-dessus de sa tête, la coupe se colore comme au premier acte, mais d'un rouge plus ardent. La lumière pourpre enveloppe les chevaliers et sa gloire les inonde d'un baptême de feu. Aux accents d'un chœur mystique, une colombe blanche et lumineuse descend du haut de la coupole et vient planer sur le Saint-Graal. Kundry a rendu le dernier soupir sur les marches de l'autel.

Le rideau se ferme sur ce tableau symbolique de la rédemption par la sympathie et l'amour divin.

Parsifal n'est pas seulement le plus beau drame religieux des temps modernes. Comme le dit à merveille Mᵐᵉ Emilie de Morsier dans sa belle étude [1] : « C'est une œuvre qui atteint jusqu'au fond de l'âme et de l'esprit. » La Religion et l'Art sont d'essence diverse. Dans une société idéale, ils marcheraient d'accord, mais jamais l'un ne pourra remplacer l'autre. Car la vraie Religion est la mise en œuvre du Divin au cœur des hommes comme dans l'organisme social ; l'art véritable est la représentation vivante de cette même vérité divine par la splendeur du Beau. Le Parsifal de Wagner réalise le rêve du

---

[1] *Parsifal et l'idée de la Rédemption* par Emilie de Morsier (chez Fischbacher, 1893). — Je ne saurais trop recommander ce travail captivant à ceux qui veulent pénétrer dans les arcanes les plus profonds de Parsifal. Ce drame religieux y est étudié dans « sa signification ésotérique » et le Mystère chrétien y est mis en rapport avec la philosophie hindoue. Les beautés spirituelles de l'œuvre sont pénétrées et mises en lumière dans ces pages vibrantes d'émotion par une âme voyante, qui a traversé elle-même les vérités transcendantes grâce à cette intuition de la sympathie qu'on a justement nommée la Religion de la souffrance. — A peine est-il besoin de rappeler ici le beau livre de M. Kufferath, où Parsifal est étudié au triple point de vue légendaire, poétique et musical. — M. Alfred Ernst lui a aussi consacré un chapitre remarquable dans son savant livre , *l'Œuvre poétique de Richard Wagner*. — Je citerai encore l'intéressante brochure « *Trois moments de la pensée de Richard Wagner : L'Anneau du Nibelung, Tristan et Yseult, Parsifal*, par Marcel Hébert. Cette étude contient quelques aperçus neufs et d'une grande justesse sur le développement philosophique du maître.

Mystère moderne. Il est le *fiat lux* de l'Art élevé à la hauteur de la Religion universelle. Essayons d'en résumer les caractères dominants.

Le drame de la rédemption se joue autour de quatre personnages qui vont du fond du mal au sommet du bien. *Klingsor*, le luxurieux et l'ambitieux, a cru mériter le Saint-Graal en se mutilant. Repoussé par le Temple, il devient le mauvais magicien, le type de la perversité intellectuelle qui cherche la jouissance dans la corruption des autres. C'est l'être humain, mutilé non-seulement au physique mais encore au moral de toute compréhension du bien et voué par avance à l'infaillible destruction parce qu'il ne sait que détruire les autres. *Kundry* représente la Femme en sa double phase de Séductrice et de Repentie, ardente et faible, passionnée et **pas**sive, mais aspirant à l'Amour divin du fond de ses amours décevants. *Amfortas* est l'homme qui a compris le Divin et qui aspire à la sainteté, mais qui demeure esclave de ses passions. « Je souffre de mon désir, et dans ma souffrance je désire toujours. » — *Parsifal*, le simple et le pur, raconte l'histoire de l'Ame depuis l'ignorance jusqu'à la toute-science. Il illustre cette vérité que la sympathie consciente et active conduit à l'intelligence des derniers mystères, à la perfection. La mort du cygne lui a fait comprendre la souffrance universelle et la loi de solidarité qui unit tous les êtres. La vue d'Amfortas lui a révélé la souffrance humaine en ce qu'elle a de plus aigu, l'aspiration impuissante à la délivrance. La tentation de Kundry lui fait saisir la source même de ce mal, en son propre cœur et en celui des autres, dans le désir. L'ayant terrassé par la grandeur de sa pitié, il reconquiert la lance, la volonté souveraine et revient en vainqueur à Montsalvat, pour être couronné roi du Graal.

Voici, sur ce drame, la conclusion lumineuse de Mme Emilie de Morsier, le plus voyant parmi les interprètes de *Parsifal* : « Le mystère du salut s'est accompli à un triple point de vue. Parsifal a sauvé Amfortas parce que, en prenant sur lui la douleur du roi pécheur, il a conquis le pouvoir que confère l'Amour parfait de guérir et de consoler. En cherchant à retrouver le Graal, il ne poursuivait pas le rêve d'un bonheur personnel, mais il répondait à l'appel de la douleur humaine qui avait retenti jusqu'au fond de son cœur. Il a sauvé Kundry par le rayonnement de sa pureté qui, rencontrant l'aspiration d'une âme égarée, l'entraîne dans la sphère de la vérité et du grand Amour. Ainsi le Pur et le Simple se sauve lui-même en devenant le Sauveur des autres. Par la sainte Pitié, il s'est élevé au foyer de l'Amour divin, il s'est uni à la source de toute vie, à l'Esprit pur et devenu UN avec lui, il participe à sa force, à ses vertus, à son pouvoir créateur. Tel le sens profond des paroles ultimes : « *Rédemption au Rédempteur !* »

Un mot encore sur la musique de ce drame merveilleux. Les harmonies de *Parsifal* ont une beauté d'outre-tombe, voilée d'une lumière astrale et en quelque sorte surnaturelle. Le tissu harmonique y est d'une transparence et d'une fluidité, le coloris instrumental d'un fondu et d'une morbidesse qui tiennent du rêve et de la vision. « On ne sait avec quoi cela est fait me disait un jour un illustre compositeur français; c'est du Corrège orchestré. » En effet l'harmonisation et l'instrumentation deviennent ici le dernier mot de l'alchimie des timbres et des sons. Cette musique nous fait vivre dans une région intermédiaire entre la terre et le ciel, où l'âme à demi dégagée du corps est devenue moins opaque et pour ainsi dire translucide. Les passions infernales et les célestes ardeurs y vibrent avec des nuances subtiles et une intensité douloureuse. L'innocence naïve du héros vierge, du chaste fou, sa sympathie poignante pour tout ce qui souffre; la rudesse grondeuse et loyale du vieux Gurnemanz; les séductions, les rires démoniaques, les repentirs et les sanglots de la pécheresse, les râles de son âme mourante et de son désir submergeant; les enchantements diaboliques du mauvais magicien qui ressemblent à des mouvements giratoires d'esprits élémentaires et de salamandres en des flammes agiles ; les remords lancinants d'Amfortas dont tous les efforts pour s'élever à la pureté spirituelle n'aboutissent qu'à le faire retomber sous le joug du désir; la montée laborieuse vers Montsalvat à travers les entrailles du rocher, où l'orchestre, en son rythme tragique de marche funèbre, semble soulever comme une montagne la douleur du monde entier ; enfin les splendeurs de la foi, les cantiques ravissants, les extases du temple, où le sang vivant du Rédempteur reluit et fulgure sur les Initiés dans la coupe divine du sacrifice et fait descendre par son immense amour la Colombe du Saint-Esprit sur les âmes adorantes et palpitantes ; tous ces sentiments sont figurés par des motifs aux traits suaves et précis comme les peintures mystiques de Memling. Ils traversent tout le drame en des formes presque invariables, mais ils se colorent et s'embrasent d'harmonies de plus en plus ardentes jusqu'à la transfiguration suprême. Et sur l'ensemble plane avec une mélancolie douloureuse, une douceur attendrie *la plainte du Sauveur* qui se résout à la fin en un hymne céleste.

Quand j'entendis pour la première fois *Parsifal* — c'était en 1883, peu après la mort du maître — j'eus l'impression d'écouter un *Requiem* que Wagner se chantait à lui-même. Et, dans le chant du cygne de ce génie prodigieux, il y avait une tristesse infinie, mais aussi une délivrance, une paix suprême. On y sentait comme l'ombre envahissante du tombeau, mais traversée par une grande lumière d'au-delà, par une blancheur sublime de résurrection.

X

PLACE DE RICHARD WAGNER

DANS L'HISTOIRE DU THÉATRE

Les efforts du passé renferment les tons
de l'avenir.

J'ai fini de parcourir la série des œuvres dramatiques du poète compositeur. En voulant donner une image de ces créations avec le seul et faible secours de la plume, j'ai peut-être tenté un essai aussi chimérique que celui de faire voir une lanterne magique sans lumière. La lumière intérieure de ces œuvres, en effet, c'est la musique. C'est elle qui en anime les figures, en illumine toutes les parties, en fait resplendir le sentiment intime. Sans elle ces tableaux aux couleurs intenses risquent de n'être plus que de pâles grisailles. Ai-je réussi à mettre en relief leur côté plastique, à en faire deviner la vie impétueuse et variée, à en marquer le sens profond et souvent lumineux? Je ne sais. Quoi qu'il en soit, ces drames, où de hauts types humains se manifestent sous les formes énergiques et dans le cadre hardi du mythe, constituent un groupe à part et se rangent parmi les plus élevés dans le monde des libres créations poétiques. Embrassons maintenant l'ensemble de l'œuvre d'un seul coup d'œil; tâchons d'établir sa place dans l'histoire du drame en général, de saisir sa portée vis-à-vis du théâtre contemporain. Résumons enfin la carrière de l'artiste et voyons l'idée qui s'en dégage.

On croit généralement que, dans sa réforme, il ne s'agit que d'un nouveau système d'orchestration et de déclamation dramatique. Mais ce n'est là qu'un détail, un côté extérieur dans l'œuvre de ce maître. La pensée qui l'anime est beaucoup plus vaste et plus audacieuse, le but qu'il poursuit bien plus élevé. Ce dont il s'agit n'est rien moins qu'une réforme de l'institution théâtrale elle-même, sa réédification sur une base nouvelle. Puisque cette idée est entrée désormais dans le domaine des faits, nous l'examinerons à la lumière des deux grands exemples que nous a légués le passé et qui nous éclairent encore.

L'histoire du théâtre ne nous offre, dans la série des temps, que deux types principaux du drame, entièrement distincts, absolument originaux. Tous les autres procèdent de ces deux modèles incomparables et peuvent s'y ramener : c'est d'une part la tragédie grecque, de l'autre le théâtre de Shakespeare.

La tragédie athénienne fut le fruit unique de la plus complète des civilisations, qui lui apporta le concours de toutes ses forces. Nous trouvons

en elle le résumé des arts helléniques florissant
depuis de longs siècles, en un mot l'œuvre collective d'un peuple qui mit son orgueil dans l'expression de la beauté humaine, et d'une religion naturaliste qui, dans sa libre croissance,
se couronna d'elle-même par la fleur de l'Art
vivant. L'instinct mimique s'était manifesté chez
tous les peuples, mais le théâtre, auquel nous
revenons sans cesse comme à la norme du
vrai dans l'idéal, naquit chez les Grecs. Eschyle, le citoyen d'Athènes, le combattant de
Marathon, l'initié d'Eleusis, Eschyle poète, musicien, acteur, machiniste, architecte, décora-
teur, le créa de toutes pièces en imaginant
son théâtre de bois [1] qui devait porter l'O-
lympe et la terre, et en y montant lui-même avec
le masque d'Oreste ou de Prométhée. Mais les
éléments qui lui servirent, les arts dont il s'empara d'une main si créatrice lui étaient fournis
par l'éducation ascendante de sa nation à travers
quatre ou cinq siècles. Y concoururent : d'a-
bord la Danse, cette fière Muse qui ouvre en
Grèce le cortège des arts, sculpture vivante,
pantomime expressive et nuancée [2], fortifiée par
les exercices de la palestre, développée par les
fêtes religieuses et nationales ; — ensuite la lan-

____

[1] Ce théâtre de bois servit sans doute de modèle au théâtre
de pierre que la ville d'Athènes fit construire du vivant d'Eschyle au sud de l'Acropole et dont les ruines sont connues sous
le nom de Théâtre de Bacchus.
[2] Si nuancée que les savants ont pu retrouver les noms de
deux cents danses grecques ayant toutes plus ou moins le
caractère pantomimique.

gue d'Homère assouplie, enflammée par des centaines de poètes originaux ; — puis les rythmes et les mélodies de la poésie chorale ; — enfin comme force fondamentale, génératrice de la tragédie, qui devait refondre tous ces éléments dans son brûlant foyer : l'enthousiasme profond, régénérateur du chœur dithyrambique, la terreur sacrée des vieux cultes et le souffle sublime des Mystères.

Si nous jetons un regard dans ce fond mystérieux, devant lequel se dresse la tragédie grecque, comme la prêtresse inspirée de Delphes, assise sur son trépied devant le gouffre qui plonge aux abîmes de la terre, si nous essayons de résumer d'un seul mot sa glorieuse histoire, nous dirons qu'en elle le monde humain est sorti du monde divin. Le héros s'y reconnaît ouvertement comme fils des dieux. Qu'on se rappelle (avec l'aide des bustes et des statues) les principales divinités olympiennes, dont les traits si puissants flottent cependant dans un vague grandiose et dont l'haleine semble avoir la force et la régularité des choses éternelles. En chacune de ces têtes nous parle une face de la nature. Qu'on jette ensuite un coup d'œil sommaire sur les personnages de la scène grecque, et l'on trouvera que chacune de ces divinités s'y reflète dans un cycle de héros, comme un père ou une mère dans un groupe d'enfants. Le lien moral subsiste, lors même que la mythologie n'établit point la filiation. Zeus respire dans Hercule, Arès dans Achille, Diane dans Iphigénie, Apol-

Ion dans Hippolyte ou dans Oreste, Aphrodite dans Phèdre ou dans Médée. A chaque héros, à chaque héroïne nous pourrions trouver un aïeul dans l'Olympe. Rayonnant, heureux est le dieu; l'homme souffrant, accablé, mais combien noble et touchant dans sa souffrance! D'abord, purement passive sous la loi du Destin, cette souffrance s'insurge parfois et devient la lutte entre le monde divin et le monde humain. Dans Cassandre elle s'élève jusqu'à la conscience de l'injustice, dans Antigone au sacrifice volontaire; et ici les dieux sont vaincus, dépassés. Les Olympiens n'en sont pas moins les puissants générateurs du peuple tragique. De même qu'ils dominent la cité du haut des temples, on dirait que leurs effigies colossales entourent le théâtre d'un mur magique qui le défend de tout ce qui est vulgaire. Quand le magicien Dionysos frappe la terre de son sceptre florissant, des héros en jaillissent, mais il évoque en même temps les dieux pour envelopper les hommes de leur lumière. Ainsi les personnages de la tragédie dionysienne sortent des entrailles de la nature et planent pourtant dans une région supérieure à la réalité et à l'histoire.

Figurons-nous maintenant l'aspect du théâtre lui-même et l'appareil de ces représentations extraordinaires. Tout y répondait à cette simplicité, à cette majesté surhumaine qui fut le caractère dominant de la tragédie grecque. Ces représentations n'avaient lieu, comme on sait, qu'une fois par an, à la fête du printemps qu'on nommait *les grandes Dionysiaques*. Bacchus, retiré, disait-on, au fond de la mer, près des Muses, ou engourdi dans les montagnes d'un sommeil hivernal, revenait avec son brillant cortége, réveillant campagnes et cités, au son des danses, des flûtes et des cymbales. Réveil immense, réveil de la nature, des hommes, des dieux eux-mêmes. La cité mélodieuse, les temples semés de fleurs saluaient en lui : « Dionysos libéra-teur ! » Libres, tous l'étaient en effet ce jour-là, jusqu'aux prisonniers admis à la fête. A ciel ouvert s'élevait le vaste amphithéâtre creusé en partie dans le flanc d'une colline, au sud de l'A-cropole. Tout en haut de l'édifice, un portique à colonnades en couronnait le pourtour. Le spec-tateur, assis sur les gradins à mi-hauteur, em-brassait un spectacle grandiose. Par-dessus les deux lignes descendantes qui terminaient à droite et à gauche le demi-cercle de l'amphi-théâtre et s'abaissaient vers l'orchestre, le regard apercevait, par-dessus l'édifice, les mon-tagnes lointaines et la mer. Un couloir circu-laire interrompait l'inclinaison des gradins à la moitié de leur hauteur, et montrait à ses deux extrémités de gigantesques statues assises, qui se détachaient sur le ciel et semblaient elles-mêmes absorbées dans la contemplation de la scène. Celle-ci, formant une construction à part, s'ouvrait en face comme un enfoncement large mais peu profond. La surface de la scène s'of-frait ainsi au spectateur, comme un rectangle allongé. Elle était fermée au fond, soit par un temple à péristyle, soit par un camp de guerre, ou tel autre paysage peint sur d'immenses décors de bois. C'est sur la bande étroite formée par le proskénion que se mouvaient les personnages tragiques. Le cothurne et le masque les faisaient paraître plus grands que nature et la distance favorisait l'illusion. Ils se présentaient plutôt de profil que de face dans les attitudes sculpturales ; la scène semblait ainsi un bas-relief vivant. Ils récitaient leurs vers sur un mode qui se rapprochait d'une mélopée, mais avec des intonations variées qui reproduisaient toutes les nuances du sentiment et de la passion [1]. Leurs voix, renforcées par l'embouchure métallique du masque, répercutées par l'acoustique savante de la scène, pénétraient jusqu'aux extrémités de l'amphithéâtre. Mais le véritable foyer de ces représentations, c'était l'orchestre. Ce demi-cercle assez vaste était aussi le centre de l'édifice. C'est là que les chœurs chantaient et prenaient leurs évolutions. Il faut nous figurer ces chœurs comme l'âme même de ce drame. C'est de là que partait la souveraine incantation de la tragédie, qui devait produire une illusion grandissante. Gardons-nous surtout d'imaginer que ces chœurs eussent la raideur insipide de nos chœurs d'opéra. Tantôt tournés vers la scène, lorsqu'ils parlaient aux héros, tantôt vers le spectateur, lorsqu'ils donnaient cours à leurs émotions personnelles, les choreutes offraient

---

[1] Les acteurs devaient s'exercer avec un maître de chant *(phondaskos)* chargé d'assouplir leur voix *(plattein phonèn)*.

dans leurs groupements pittoresques et leurs évolutions significatives, tout l'attrait d'une action palpitante. Leur chant qui accompagnait leurs gestes, guidés par les joueurs de flûte, retentissait comme un formidable *unisono*, et devait transporter l'esprit du spectateur dans toutes les régions qu'il plaisait au poète de parcourir. C'est là qu'Eschyle osa évoquer les Furies et leur faire mugir cet hymne terrible dont Athènes frissonna, pour les dompter à la fin sous la parole auguste de la déesse vierge et du dieu de Delphes. C'est là aussi que les Océanides venaient se grouper autour du rocher de Prométhée, en murmurant leurs strophes émues, plus douces qu'un frémissement d'ailes et la cadence de la vague marine ; c'est là qu'elles venaient verser comme une rosée céleste leurs larmes mélodieuses aux pieds du Lutteur enchaîné. — L'orchestre était donc le véritable centre de ce drame, son foyer magique, centre musical d'enthousiasme religieux, qui sans cesse faisait sentir *la présence des dieux*. Les ondes sonores qui partaient de là communiquaient leurs vibrations à tout l'amphithéâtre et préparaient les spectateurs aux apparitions émouvantes ou sublimes du cadre scénique.

Pour trouver après la tragédie l'autre pôle du drame, il nous faut franchir d'un trait vingt siècles et changer contre l'horizon lumineux de l'Attique les bords brumeux de la Tamise, où s'élevait, au XVIᵉ siècle, une large et grossière tour carrée qui se nommait le théâtre du *Globe*.

C'est là que Shakspeare et ses contemporains représentaient leurs pièces. Nous sommes loin du majestueux spectacle de la tragédie. Les acteurs anglais jouent sur une scène où un écriteau, aidé de quelques lambeaux de décors, indique seul le lieu de l'action. Le peuple gronde dans la salle, les seigneurs sont assis tout autour de la scène et se mêlent parfois au dialogue des acteurs. Ce cadre est bien misérable en comparaison de l'autre. Mais quelle vie intense dans le dialogue et dans le jeu de ces acteurs, qui sont vus de tous côtés et doivent atteindre, par conséquent, la perfection de l'art mimique. Nous avons trouvé que le théâtre grec fut l'efflorescence de toute une religion, le chef-d'œuvre d'une civilisation harmonieuse. Le théâtre anglais du xvie siècle sortit d'un principe opposé : l'essor puissant de l'individu, son déploiement dans tous les sens. Pour la première fois depuis deux mille ans d'histoire, de guerres, de conquêtes, de mélanges de races, le génie d'action remonte sur la scène, il y fait irruption, il y déborde. En quoi donc l'homme de Shakspeare diffère-t-il du héros de la tragédie grecque ? Là-bas, le monde humain sortant du monde divin ; ici, l'humanité livrée à elle-même. Là-bas, l'homme antique et simple haussé jusqu'à la taille des héros et des dieux, transporté dans cette région idéale du mythe qui est pour ainsi dire le temple de l'Éternel ; ici, l'homme plus compliqué, plus fouillé dans tous les replis de sa conscience, se donnant carrière sur le vaste champ de l'histoire, ressuscité avec tous les détails de sa vie et tout le fouillis de son entourage. Aucun frein ne le gêne, plus de dieux au-dessus de lui, son destin est dans son cœur. S'il est en lutte avec quelqu'un, c'est avec lui-même ou avec la société. S'il la brave dans l'exubérance de sa force, c'est pour se briser contre elle, qu'il se nomme Richard III, Macbeth ou Coriolan.

Ici, chœur, musique et chant ont disparu. Que signifiaient donc le chant, le chœur et la musique dans le drame grec? et pourquoi manquent-ils sur la scène shakspearienne? Les hymnes des chœurs tragiques résonnaient dans le temple de Dionysos comme la voix même de l'éternelle nature, qui sans cesse enveloppe l'homme, qui le berce ou l'épouvante, le domine ou l'inspire. Cette nature partout présente est encore là sans doute, car elle se déploie dans l'homme lui-même avec une vigueur et une variété sans pareille. Nous la contemplons en lui, mais nous n'entendons plus sa voix immédiate, mystérieuse, immense, que le génie de la musique peut seul exprimer. La richesse, la variété de l'individualité humaine est ici bien plus grande que dans le drame grec. Mais, avec l'élément musical, a disparu la suprême puissance idéalisatrice du drame, je veux dire cette force d'embrasser en un moment les plus vastes ensembles et de se transporter dans les régions transcendantes, auxquelles rien ne correspond dans le monde des apparences, mais qui répondent d'autant mieux à ce qui se passe au plus profond de nous-mêmes. Et pourtant Shakspeare n'ignore pas ces régions ; il les a sondées comme toutes les autres de son lucide regard. Quand ses héros l'effleurent, lui aussi fait intervenir la musique ou du moins il l'évoque. Elle passe ainsi, comme le souffle d'un génie céleste, dans le sommeil du roi Lear, dans le dernier chant de Desdémone ou dans la voix d'Ariel. Courts moments ; ils marquent la limite et le point de contact de deux mondes.

Tels sont les deux types originaux qui dominent encore aujourd'hui le théâtre. L'un pourrait s'appeler le drame idéal dans le mythe, l'autre le drame réel dans l'histoire. A chacun d'eux correspondent, chez les peuples modernes, des phénomènes parallèles, ou des imitations qui s'écartent plus ou moins de ces grands exemples, mais portent néanmoins la marque de leur filiation. N'en citons que deux exemples. Le théâtre de Corneille et de Racine relève du théâtre antique, en ce sens qu'ils le prirent pour modèle, crurent obéir aux mêmes règles et s'en servir comme d'un cadre fixe pour la structure générale de leurs pièces. D'autre part, le théâtre de Schiller et de Gœthe fut inspiré par celui de Shakspeare [1]. Il serait superflu de rappeler ici l'im-

[1] Il faut distinguer. *Gœtz*, *Egmont* sont taillés sur ce modèle. Mais au retour d'Italie, c'est la forme antique qui domine Gœthe. Son *Iphigénie* est le plus noble monument de cet essor vers la beauté et la simplicité grecques. Schiller aussi fut entraîné plus

portance respective de ces deux théâtres qui ont exercé une grande influence sur la littérature européenne. Constatons seulement que l'élément musical, qui fut, par le chœur, l'âme du théâtre grec et le pénétrait tout entier de son enthousiasme religieux, n'intervient en aucune manière dans la tragédie de Corneille et de Racine. De là son caractère purement littéraire et son esprit rationaliste.

C'est l'opéra, à vrai dire, qui revendiqua l'héritage abandonné du théâtre grec en introduisant la musique dans le drame. Mais nous avons vu qu'il reposa à l'origine sur une base factice et qu'un esprit superficiel présida à sa fondation en Italie [1]. Nous avons vu ensuite que, par les efforts si remarquables et si importants des maîtres français du xviiie siècle, parmi lesquels brillent les noms de Rameau et de Grétry, il se rapprocha peu à peu de la vérité dramatique, jusqu'à ce que le génie de Gluck, continuant et achevant cette œuvre, parvînt par l'harmonie et la mélodie modernes à une résurrection de la grande tragédie, et nous fît connaître de nouveau

tard dans ce mouvement. Dans sa *Fiancée de Messine* il alla jusqu'à introduire un chœur récitant. Essai malheureux sans doute, mais qui prouve jusqu'à quel point Schiller était persuadé de la nécessité d'introduire l'élément musical dans la tragédie purement idéale. — On peut donc affirmer que dans le cours de leur carrière dramatique Schiller et Gœthe oscillèrent entre la forme antique et celle de Shakspeare, quoique plus énergiquement déterminés par cette dernière. — Quant à *Faust* c'est une œuvre à part, une création entièrement nouvelle, un drame philosophique qui par l'esprit se rapproche du drame musical (Voir la fin du livre II, au tome Ier).

[1] Voyez le livre IV de mon *Histoire du Drame musical.*

la majesté de la terreur et de la pitié antiques. Ses disciples immédiats, comme Méhul et Spontini, ses successeurs plus éloignés, comme Mozart et Weber, se maintiennent à une grande hauteur et apportent même au drame musical de nouvelles richesses d'harmonie et de mélodie. Mais, après eux, l'opéra retombe dans son vice originel : l'ostentation prétentieuse, la tyrannie du luxe et la recherche de l'effet, sans souci de la vérité. A partir de ce moment il perd à la fois la logique, le sérieux et l'unité. Il mêle indistinctement le faux et le vrai, le trivial et le noble. Il redevient une parade emphatique, assaisonnée de pièces musicales, je ne sais quel composé hybride et bâtard, qui, loin d'être la merveilleuse union des arts sous l'égide de la vérité, n'est que leur confusion fâcheuse et leur triste abdication devant ces deux divinités du jour : le Luxe et la Mode [1]. Le ballet, que l'opéra traîne de nos jours à sa suite, en dit assez sur son esprit.

Si telle a été la décadence croissante de l'opéra depuis une cinquantaine d'années, il faut reconnaître que, d'autre part, la musique instrumentale a fait des progrès étonnants en notre siècle et a pris une place des plus importantes dans la vie moderne. Tout le monde aujourd'hui a soif de musique sérieuse en dehors de l'opéra. Ce désir augmente chaque jour et devient presque universel. C'est une loi de l'histoire que les besoins de l'humanité, refoulés sur un point,

[1] Voyez le livre IV, de l'ouvrage précité.

éclatent sur un autre avec une énergie redoublée. Telle est l'importance de ce phénomène
entièrement nouveau, préparé par un travail de
trois siècles, de Palestrina à Beethoven [1], qu'il
projette une lumière nouvelle sur le passé
comme sur l'avenir de l'art en général. On dirait
que l'idéalisme banni de la vie et du théâtre
contemporain s'est réfugié de nos jours dans la
musique. Le révélateur incomparable de cet
idéal moderne, c'est Beethoven. Le cerveau prodigieux de Shakspeare reflétait l'homme dans
toutes les variétés de l'espèce et savait le mettre en scène. Eh bien, cet homme complet, universel, Beethoven le sent s'agiter en lui-même,
il l'est par le fond de sa nature, et c'est pour
cela qu'il l'exprime avec une telle puissance dans
la langue originaire des sons, sur le mode triomphal de la symphonie. Mais il y a plus encore
en lui; il y a par-dessus tout l'étincelle promé-
théenne, l'enthousiasme sacré qui veut la délivrance des frères. Voyez-vous ce maître de
farouche apparence, qui marche le front baissé,
sans rien voir de ce qui se passe autour de lui?
Tantôt il semble prêt à foudroyer les méchants,
comme le Christ justicier de Michel-Ange, tantôt
s'allume dans son œil fiévreux une tendresse
profonde, qui voudrait embrasser de son rayonnement tous les malheureux de la terre. C'est le
grand solitaire, c'est Beethoven. Il porte en lui
la sympathie pour les inconnus sans nombre,

Livre III, *ibidem.*

qui ont souffert et qui souffriront. Il aime, il croit,
il chante pour eux un chant jubilant de délivrance, qui roule sur sa tête comme un tonnerre
de joie. Plus forte que la joie antique est cette
joie née du désespoir; elle ne craint plus rien.
C'est à ce maître des maîtres qu'on pourrait
appliquer les fières paroles qui terminent le
Prométhée délivré de Shelley : « Souffrir des
maux que l'on croit infinis, oublier des injustices plus noires que la mort et la nuit, défier le
pouvoir qui semble tout puissant; aimer et supporter, espérer *jusqu'à ce que l'espérance crée
de son propre naufrage la chose contemplée*, ne
jamais changer, ni faillir, ni se repentir, voilà ta
gloire, Titan. »

D'où vient à Beethoven cette force inouïe ? Du
génie de la musique. Par elle il reconquiert les
biens perdus et fait jaillir des sources vives du
désert moderne. Par elle il retrouve l'homme
complet, harmonieux, joignant l'extrême énergie
à l'extrême délicatesse, dans la *symphonie héroïque* ; par elle il ressaisit la puissance de la
révolte contre l'injuste destin et l'affirmation de
la victoire, dans la *symphonie en ut mineur;*
par elle il conclut avec la nature redevenue
familière à l'homme un pacte d'indissoluble amitié, dans la *symphonie pastorale* ; par elle il
ressuscite la Danse en sa force et son antique majesté, dans la *symphonie en la.* Résu-
mant enfin son œuvre, rassemblant toutes ses
forces par un dernier combat, il s'élance, dans la
neuvième symphonie vers la grande religion

humaine et confie à ses chœurs transfigurés le
verbe nouveau de cet évangile de fraternité et
de joie. — Bien au-dessus des timides essais
de l'art contemporain, de la misère somptueuse
de l'opéra et du labyrinthe de notre civilisation compliquée, les symphonies de ce maître
unique nous apparaissent ainsi comme une série
de temples, dont chacun nous offre une initiation féconde, et dont le dernier nous ouvre ses
portiques resplendissants comme une nouvelle
Eleusis.

Beethoven parvint donc à une expression de
l'homme qui surpasse en ampleur, en puissance,
les monuments les plus éloquents de la poésie
moderne. Quelle fut l'attitude du maître vis-à-
vis du drame? Si fort était son essor vers le
noble et le parfait, qui l'emportait presque toujours dans une région supérieure aux terribles
conflits du drame humain. C'est là qu'était sa
demeure habituelle.

Et pourtant quelles furent ses facultés et ses
aspirations dramatiques, ses symphonies en
témoignent, nous l'avons vu. Les *ouvertures
d'Egmont et de Coriolan* prouvent plus élo-
quemment encore à quel degré il savait entrer
au cœur d'une action, d'un caractère. Pour s'en
prendre sérieusement au drame lui-même une
seule chose lui manquait : la langue qu'il n'avait
point la patience de manier, un poème taillé à sa
mesure. Les textes qui s'offraient à lui ne répon-
daient point à la grandeur de ses conceptions.
Dans *Fidelio* il lutte avec le menu détail d'un

libretto inégal. Une fois sans doute il peut être lui-même, dans la scène de la prison; c'est que là le drame a un moment sublime. Ailleurs il est gêné visiblement. Le géant habitué à improviser sur l'orgue colossal de la symphonie, à y lâcher tous les ouragans, est forcé de jouer ici sur une musette. Que fait-il un beau jour? il jette la musette et reprend son véritable instrument; il écrit l'*ouverture de Léonore*, qui ébauche l'action de Fidelio en des proportions bien autrement puissantes.

Richard Wagner survint à une époque où l'opéra s'écartant de la forte tradition des Gluck et des Spontini, était tombé sous l'empire frivole du luxe où, de l'autre côté, le drame était devenu à peu près impuissant en Allemagne; car Schiller et Gœthe n'eurent que de faibles imitateurs. Né avec cet impérieux instinct dramatique qui voue fatalement un homme à la scène, il y joignait cet idéalisme transcendant qui porte l'esprit aux hautes conceptions et cette volonté ardente qui ne recule devant aucun obstacle, une fois qu'elle a vu clairement son but. Dans son adolescence remuante, nous le voyons, sous l'influence de Shakspeare, composant drame sur drame avec une verve immodérée. Mais bientôt ce fut le tour de Beethoven : celui-ci s'empara de tout son être, y produisit une révolution complète, définitive. Il répondait à sa soif d'expansion immesurée. A la voix de cet enchanteur tous les liens qui enserrent l'homme moderne lui semblèrent rompus. Dans cet empire merveilleux

de l'harmonie les petitesses, les conventions et
les préjugés, qui enveloppent notre société et
notre théâtre comme d'un inextricable réseau,
n'existaient plus. Là l'homme, qui se meut si
péniblement dans notre civilisation, se donnait
carrière librement. C'est dans l'élément régénérateur de la musique beethovienne qu'il se plon-
gea sans réserve, qu'il puisa sa force et sa foi
d'artiste. Dès lors il crut et il osa. Il crut que le
fleuve de vie qui déborde de ces symphonies
était assez puissant pour féconder le théâtre
moderne lui-même. C'est donc en s'inspirant du
génie de la grande musique instrumentale, représentée par Beethoven, qu'il essaya de réformer
le drame musical.

Mais cette musique ne pouvait lui donner que
l'*esprit* du drame rêvé, elle ne pouvait lui en
fournir ni le cadre, ni le type. Il trouva l'un et
l'autre dans la poésie mythique et populaire.
C'est dans le choix de ses sujets et dans la
manière de les traiter que Richard Wagner s'est
montré vraiment créateur et qu'il a fait acte de
grand poète. Gœthe le premier avait montré,
dans son drame philosophique de *Faust*, ce qu'on
peut faire avec une simple légende populaire.
D'autres avaient suivi cet exemple, et cela dans
l'opéra même; Weber surtout dans son admirable *Freyschütz*. Rendu attentif par ces innovations, s'avançant dans cette voie, Richard Wagner découvrit des sources inexplorées dans les
légendes et les traditions des peuples modernes.

Il puisa à la fois dans les récits communaux

peuples marins (*Vaisseau-Fantôme*), dans les légendes du moyen âge allemand (*Tannhœuser* et *Lohengrin*) dans les contes celtiques (*Tristan* et *Parsifal*), enfin dans l'épopée héroïque des Germains et dans la mythologie scandinave (*Nibelungen*). D'autres s'étaient déjà attaqués a ces sujets, nul ne les avait serrés d'une si forte étreinte. Le génie spécial de Richard Wagner consiste à dépouiller le mythe des enveloppes étrangères, dont il s'est successivement revêtu sous l'influence de la littérature ou de l'Église, et à le ressaisir au point où il sort de l'imagination du peuple avec le caractère imposant et fatal d'un phénomène de la nature. En lui restituant ainsi sa grandeur primitive, son coloris original, il sait en même temps y approprier les passions et les sentiments qui sont les nôtres, parce qu'ils sont éternels, et subordonner le tout à une idée philosophique. Il transporte l'imagination dans les âges reculés et remue les fibres intimes de l'homme moderne.

D'où vient donc l'attrait invincible que le mythe primitif exerça sur l'imagination du poète? D'une concordance cachée entre ce genre de poésie et le génie de la musique. Il crut y retrouver, en germe du moins, cette nature humaine dépouillée de toute convention, libre, puissante, qu'il avait déjà cru reconnaître dans la langue de Beethoven. Ce que l'étonnant symphoniste exprimait avec une force si persuasive, le peuple, créateur inconscient à ses heures, ne l'avait-il pas entrevu, lui aussi, dans ses rêves? Une conviction se fit en lui, et le temps devait affermir, c'est que le mythe pouvait offrir un cadre et des types correspondant à la grandeur de cette musique. Son effort, son ambition fut dès lors de combiner ces deux puissances dans le drame. Le *Vaisseau-Fantôme* fut le premier de ces essais et il décida du reste de sa carrière. La tragédie de Richard Wagner est donc née essentiellement de la fusion du mythe populaire et de la musique beethovienne sur le théâtre.

Quel est le caractère nouveau de ce drame? L'unité plus profonde de la trame poétique et de la trame musicale. A l'inverse de ce qui arrive dans la plupart de nos opéras, ici la première détermine absolument la seconde. Si la musique donne au drame son esprit, lui communique de sa puissance, le drame commande à toutes les formes musicales. C'est lu, c'est l'action qui leur imprime ses moindres mouvements, qui en sculpte tous les détails. Gluck avait posé le vrai principe de toute déclaration lyrique, qui est la conformité rigoureuse entre l'accent mélodique et l'accent de la langue; toutefois il avait fait rentrer la mélodie dans les formes reçues, en les élargissant autant que possible, sauf les scènes sublimes où il les franchit tout à fait. Richard Wagner suit cet exemple et va plus loin. Sa mélodie se distingue autant par son caractère passionnel et incisif que par ses modulations fréquentes et son extrême fluidité. Elle se modifie et se nuance, se colore d'harmonies diverses, se roule ou se ramasse, mais se développe toujours. Elle est un *perpétuel devenir*, comme la pensée de l'homme agissant; c'est en un mot la mélodie infinie de Beethoven appliquée au drame. — L'unité des deux trames est plus profonde encore. Au moyen des motifs dominants de l'orchestre et de leurs combinaisons variées, la musique atteint jusqu'aux intentions les plus secrètes, voire même aux mobiles inconscients des personnages, surprenant et révélant le sentiment à sa naissance mystérieuse. Elle devient par là l'instrument et l'interprète de la psychologie intime du drame. — Quoi d'étonnant si la trame harmonique et mélodique, ainsi tissue, peut embrasser et reproduire l'unité de l'œuvre poétique? Toute œuvre d'art en effet est, comme toute œuvre de la nature, un organisme à part et complet, un microcosme. La musique peut en quelque sorte nous en donner l'âme, la monade vivante. Tel est certainement l'effet que produira sur beaucoup de personnes le prélude de *Lohengrin* et le motif du philtre dans celui de *Tristan.*

Ce drame se rattache philosophiquement, non historiquement, à la tragédie grecque. L'analogie n'est pas dans la forme, mais dans l'esprit. Si celle-ci est sortie des cœurs dithyrambiques, le drame de Richard Wagner est sorti du génie de la musique moderne et s'est comme retrempé à sa source vive. D'autre part, il a incontestablement subi l'influence de Shakspeare et de l'esprit moderne, en ce sens que les caractères y sont plus creusés, plus fouillés que dans le drame athénien, et que le chœur y est remplacé par des personnages agissants de la scène. Richard Wagner n'a donc pas inventé une musique nouvelle, mais il est le premier musicien moderne qui ait fait servir son art à l'invention poétique la plus hardie et qui ait fait entrer, par le drame musical, des personnages et des caractères entièrement nouveaux dans le domaine de la poésie. Je n'en veux pour preuve que les types frappants et désormais indélébiles de Tannhæuser, et de Lohengrin, d'Ortrude et d'Elsa, de Tristan et d'Iseult, de Wotan, de Siegfried et de Brunehilde.

Je viens de tracer en lignes générales le type idéal du drame que Richard Wagner a entrevu, défini et poursuivi sans trêve ni relâche depuis les débuts de sa carrière. Qu'il soit élevé et digne des plus grands efforts, nul ne le niera Dans quelle proportion l'a-t-il atteint dans ses œuvres ? L'avenir en sera juge. Il serait étrange que, dans une tentative aussi difficile, un génie aussi impétueux que le sien n'ait point quelquefois dépassé la mesure, qu'en certains endroits, son harmonie n'ait pas débordé sa parole, ou sa parole violenté sa mélodie. Ce qui demeure certain pour nous, c'est que sa voie est la grande, la vraie, la féconde, celle de l'art vivant et idéal. Deux chefs-d'œuvre incomparables, chacun dans son genre, en témoignent à nos yeux : son *Lohengrin* et son *Tristan*. Il suffit de les approfondir pour s'en assurer. Quant à la vaste conception des *Nibelungen*, si elle n'a pas la même perfection, elle les surpasse en grandeur et offre à notre temps un type de drame mythologique et philosophique entièrement nouveau. Disons, en somme, que Richard Wagner a donné au drame musical la forme la plus logique et la plus achevée qu'il ait eue jusqu'ici, dans les temps modernes. Loin de rompre avec le passé, il l'a continué. Car il n'a fait que s'emparer de toutes les découvertes de ses prédécesseurs, les formuler rigoureusement et les rassembler en un seul faisceau par la claire conscience et le génie du drame. Il a pu dire avec raison : « J'ai saisi dans leur ensemble des phénomènes que les artistes ne considèrent en général qu'isolément. Je n'ai donc rien inventé, je n'ai fait que trouver un enchaînement qui existe dans la nature des choses. »

Est-il surprenant qu'un artiste ayant conçu du théâtre et du drame musical une idée aussi élevée se soit trouvé dès l'abord en lutte avec l'opéra, que dis-je, avec l'esprit régnant de notre siècle ? Le monde, en vérité, ne serait plus le monde, si ce qui est profond et nouveau ne commençait par être taxé de folie par l'esprit superficiel et routinier qui gouverne l'immense majorité des hommes. Rien n'irrite la médiocrité comme le courage du génie, rien n'est honni comme l'enthousiasme vrai, rien n'exaspère le scepticisme satisfait de lui-même comme une foi inébranlable. Par la fermeté avec laquelle il a poursuivi sa voie à travers mille obstacles, Richard Wagner offre un exemple vraiment unique à notre temps; il s'explique par la conscience lucide qu'il a de son idée. Le récit des aventures nombreuses, fantastiquement étranges de sa carrière, de ses luttes, de ses triomphes inattendus, de ses échecs toujours suivis de rebondissements, formerait sans doute une curieuse et instructive odyssée. Le plan de ces études consacrées uniquement à l'œuvre et à l'idée du maître nous interdisait d'entrer dans ces détails. Disons seulement que son grand ennemi n'a pas été le public, mais la critique. En France, comme en Allemagne, le public s'est montré souvent dépaysé, mais toujours fortement intéressé par les œuvres de ce musicien; il s'est même pris chez nous d'un goût très vif pour certains fragments détachés qui cependant ne donnent aucune idée de l'ensemble de ses conceptions. D'autant plus implacable, en général, a été l'acharnement de la critique contre lui. Son nom seul a le don de la faire bondir et de lui ôter toute contenance. Il s'est rencontré, paraît-il, des ennemis jurés qui se réconciliaient périodiquement pour le démolir. La critique dont nous parlons s'est bien gardée d'entrer dans une discussion quelconque de ses idées ou dans la moindre analyse de ses œuvres. Sa tactique a toujours consisté à les ignorer systématiquement ou à les défigurer aux yeux du public [1]. Rien de plus singulier au

---

[1] Cette tactique a été inaugurée par Meyerbeer, qui redoutait Wagner comme un rival dangereux. Je tiens le fait suivant du compositeur russe M. Seroff. Il se trouvait à Bade aux environs de l'année 1853. *Lohengrin* devait être représenté dans une ville voisine, et grande était sa curiosité d'entendre cette œuvre nouvelle. Au moment de partir il rencontra Meyerbeer et lui fit part

premier abord, rien de plus naturel quand on y réfléchit. Si jamais le théâtre rêvé par Richard Wagner parvenait à prendre corps dans notre société, ne fût-ce que d'une manière approchante, il démontrerait non-seulement l'insuffisance et la fausseté de l'opéra actuel, mais encore l'impuissance et le vide de la critique qui subit son joug.

Richard Wagner a donc eu tout contre lui. Si ses œuvres ont fait leur chemin, c'est par leur propre force. Car, malgré le succès de ses premiers opéras sur beaucoup de théâtres étrangers, malgré le goût croissant du public allemand pour sa musique et ses poèmes, il renonça vers la fin de sa vie, à tout rapport avec les théâtres existants. Une conviction s'était formée dans son esprit pendant sa longue carrière, c'est que les conditions premières de nos théâtres d'opéra s'opposent aux innovations fécondes et décisives. Il comprit qu'une institution avant tout industrielle et commerciale, qui doit gagner le plus d'argent possible pour subsister, ne peut servir loyalement le grand art. Il avait constaté aussi que l'habitude des représentations quotidiennes ravale souvent le théâtre à un divertissement frivole. Enfin la construction même de

de son projet. « *N'y allez pas*, dit celui-ci visiblement inquiet *ce serait du temps perdu.* » Le voyageur y alla quand même et comprit après la représentation que l'auteur de *Robert le diable* avait lieu de s'inquiéter, non pour les autres, mais pour lui-même. De nos jours, certaine critique a pris exemple sur Meyerbeer. Heureusement pour elle le public est plus crédule que M. Seroff. (*Écrit en 1875*)

nos salles d'opéra ne répondait nullement à ses
intentions esthétiques. Ainsi naquit peu à peu
dans son esprit l'idée de fonder une institution
entièrement distincte de nos théâtres, par l'esprit comme par la forme, par le genre des représentations comme par la structure de l'édifice.
— Un artiste en possession d'une grande renommée obtient de la municipalité d'une petite ville
la cession d'un terrain comprenant une colline
et ses alentours. Il fait appel ensuite à tous ceux
qui s'intéressent à son art et organise une sous-
cription pour la construction d'un nouveau théâtre. Ce théâtre est destiné à des représentations
extraordinaires, n'ayant lieu qu'une fois par an,
en été, et portant le caractère de grandes solen-
nités artistiques qui réuniront de point divers
les amis de l'art sérieux. Pour l'inaugurer, on y
représentera en une soirée et trois après-midi
successives une tétralogie consistant en quatre
drames chantés avec accompagnement de grand
orchestre et mis en scène avec toute la splendeur
décorative que comportent les ressources actuel-
les. — Un tel projet, à coup sûr, a paru d'abord
bien étrange et bien osé. Et pourtant il a été mis
à exécution [1].

Le nouveau théâtre de Bayreuth s'élève sur
une colline en pente douce, à vingt minutes de
la ville et de ce monticule domine la contrée.
Le principe général qui a présidé à sa construction a été de conformer l'intérieur de l'édifice

[1] La représentation de la *Tétralogie des Nibelungen* a eu lieu
au mois d'août 1876.

aux besoins esthétiques les plus élevés du spectateur moderne. De ce principe découlait une première nécessité, celle de rendre l'orchestre invisible. De quoi s'agit-il au théâtre ? De disposer l'œil du spectateur à la vision précise d'une image scénique, et, par conséquent, de détourner son attention de tous les objets réels qui pourraient s'interposer entre lui et cette image. Alors seulement l'édifice répondra à sa destination et sera, selon la signification même du mot grec, un *theatron*, c'est-à-dire une *salle pour voir*. Or tous les théâtres actuels ont l'inconvénient de détourner le spectateur d'une telle disposition par la vue de l'orchestre et par la structure de la salle, car ils semblent plutôt faits pour laisser aux spectateurs le plaisir de se regarder entre eux que pour concenter leur attention sur la scène. Ici, au contraire on voulait avant tout produire la plus grande illusion possible, enlever le spectateur à tout souvenir de la réalité, et provoquer en lui un état d'âme favorable à la vision des choses idéales.

La salle a la forme oblongue d'un secteur de cercle, comprenant environ le sixième de la circonférence. Les gradins s'y élèvent en amphithéâtre à la manière antique, mais avec une inclinaison plus légère, et se terminent en haut par un seul rang de loges. Les côtés de la salle sont formés par une série de parois parallèles à la scène, et terminées chacune par une colonne décorative. Le spectateur, assis en un point quelconque de cet amphithéâtre, se trouve ainsi comme sous la colonnade d'un vaste portique qui se rétrécit graduellement, et aboutit au cadre scénique.

De distance en distance, ces colonnes s'échelonnent à droite et à gauche, le long des gradins. La ligne de leurs soubassements correspond à la ligne de la rampe. Pilastres et colonnes forment donc à la scène une série de cadres successifs dont la perspective l'isole complètement. De là, une illusion d'optique qui fait paraître la scène plus éloignée et les personnages plus grands que nature. L'orchestre invisible est ici l'abîme mystique qui sépare le monde idéal du monde réel. Les harmonies qui s'en échappent et qui roulent de portique en portique semblent venir de partout et de nulle part. Sous leurs effluves pénétrants, l'âme entre dans un état de demi-rêve visionnaire. Elle pourrait se croire dans un de ces temples antiques, où à certains jours, autour des initiés, trépieds, colonnes et statues entraient en vibration et se mettaient à résonner sous un souffle inconnu. Et, lorsque enfin la toile se lève, le spectateur est préparé à la vision des plus merveilleux spectacles.

Tel est ce nouveau théâtre. Les représentations hors ligne de *l'Anneau du Nibelung* en 1876 et du *Parsifal* en 1882, 83 et 84, ont suffisamment prouvé que l'idée de R. Wagner était réalisable.

Depuis que la veuve du maître a pris en main la direction des représentations de Bayreuth, l'œuvre wagnérienne a gagné plus de force encore et pour ainsi dire un nouveau rayonnement. Malgré l'inégalité des interprètes, les représentations de *Tristan*, des *Maîtres chanteurs*, de *Tannhaüser* et de *Lohengrin*, ont fourni des modèles incomparables. Ce que Mme Wagner a poursuivi en s'identifiant à la pensée du maître avec une rare intelligence et un dévoument absolu, c'est d'abord la perfection et la fluidité vivante de l'exécution musicale, c'est ensuite et surtout l'union plus intime du geste et des groupements scéniques avec la phrase orchestrale comme avec la pensée profonde du drame. On est arrivé ainsi à une beauté de rêve, à un idéal dans le naturel, à un ensemble harmonieux qui surpasse tout ce qu'on a vu jusqu'à ce jour au théâtre.

Comment ne pas reconnaitre la grandeur de l'exemple et n'y pas voir un symptôme entièrement nouveau de l'esprit artistique moderne ? Le théâtre antique est sorti d'un culte religieux et des entrailles du polythéisme grec ; l'opéra moderne, sauf de rares exceptions, est une œuvre de luxe et de divertissement ; le théâtre de Richard Wagner est le premier qui ait été fondé uniquement *pour une idée*. Grande est la force de l'habitude et la puissance du préjugé, mais grande aussi la force expansive du vrai. Quoi qu'il en soit, cette idée et cet exemple se recommandent d'eux-mêmes à l'attention de l'artiste et aux méditations du penseur.

XI

LE GÉNIE DE LA MUSIQUE

ET

L'AVENIR DE L'ART

> La tâche future de l'art est de re-
> faire avec la pleine conscience de
> l'esprit ce que les Grecs ont fait
> naïvement par un saut hardi de la
> nature.

La génération actuelle offre un contraste
étrange. C'est d'une part la grandeur des aspirations qui la travaillent, de l'autre le scepticisme
et l'impuissance qui l'enchaînent. Hautes pensées, nobles désirs chez un certain nombre d'esprits élevés, soif d'idéal plus ardente encore
chez une foule d'âmes qui s'ignorent elles-mêmes
et se débattent sous le fardeau du présent ; et
pourtant à la surface de cette société se prélasse
le rire de l'universelle incrédulité ou de l'indifférence satisfaite. Les causes de ce marasme moral au milieu de nos richesses intellectuelles sont
nombreuses. Il faut en attribuer une partie à
l'immense développement de l'industrie et des
sciences physiques. Depuis cent ans les découvertes sur le domaine de la nature et de l'histoire

se sont multipliées en des proportions prodigieuses.

La nature, il est vrai, n'est ni domptée, ni
sondée ; le jour où elle le serait entièrement, la
vie même aurait cessé. Elle est par essence indomptable et insondable. Mais le globe est à peu
près connu, le ciel se mesure, les origines de
l'humanité se débrouillent, et tendent à se rejoindre avec les origines du monde organisé.
L'industrie s'ingénie chaque jour à fournir à
l'existence humaine de nouvelles facilités. Au
milieu des matériaux et des trésors qui s'entassent autour de nous jusqu'à nous étouffer, que
manque-t-il donc à l'homme de nos jours ? Rien
que de se retrouver lui-même, de s'affirmer et
de façonner le monde à son image ; c'est-à-dire
ce qui importe le plus. L'inscription qui brillait
jadis en lettres d'or sur le temple de Delphes :
Connais-toi toi-même, et dont l'esprit rayonna
comme un soleil merveilleux sur toute la civilisation hellénique, est devenue lettre close pour
lui et fait l'objet de ses dédains. Aussi ne vit-il
point comme un noble dans sa maison, mais
comme un parvenu au milieu de son luxe emprunté et de son bric-à-brac de curiosités préten-
tieuses. Entre le catholicisme, qui ne songe plus
qu'à faire de ses adeptes des machines obéis-
santes, et les sciences, qui absorbent leurs ou-
vriers dans l'infini détail de la nature et de
l'histoire, y a-t-il un domaine où l'homme moderne puisse s'épanouir ? L'Église, nous dit-on,
représente le passé, et la science l'avenir ? Soit ;

mais la seconde de ces propositions est des plus incomplètes. La science et l'industrie ne pourront jamais changer que les dehors de la vie. Trois puissances pourront seules la réformer à l'intérieur et par le fond : l'art, la philosophie et le libre sentiment religieux. Qui sait si ce n'est point de leur action combinée que jaillira le secret de l'avenir ?

Pourquoi dans ce livre consacré à l'une des formes les plus importantes du théâtre, nous sommes-nous arrêtés si longtemps à une personnalité et à son œuvre ? Parce que l'exemple de Richard Wagner nous montre d'une manière aussi éclatante qu'inattendue ce que peut en notre siècle la force créatrice jointe à la foi en l'art. Bien comprise, cette réforme de l'opéra ou cette renaissance du drame musical, loin d'être l'asservissement à un système, pourrait être au contraire le signal de la vraie liberté. Nous n'y trouvons pas la destruction des formes précédentes de la musique et de la poésie, mais un développement nouveau par une fusion plus intime. L'idiome éloquent de la symphonie beethovienne, les rythmes prosodiques qui sont le mouvement même du langage passionné, la mélodie qui en jaillit et en est la vibration, le récitatif ainsi régénéré, les chœurs transformés en personnages agissants et jusqu'à la simple chanson populaire, toutes ces formes reparaissent dans le drame de Richard Wagner, mais toujours justifiées par la place qu'elles y occupent, fondues l'une dans l'autre par le flux de la vie,

jointes en un tout organique que l'opéra n'avait
pas su nous donner jusqu'à ce jour. Nous nom-
mons cela : liberté ; car qui dit liberté, dit expression pleine et entière de l'homme, expression
qui parle à la fois aux sens, à l'âme, à l'esprit,
et provoque en nous la plus haute activité par
leur ébranlement harmonique. C'est par là que
la réforme et les œuvres de ce maître ont une
portée lointaine qui s'impose aux réflexions du
poëte et de l'artiste autant que du musicien [1].

Quittons maintenant cette œuvre particulière,
et, nous souvenant du chemin parcouru depuis
la Grèce jusqu'à notre monde moderne, empor-
tons avec nous les vérités qui peuvent nous servir de flambeaux dans le labyrinthe où nous
errons aujourd'hui. Tentons de jeter un regard
lucide sur le présent et de soulever un coin du
voile qui recouvre l'avenir de l'art.

Quelque chose ressortira, je l'espère, de ces
études, c'est l'unité originaire, indestructible,

----

[1] *Les Œuvres* de R. W. offrent d'autre part un côté essentiellement germanique, qui sera toujours difficilement intelligible
à l'étranger et cela tient à l'intensité même de la fusion qui
s'opère ici entre la langue et la mélodie. Privée de la parole
d'où elle est sortie ou appliquée à une autre langue, l'accentuation mélodique de R. W. perdra parfois son sens ou sa
force incisive. Disons donc que chaque langue emporte avec elle
un autre genre de mélodie dramatique, chaque nation un autre
genre de drame musical. C'est dans son propre génie et dans ses
traditions originales que chaque peuple doit en chercher les éléments primordiaux. Mais ce qui subsiste au-dessus de toutes ces
variétés de race, de langue et de nationalité, ce sont les principes généraux posés par Gluck et développés par Wagner. Ils
sont universellement applicables.

qui rejoint la poésie et la musique par leur
essence, et se manifeste dans leur développement historique ; c'est aussi la filiation profonde
qui relie l'art moderne à l'art grec et la nécessité de nous ressaisir perpétuellement dans ces
hautes origines. La Grèce, non celle des Ptolé-
mées ou des Romains, du XVIIe siècle ou des
pédants, mais la Grèce héroïque, jeune, vue face
à face, comprise en ses profondeurs et ressus-
citée dans sa beauté plastique, voilà l'éternel
modèle qui nous montre où l'art aspire et jusqu'où il peut atteindre. « O Grecs, Grecs, vous
êtes des enfants ! » disait à Hérodote un prêtre
égyptien initié dans les hautes sciences des temples et souriant de la Grèce adolescente. Enfants,
ils l'étaient en effet ; mais dans leurs jeux
divins ils créèrent ce dont nous vivons encore.
Seuls les Hellènes surent faire de l'art le plus
puissant des éducateurs et embellir par lui toutes les parties de leur existence, depuis le foyer
domestique jusqu'à la frise du Parthénon. Ainsi
pénétrée par la beauté, leur vie entière révélait
perpétuellement son sens caché et s'ornait d'un
ravissant symbolisme. La tâche la plus élevée
des temps futurs serait de refaire à la pleine
lumière de l'esprit, avec nos traditions propres
et nos idées, ce que firent d'instinct et comme
en se jouant les heureux enfants de la nature.
Tel est certainement le désir plus ou moins vif,
la pensée plus ou moins claire qui perce depuis
la Renaissance chez toute une famille de pen-
seurs, de poètes et d'artistes, qu'ils se nomment

Giordano, Bruno, Raphaël, Corrège, Gœthe ou
Beethoven, Shelley ou André Chénier. Quelque
jour peut-être se formera-t-il dans l'humanité
des groupes qui, las d'abstractions et de pédantisme, de vulgarités et de laideur, se décideront
à suivre ces traces lumineuses et à considérer
le beau comme un principe essentiel au développement de l'individu, à la dignité et à l'harmonie de la société. L'art sous toutes ses formes
ne sera pas pour eux une distraction éphémère,
mais la plus puissante des activités et une sorte
de religion. En attendant, les Hellènes de la belle
époque nous parlent toujours par leurs sages et
leurs poètes, par leurs marbres divins et l'édifice merveilleux de leur civilisation unique. Ils
nous disent : « Pour vous élever au plus haut
degré de l'existence, faites de vos forces un
équilibre, une harmonie ; de votre être une unité,
de vos groupes des organismes, de vos œuvres
des actions, de l'art une seconde vie, supérieure
à la première. La nature fut notre institutrice ;
mais pour la comprendre il faut l'aimer, pour
l'ennoblir il faut la vénérer. Elle vous apprendra
à vous débarrasser du faux, de l'inutile et de
l'insignifiant. L'histoire n'est qu'un kaléidoscope
où se heurtent par secousses toutes les formes
possibles, la réalité qu'une aveugle stupide qui
mêle des dés sur une table. De ces puissances
soyez non les esclaves, mais les maîtres. Elles
ne sont pour l'esprit qu'une matière brute dont
il se construit son temple. Ce qui se passe et se
révèle perpétuellement au fond de vous-mêmes,

voilà la source du beau et du vrai. Faites-le rayonner au dehors, c'est tout le secret de l'art. Par lui nous fûmes originaux et humains. Qui vous empêche de l'être ? »

Si d'aventure cette voix s'élève au fond de nous-mêmes, quand, seuls en face de la nature, nous oublions pour un instant nos livres, nos théâtres, les sociétés et le mouvement fiévreux de notre civilisation, elle nous laisse plongés dans nos doutes et dans une incertitude profonde. Que sont, en effet, nos arts devant ces modèles étincelants dont l'éternel sourire nous confond, comme celui de leurs statues chaque fois que nous osons les fixer ? Qu'est tout l'ensemble de notre culture esthétique et *sociale* devant cette civilisation depuis longtemps évanouie en qui la beauté fut la fleur de la véracité ? Certes, ce ne sont ni les forces qui manquent, ni les aspirations généreuses. Mais peuvent-elles chasser le malaise qui nous ronge, changer la face de notre existence ? Nos arts portent les caractères de notre société : morcellement, dispersion, marasme, frivolité, tâtonnements incertains à travers tous les sujets et tous les styles. Nous connaissons aujourd'hui toutes les civilisations passées et nous en étalons les curiosités comme dans un bazar gigantesque. Mais avec ces trésors savons-nous vivifier et embellir la nôtre, créer du nouveau ? Nous sommes pauvres au milieu de ces richesses, nous avons faim et soif dans cette abondance.

Les arts plastiques, la peinture contemporaine

particulièrcment, nous offrent l'image frappante de cet éparpillement. La sculpture et l'architecture manquent de sujets inspirateurs et presque de raison d'être. Elles n'ont rien à sculpter ou à bâtir qui soit digne de ce qu'elles furent un jour. C'est que pour prospérer, ces arts ont besoin de recevoir leurs inspirations d'une religion vivante, d'une noble philosophie, d'une grande poésie, d'une belle civilisation, et que toutes ces choses se tiennent. Quant à la poésie, il faut le dire, quoiqu'elle soit réduite au livre, à la parole écrite, c'est elle encore qui a le plus remué et le plus élevé les âmes en notre siècle. Mais lorsqu'elle veut se faire chair et verbe vivant, parler au peuple, lorsqu'elle se risque au théâtre, que de fois elle s'embarrasse dans l'hypocrisie de nos mœurs et de nos conventions sociales, dans nos lois mesquines et dans toutes les misères de de la réalité contemporaine. Déçue, elle retourne à son rêve solitaire, lorsqu'elle ne s'égare pas dans l'arène de la rhétorique.

En un mot, les arts constituent un ensemble solidaire. Ils ne sont vraiment féconds que lorsqu'ils agissent d'accord et se soutiennent réciproquement. Ce qui manque aux nôtres, c'est aussi ce qui manque à notre société frivole ou pédante, sèchement rationaliste ou niaisement cléricale. Comme elle, nos arts manquent d'un centre qui les relie, d'un foyer qui les échauffe. Ce centre sera-t-il créé par la pensée philosophique, le centre religieux humain. le culte de l'humanité libre et complète ? Ces puissances seules le pourraient. Mais nous en sommes loin encore. Ce qui donne le ton dans la société et dans les arts, c'est donc encore l'esprit de salon et de théâtre. Or l'esprit de salon prend pour mesure des choses l'agrément et la distraction; le théâtre ne s'élève guère au-dessus des plates réalités et de l'emphase vide de l'opéra. Le mal de nos arts est celui de notre société même, mal qui a été décrit en traits de feu par Alfred de Musset dans les premières pages de sa *Confession d'un enfant du siècle* et qu'il résume en ces mots: « Tout ce qui était n'est plus; tout ce qui sera n'est pas encore. Ne cherchez pas ailleurs le secret de vos maux. » Oui, notre âge, avec son industrie puissante, sa science prodigieuse, sa merveilleuse connaissance du passé, ses monceaux de livres, ses musées regorgeant des grandeurs passées, n'en ressemble pas moins à un désert aride rempli de décombres somptueux, mais où manquent les sources et les fleurs, les fleuves et les forêts, l'homme libre et la femme vraie.

Et pourtant au-dessus de ce désert plane un puissant génie qui pourrait le faire refleurir parce qu'il renferme l'essence de la vie, c'est le génie de la musique. Qu'il nous touche parfois du bout de son aile frémissante, et il nous semble que la jeunesse et la beauté vont faire renaître autour de nous leur opulente végétation. Mais ce ne sont là que de courts instants. Car ce génie aux ailes d'or, aux yeux pleins de lumière, d'essor sans frein, se trouve à l'étroit dans notre monde, il n'y a point élu sa demeure. Il a beau nous visiter, il vit à part, et sa patrie n'est point la nôtre. Ce qu'il y eut d'admirable chez les Hellènes, quoiqu'ils n'eussent point approfondi le monde de l'harmonie, c'est que chez eux le génie même de la musique, génie de mesure, de rythme et de mélodie en même temps que de divination profonde, de métamorphose et de régénération, était répandu dans toute leur civilisation comme l'haleine de la mer se répand dans les airs sous forme de rosée. Il animait leurs associations, pénétrait leur éloquence, leur poésie, leur statuaire, et transfigurait en quelque sorte la vie de toute leur cité. Chez nous au contraire il plane isolé, séparé du reste, dans une sphère inaccessible. Sa puissance nous est attestée par la série des grands maîtres modernes et par son action immédiate sur la foule. Il nous charme et nous émeut, nous parle d'une destinée supérieure. Mais entre lui et la société qui nous environne, quel rapport y a-t-il? Ce qu'il nous chante et nous confie est le contraire de ce que nous voyons.

Eh bien, imaginons un instant que de la région élevée et solitaire où il plane, ce génie fécondant de la musique puisse descendre dans les profondeurs de notre société, s'infiltrer sous formes diverses dans toutes ses couches, pénétrer notre éducation et devenir ainsi l'âme de notre culture esthétique, que serait le spectacle qui s'offrirait à nos yeux? Nous ne pouvons l'imaginer; car il varierait infiniment selon les peuples et les groupes. Mais certes il serait l'opposé de celui que nous avons sous les yeux. Car maintenant le talent productif est concentré au sommet de la société. De là ces produits d'une culture raffinée, souvent artificielle et malsaine, très éloignée de la nature et séparée de la vie populaire, se déversent dans les couches inférieures et y détruisent le peu d'originalité et d'indépendance qui leur reste. Pour être normal et fécond, l'art a besoin au contraire d'être une végétation spontanée qui, des couches profondes de l'humanité, s'élève en grandissant aux couches supérieures et y produit sa fleur. Cette fleur flagrante doit savoir qu'elle tient sa beauté et son parfum du sol où plongent ses racines et des espèces plus humbles qui la précèdent ou l'environnent. Que celles-ci tombent, elle dépérit elle-même ou s'étiole. Ne marquons que dans ses lignes les plus générales l'organisme et la croissance naturelle de l'art spontané.

Dans les profondeurs mêmes du peuple (d'un peuple sachant vivre en harmonie et en communauté avec la nature environnante) se manifeste déjà le génie de la musique, qui est aussi le génie d'invention, de rythme et d'ordonnance. Il se manifeste par le chant. Le chant populaire suppose une certaine éducation musicale chez le peuple et une liberté suffisante pour cultiver le chant à sa guise. Son berceau primitif est la vie humble et forte cachée en la nature. Le soin d'une société jalouse de sa vigueur et de sa santé devrait être non d'effacer cette vie naïve, mais de la favoriser en l'épurant, de la développer sans lui ravir sa fraîcheur. De même que la montagne contient dans ses cavernes et ses sources nombreuses les fleuves de la plaine, de même la vie primitive d'un peuple fécondée par le contact de la nature contient sa vie consciente et supérieure. Le vrai chant populaire naît à cette même source où naissent la libre légende et le mythe, et peut devenir le plus efficace des éducateurs. Il accompagne les travaux des champs, égaye le foyer, enchante la famille, adoucit la discipline sévère de l'école, alterne avec l'exercice des armes, excite et soutient le jeune homme dans la vie militaire indispensable à la virilité d'un peuple. Puissante et douce est la voix du chant populaire lorsqu'elle s'élève ainsi avec la fumée du sillon et le parfum des bois. Elle enveloppe alors tout le cycle de l'existence d'une mélodie consolante, crée un air léger au-dessus du labeur de chaque jour, rattache l'homme à la nature éternelle et les générations aux générations. Si l'oiseau dont le chant se mêle aux mille murmures de la grande forêt nous dit : Je suis une voix libre dans la grande harmonie; de même le chant populaire nous dit : Dans le concert humain je suis l'âme naissante et vibrante.

Si cette voix simple est vraiment portée par le noble génie de la musique, elle touche d'un souffle vivifiant l'homme plus cultivé que le travail de l'esprit et le séjour des villes tiennent éloigné de la vie simple. Mais c'est sur le poète qu'elle agit avec le plus de puissance. Le poète n'est pas, comme le peuple qui chante, une simple voix de la nature soumise au rythme des saisons et des travaux, au cycle réglé de la vie, à la tradition vénérable. Il est lui une personnalité distincte, une volonté consciente et son chant veut être une action. Il est plus libre, mais est-il plus heureux? Non, car la solitude lui pèse et sa voix privée de mélodie se perd dans le bruit de la foule. Mais quand lui vient cette voix du peuple par dessus les haies, les prairies et les landes, il semble qu'elle lui dise : Tu n'es pas seul; comme moi tu fais partie d'un chœur immense, viens t'y mêler. Que ta pensée solitaire s'épanouisse, je lui donnerai des ailes. Que la mélodie soit en toi. Si même elle n'éclate point en ta parole, qu'elle préside à son éclosion comme un génie invisible. Car elle est l'âme des choses et règne des flots de la mer à la ronde des astres. D'un vol lent ou rapide, elle te portera où tu veux aller. Par elle tu vaincras les cœurs, par elle tu diras : Un coup d'aile et derrière moi des éternités!

Le lyrisme sous cette double forme populaire ou indépendante, spontanée ou réfléchie, est la manifestation de la vie individuelle dans son éternelle variété, son infinie richesse. Il est à vrai dire l'art primitif, spontané, humain par excellence. Libre affirmation de l'homme devant la nature et devant son semblable, il contient en germe ou en pleine floraison le tout de l'art vivant : verbe, mimique et mélodie. Mais lors-

que ces forces éparses se groupent, lorsque ces
individus se réunissent par la loi de l'association
selon les affinités naturelles et intimes (qui sera,
il faut l'espérer, un des principes les plus féconds
de l'avenir), alors ce lyrisme s'élève à une manifestation collective. Il devient fête privée, ou fête,
publique, nationale ou religieuse. J'entends parler ici de cette libre religion innée à l'homme,
appropriée au sentiment d'un groupe et affranchie de toute tutelle cléricale. Dans ces fêtes
lyriques la musique intervient presque toujours.
Elles tirent leur fécondité de l'entente du poète
et du musicien et de l'esprit qu'ils communiquent
à leurs interprètes. Si le lyrisme personnel est
le soutien et l'éducateur de la vie individuelle,
ce lyrisme collectif soigneusement et jalousement
cultivé par des groupes choisis, pourrait devenir
l'interprète inspiré de ce qu'il y a de plus noble
et de plus élevé dans la vie publique.

Parmi les fêtes publiques capables de transporter l'âme d'un peuple vers l'idéal, il n'en
est point de plus significatives et de plus puissantes que les fêtes théâtrales, si nous les sup-
posons élevées au niveau du grand art. C'est là
que peuvent se rencontrer toutes les forces
esthétiques et créatrices pour donner la révélation la plus complète de l'homme et de la vie.
Mais ce chef-d'œuvre est aussi le plus compliqué, le plus rare et le plus difficile à produire.
Il est certain que dans sa forme élémentaire le
théâtre a une origine moins noble que le lyrisme.
Dans le lyrisme l'homme manifeste son senti-

ment intime, donc son être idéal, et force son
corps et sa voix à s'y conformer ; par lui il s'é-
lève au-dessus de lui-même et se transfigure. Le
besoin du théâtre par contre, est né de l'instinct
d'imitation, instinct très essentiel, mais très inférieur de la nature humaine. Imiter les gestes, le
langage et le caractère des autres jusqu'à l'illusion complète, voilà la faculté qui fait l'acteur et
la source du plaisir qu'il procure. En tant que
cet instinct s'applique à la réalité vulgaire, c'est-
à-dire à des êtres plus ou moins laids ou incom-
plets, il n'atteint pas l'art supérieur. Ce n'est
qu'en tant que le vrai poète s'empare de cet instinct pour le diriger vers un but idéal, qu'il s'ennoblit et peut s'élever au sublime. C'est pourquoi la comédie proprement dite est la forme la
moins élevée du drame, car elle ne sort guère
du domaine de la réalité contemporaine. Aussi
n'accomplit-elle une fonction esthétique que
lorsque, à côté des vices qu'elle fustige, des
travers qu'elle persifle, des faiblesses dont elle
se joue avec grâce, elle nous montre en d'autres
types la beauté, l'équilibre, la noblesse dont la
nature humaine est capable.

Au-dessus de la comédie se place le drame
historique, légendaire ou symbolique. Ici s'ouvre un horizon bien plus vaste. Ce n'est plus
seulement avec les ridicules ou les faiblesses, avec les difficultés d'un jour, que l'homme est aux prises, c'est avec la destinée elle-
même, à la vie, à la mort. Qu'il succombe ou
qu'il reste debout, sa chute ou son triomphe

nous fait toucher pour ainsi dire du doigt les lois morales éternelles qui le dominent. La lutte entre l'individu puissant et la société est l'éternel sujet du drame historique. Si cet individu est inférieur à l'ordre social qu'il combat, sa chute nous paraît légitime. Mais il peut aussi être supérieur par la noblesse de sa nature, et c'est alors que sa mort est vraiment tragique. Par ce sentiment insondable qui est le propre des grandes âmes et qui met les nobles victimes de la tragédie au-dessus du monde qui les écrase, par cette foi inébranlable qui fait reluire sur leur front l'auréole du martyre quand leur dernier souffle s'est exhalé, le drame parlé touche à l'élément divin de la musique et confine à la sphère du drame musical.

Le drame musical est la forme la plus riche et la plus achevée que nous puissions concevoir du drame en général. Ici la musique vient se joindre à l'art représentatif et à la poésie pour les pénétrer d'un esprit nouveau et les porter aux régions les plus hautes du sentiment et de la pensée. Dans le domaine de la parole, il y avait encore des limites, des barrières, des conventions. Mais ici le cadre et l'horizon s'élargissent en quelque sorte à l'infini, et l'homme grandit d'une coudée dans cette libre atmosphère. Comme sorti à nouveau des mains de la nature, il s'épanouit en toute force et en toute jeunesse. Il s'exprime à la fois dans une langue particulière et dans l'idiome universel de la mélodie. Grâce à la magie de la musique, nous assistons à la naissance et au devenir de ses sentiments et nous croyons voir jusqu'à la source de son être. A la vision du cadre scénique et de tout ce qui s'y meut, nous joignons donc la vision du monde intérieur qui s'agite devant nous comme une mer mobile et transparente. Ainsi la grande tragédie lyrique porte à son comble la belle floraison humaine, mais c'est pour la moissonner sous nos yeux. Une noble vie noblement perdue est le plus grand des spectacles. Il nous fait comprendre ce qu'il y a d'éphémère dans l'individu et d'immortel en lui et au-dessus de lui. Le héros mourant nous entraîne pour ainsi dire avec lui dans l'harmonie universelle et dans l'unité parfaite. Ainsi la haute tragédie concilie les extrêmes. Elle édifie pour détruire, elle attriste pour consoler, elle brise pour régénérer. En nous initiant au mystère de la souffrance et de la sympathie, en provoquant l'abandon complet de notre être à quelque chose de supérieur, elle nous fait pressentir par delà même de la vie et le monde visible une félicité et une vérité suprêmes.

Nous venons de parvenir avec la tragédie et la musique, son puissant interprète, aux sommets de l'art, je veux dire à cette région où il touche au sentiment religieux et à la métaphysique. Le spectacle des arts et du théâtre contemporains répond fort peu, nous le savons, au tableau que nous venons de faire, il en est même à beaucoup d'égards la négation. Mais cette image n'est-elle point conforme à ce que l'art devrait être, à ce qu'il fut un jour, à ce qu'il pourrait redevenir? N'est-ce point un idéal qui mérite d'être poursuivi? Si l'art sortit autrefois d'une religion naturaliste, ne pourrait-il aujourd'hui, en prenant conscience de lui-même, s'élever à la hauteur d'une religion? Chimère, nous dit-on. Peut-être. Mais il est une vérité supérieure à celle que les hasards de la réalité nous imposent, c'est celle que l'âme et l'esprit conçoivent dans leur plus haute activité. Ceux qui l'ont entrevue peuvent espérer pour les temps à venir une renaissance de l'art sous le génie de la musique.

Livre, thyrse et lyre : telle est la devise que j'ai placée en tête de ces pages. En elle m'apparaissait le symbole de la réconciliation entre les trois Muses sœurs et primitives : Poésie, Danse et Musique, nées ensemble à l'aurore ambrosienne de l'Hellénie et aujourd'hui séparées. Cette union nouvelle, si jamais elle s'accomplissait, serait elle-même le signe certain, l'image rayonnante d'une régénération intime de l'homme morcelé par le cours des siècles et qui cherche à se ressaisir dans l'harmonie de son corps, de son âme et de sa pensée. Qu'il nous soit donc permis d'apercevoir sous ce même signe l'avenir de l'art et son rôle supérieur dans le développement humain. — Le *Livre* n'est-il pas devenu le but principal, le signe distinctif de notre temps? N'est-ce pas lui qui maintenant représente et absorbe tout? Les sciences ne cessent d'inscrire leurs découvertes sur ses

feuillets innombrables et d'y dérouler les anna-
les du monde. Nous passons à le déchiffrer le
meilleur de notre vie ; en vain ses lignes se res-
serrent, ses pages s'augmentent, deux mots en
surgissent toujours : fatalité, mystère. Mais
quoi : le livre est-il tout et doit-il tout englou-
tir, art, poésie, joie, espérance ? Non, il ne saurait nous suffire, car il ne représente qu'un des
modes de l'esprit. — Il y a deux autres puissances non moins essentielles, non moins impé-
rissables. C'est d'abord la force créatrice de vie
et de régénération qui se manifeste par la beauté ;
force d'où jaillit toute puissance plastique, dans
la nature comme dans l'homme, et qui nous
découvre le sens des choses par leur forme.
C'est ensuite ce sentiment profond, sûr et irré-
fragable de l'âme qui nous révèle au-dessus de
notre raison même une harmonie divine du
monde, qui nous touche par les accords mystérieux de la musique et nous enlève aux sphères
éternelles sur les ailes de la mélodie. Ces deux
puissances, le génie grec les symbolisa dans le
thyrse et dans la *lyre*. Plus que jamais nous
avons besoin de leur charme souverain pour
dompter les forces rebelles ou ennemies. Que le
thyrse évoque et vivifie, que la lyre ennoblisse
et transfigure ! — et de la lettre morte du livre
sortira l'homme vivant et beau.

TABLE

FIN.

E. GREVIN — IMPRIMERIE DE LAGNY — 1930.